Biblioteca de

Alberto Vázquez-Figueroa

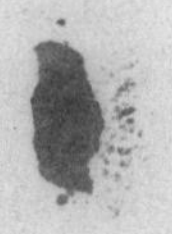

PLAZA & JANES

Alberto
Vázquez-Figueroa

Brazofuerte

PLAZA & JANES EDITORES, S. A.

Diseño de la portada: Método, S. L.

Sexta edición en esta colección: febrero, 1999
(Tercera con esta portada)

Printed in Spain – Impreso en España

ISBN: 84-01-49069-3 (col. Jet)
ISBN: 84-01-46975-9 (vol. 69/25)
Depósito legal: B. 1.876 - 1999

Impreso en Litografía Rosés, S. A.
Progrés, 54-60. Gavà (Barcelona)

L 4 6 9 7 5 A

—¿«La Inquisición»?

—«La Inquisición».

La temida palabra tuvo la virtud de estremecer incluso a quien, como el canario *Cienfuegos*, había demostrado ser capaz de enfrentarse a todo en este mundo, por lo que tenía razones más que suficientes para creer que nada ni nadie podría ya inquietar seriamente su ánimo.

Tener conocimiento de que la mujer que amaba, y que llevaba en su vientre a un hijo suyo, había sido detenida bajo la acusación de brujería constituyó un mazazo tan inesperado que le obligó a permanecer momentáneamente sin habla, teniendo que buscar apoyo en el tronco de un árbol para dejarse resbalar, por fin, hasta quedar sentado sobre sus gruesas raíces incapaz de hilvanar una sola idea.

—¿Pero por qué? —balbuceó al cabo de unos instantes alzando los ojos hacia Bonifacio Cabrera, que era quien le había traído la infausta noticia—. ¿Qué tiene que ver Ingrid con la Inquisición?

—Parece ser que *El Turco* Baltasar Garrote, el lugarteniente del Capitán De Luna, la acusó de hacer pactos con el demonio para que las aguas del lago Maracaibo ardieran.

—¡Pero fui yo quien le prendió fuego al lago! —protestó el canario—. Y no tiene nada que ver con el demonio. Es cosa del «mene». Iré, lo confesaré, y la dejarán en libertad.

El renco Bonifacio, que se había acuclillado junto a él, agitó la cabeza pesimista.

—No creo que resulte tan sencillo —replicó convencido—. ¿Cómo vas a explicarle a los curas que en Maracaibo existe un agua negra que arde sin motivo? Lo único que conseguirías es que te torturaran para hacerte confesar que realmente tienes tratos con el demonio.

—¿Han torturado a Ingrid?

—No lo sé.

—Si le ponen la mano encima, los mato.

—¿A quién? ¿A todos los inquisidores y verdugos de la isla? No acabarías nunca.

El cabrero cerró los ojos y de nuevo guardó silencio tratando de ordenar sus ideas y conseguir que el insoportable dolor que sentía no continuara impidiéndole razonar.

—¿Qué opina Don Luis de Torres? —quiso saber.

—En cuanto se enteró de la noticia corrió al barco y se hizo a la mar con el Capitán Salado y la mayor parte de la tripulación. Todo el que tuvo algo que ver con el incendio está aterrorizado. A la Inquisición lo mismo le da matar a uno que a diez.

—¡Hijos de puta!

—No debes culparles. También a mí me invadió el pánico.

—No lo digo por ellos. Lo mejor que han hecho es huir. —Le miró de frente, como temiendo su respuesta—. ¿Crees que volverán?

—Lo ignoro, pero imagino que a estas horas estarán ya rumbo a Lisboa. Morir es una cosa —admitió—. Que te descoyunten los huesos y te achicharren luego en una hoguera, otra muy distinta.

—¿Es eso lo que piensan hacer con Ingrid?

La pregunta era tan dura, directa y difícil de responder, que el cojo Bonifacio Cabrera prefirió abstraerse contemplando el diminuto riachuelo a cuyas orillas se habían encontrado, para acabar por encogerse de hombros admitiendo a las claras su ignorancia.

—No sé mucho sobre la Inquisición —puntualizó—. En La Gomera era tan sólo «La Chicharra», algo a lo que no había que temer si no blasfemabas. Es la primera vez que actúa aquí, en Santo Domingo, pero si sus métodos son los mismos, Dios nos proteja.

—¿Dónde la han encerrado?

—En «La Fortaleza».

—¿Tiene muchos guardianes?

—Por lo menos cincuenta. —Le aferró por el brazo—. No sueñes con sacarla de allí —le aconsejó—. Jamás conseguiríamos salvarla por la fuerza.

—¿Cómo entonces? —quiso saber—. ¿A quién podemos recurrir?

—A nadie que yo sepa —admitió el renco—. En cuanto se nombra a «La Chicharra» todo el mundo se espanta. El único que me ha ayudado, escondiendo a Araya y Haitiké, es Sixto Vizcaíno, el carpintero del *Milagro*.

—¿Y tú que piensas hacer?

—Lo que tú decidas, pero no permitiré que le hagan daño a Ingrid. —Su tono era sincero—. Me sacó de La Gomera, me enseñó todo lo que sé, y siempre me ha tratado como a un hermano. Estoy dispuesto a dar la vida por ella si es preciso.

—Si alguien tiene que dar la vida por Ingrid, soy yo, ya que si se ve en este trance es por mi culpa. —El canario lanzó un hondo suspiro que parecía significar que había tomado una determinación—. ¡Bien! —añadió—. Supongo que ha llegado la hora de demostrarle a esos fanáticos que no se puede ir por el mundo asustando a la gente.

El cojo pareció sorprenderse por el tono de voz de su amigo, le observó con fijeza, y, por último, señaló con cierta incredulidad:

—Cualquiera diría que no estás asustado. Recuerda que se trata de la Inquisición, que ha quemado a miles de personas influyentes, importantes y poderosas.

—Me asusta el daño que puedan causarle a Ingrid, pero no creo que cuatro «meapilas» sean más peligrosos que los «motilones», los caimanes o los «sombras verdes»...

—No estás en la selva —le recordó.

El cabrero hizo un amplio gesto a su alrededor:

—Lo estoy —puntualizó—. Esta selva llega hasta las mismas puertas de la ciudad, casi a tiro de piedra de «La Fortaleza». —Hizo una corta pausa—. Y puedes creerme si te digo que aquí soy invencible.

—Pero no vas a luchar aquí, sino allí.

—Lo sé —admitió el gomero sin reservas—. Pero también sé que allí casi nadie me conoce y ésa es una gran baza a mi favor. —Se diría que el cerebro de *Cienfuegos* había recuperado su capacidad de discurrir y resultaba difícil detenerle—. Sin duda la Inquisición aterroriza, pero tiene un punto débil —concluyó.

—¿Y es? —quiso saber el cojo.

—El propio terror que produce. Es tan fuerte, y se siente tan segura, que ni siquiera concibe que alguien pueda desafiarla. —El cabrero chasqueó la lengua al tiempo que ladeaba la cabeza—. Y ése es su fallo.

—¿Te sientes capaz de enfrentarte a curas y a soldados? —Ante el mudo gesto de asentimiento, Bonifacio Cabrera añadió—: ¿Cómo?

—Aún no lo sé, pero lo averiguaré.

—Me gustaría tener la fe que tienes en ti mismo.

—Sin esa fe no hubiese conseguido sobrevivir en un continente desconocido, y ahora que sé que perder a Ingrid sería aún peor que perder la vida.

—Me alegra comprobar que tantos años de búsqueda valieron la pena. —Señaló el otro al tiempo que extendía una mano que *Cienfuegos* estrechó con fuerza—. No sé cómo diablos lo haremos, pero la sacaremos de esa «Fortaleza» o nos dejaremos la piel en el intento. Dos gomeros decididos a todo son mucho gomero.

—¿Andando entonces?

—Andando... —afirmó al tiempo que señalaba humorísticamente su pata renca—. ¡Dentro de lo que cabe!

A la caída de la tarde divisaron desde las colinas del Oeste las primeras edificaciones de la capital, que se desparramaban junto a la desembocadura del río y entre las que destacaba la oscura silueta de la alta «Fortaleza» que dominaba el puerto no lejos del punto en que el Almirante Colón había ordenado levantar su negro Alcázar.

Espesos bosques y altivos palmerales se alzaban hasta el borde mismo del mar, y pasarían muchos años antes de que la lujuriante vegetación que cubría casi por completo el agreste «País de las Montañas» dejara paso a inmensas plantaciones de café o caña de azúcar, por lo que tenía razón *Cienfuegos* al asegurar que en Santo Domingo se sentía casi tan seguro como en la misma selva, dado que existían edificios cuya fachada se abría a una amplia plaza pese a que por sus espaldas treparan las lianas.

La capital de La Española, en la que muy pronto se alzarían la primera Catedral y la primera Universidad del Nuevo Mundo, no era, a mediados de marzo de 1502, más que una especie de minúscula gota de agua en un océano de vegetación, y al igual que había ocurrido con la olvidada Isabela, tragada ya por la maleza, bastarían unos años de abandono para que de sus altivos edificios no quedase ni un mísero recuerdo.

Se detuvieron, por tanto, junto al ancho tronco de

una ceiba que parecía marcar la frontera entre el pasado y el futuro de la isla, y hasta el que llegaban las voces de los borrachos que alborotaban en las tabernas del puerto, e incluso los ronquidos de un durmiente en la más próxima de las cabañas, puesto que la mayoría de las edificaciones de la flamante capital no eran más que simples tinglados de adobe y paja, aunque una docena de casitas de piedra y dos iglesias de anchos muros y rojas tejas evocaban en cierto modo a los villorrios del sur de España.

—No deberías pasar de aquí —señaló *Cienfuegos* aferrando a su amigo por el brazo—. Todo el mundo te relaciona con Ingrid.

—De poca ayuda te serviría si me escondo.

—De menos si te atrapan.

—¿Pero qué puedes hacer solo?

—Lo que he hecho siempre —puntualizó el cabrero—. Observar, escuchar y actuar en el momento oportuno. Si confías en Sixto Vizcaíno quédate en su casa y cuida de los chicos. Yo me ocuparé del resto.

Se abrazaron con afecto, pero cuando estaban ya a punto de separarse, el renco señaló:

—Recuerda que si te tropiezas con el Capitán De Luna eres hombre muerto. Con esa melena roja te reconocerá pese al tiempo que ha pasado desde que te vio por última vez.

—Lo tendré en cuenta. ¡Adiós y suerte!

Minutos más tarde el gomero se había perdido de vista entre las solitarias callejuelas de la ciudad dormida, puesto que salvo los sempiternos trasnochadores que frecuentaban tabernas y lenocinios, la mayoría de sus habitantes preferían retirarse pronto, levantarse al alba y hacer los trabajos más duros antes de que hiciese su aparición el insoportable bochorno del mediodía.

El clima de La Española, húmedo, caliente y pegajoso, agobiaba a unos castellanos más habituados al intenso frío de la alta meseta peninsular, o los secos veranos asfixiantes, y debido a ello, se habían visto obligados a abandonar gradualmente la amada costumbre de mantener largas tertulias hasta altas horas de la noche, por lo que no se distinguían ya más luces que las de dos tímidas farolas en la Plaza de Armas y un par de abiertas ventanas en el mayor de los prostíbulos, ni se advertía más movimiento que el de una pareja de perros vagabundos que olisqueaban altas pilas de basura.

El gomero descubrió, sin embargo, que un centinela dormitaba apoyado en el quicio de la puerta de la casa de Ingrid, por lo que se vio obligado a dar un amplio rodeo para saltar ágilmente la tapia del jardín posterior y permanecer largo rato inmóvil junto al frondoso «flamboyán» bajo el que ella solía leer a la caída de la tarde.

Rozó apenas el brazo del alto sillón de mimbre, murmuró su nombre como si en verdad confiara en obtener respuesta, y alejó de su mente la idea de que pudieran haberle causado daño alguno, prefiriendo suponer que se encontraba a salvo, esperando que fuera a rescatarla, pues tenía plena conciencia de que el simple hecho de imaginar que alguien la había tocado le nublaba la mente y necesitaba más que nunca tener muy claras las ideas.

Penetró en la casa por la ventana del cuarto de Haitiké, y recorrió como una sombra más de las tinieblas los familiares salones y pasillos, con la misma calma y economía de gestos con que solía moverse cuando acechaba a una bestia en la jungla, o trataba de hacerse invisible a los ojos de sus perseguidores.

Cienfuegos sabía ser silencio en el silencio, y el silencio era el único dueño de la casa a aquellas horas, por lo que ni siquiera crujió una tabla bajo su pie, chirrió una puerta, o se percibió el más leve rumor a su paso, llegando de ese modo al amplio dormitorio sobre cuya ancha cama tantas veces amó a la más perfecta mujer que nunca había existido, y donde una cálida noche ella le confesó que esperaban un hijo.

Se embriagó del perfume de las sábanas y tanteó el punto en que ella apoyaba la cabeza, para tenderse luego cara al cielo y soñar por un instante que aún soñaba a su lado.

Los largos años de separación y el convencimiento de que jamás volvería a verla habían conseguido hibernar su amor como semilla enterrada bajo metros de nieve, pero el simple calor de su presencia había permitido que esa semilla germinara con más fuerza que antaño, hasta el punto de que en aquellos momentos se le antojaba inconcebible la vida en solitario.

Tumbado en la oscuridad meditó durante toda la noche, rechazando una tras otra las mil disparatadas ideas que acudieron a su mente, puesto que la lógica desesperación le impulsaba a aferrarse a ilusiones que carecían por completo del más mínimo fundamento, y no cabía confiar en que ningún cerril misacantano de cerebro de mosquito se aviniera a aceptar el hecho de que en un mundo desconocido de allende el océano existiese un líquido negro y maloliente que tenía la virtud de flotar sobre las aguas, y que en determinadas circunstancias era capaz de arder convirtiendo el universo en un infierno.

Semejante fenómeno no constaba desde luego en las Sagradas Escrituras, ni mucho menos en las «Reales Ordenanzas», mientras que por el contrario Fray Tomás de Torquemada se había apresurado a advertir muy seriamente en sus temidas «Instrucciones a los Inquisidores», del peligro que corrían quienes se esforzaban por achacar a la inocente Naturaleza actos que había que atribuir sin duda alguna a la maligna intervención del astuto «Ángel Negro».

Había que descartar toda opción al diálogo y al convencimiento racional de que el incendio del navío y el consecuente fallecimiento de algunos de sus tripulantes había sido fruto de la astucia y no de inconfesables pactos demoníacos, sin que quedara más opción que el uso de la fuerza para salvar de la hoguera a una mujer que no había cometido otro delito que amar desesperadamente a un hombre.

¿Pero cómo conseguiría sacar a Ingrid del interior de una prisión guardada por medio centenar de centinelas?

Se esforzó por recordar punto por punto el emplazamiento y distribución de la temida «Fortaleza» en la que tantos hombres habían sido ejecutados en los últimos tiempos, pero llegó a la conclusión de que necesitaba encontrar la forma de penetrar en ella y conocerla a fondo, por lo que el alba le sorprendió en el coqueto gabinete de Ingrid, dedicado a la labor de cortarse la larga melena roja para teñírsela luego con aquel mismo extraño producto que la alemana usara tiempo atrás tan a menudo.

Cuando se miró en el espejo le costó trabajo reconocerse, y pese a lo amargo de su situación no pudo por menos que sonreír burlonamente al desconocido caballero de acusado mentón recién afeitado, estirada melena azabache y blanco blusón de encajes que le observaba cejijunto, pues pocos rasgos descubría en él que pudieran relacionarle con el salvaje cabrero que solía vagar semidesnudo por las montañas de La Gomera o las selvas del continente.

Sabía dónde *Doña Mariana Montenegro* solía ocultar el dinero, aprovisionándose de una buena cantidad de monedas de oro, y sin hacer el más mínimo ruido, atravesó la casa, salió al solitario jardín, y saltó de nuevo el muro cayendo como un gato en el callejón posterior, para encaminarse a la Plaza de Armas, donde al poco no era más que uno de los innumerables desocupados que se buscaban la vida.

«La Fortaleza», un antiestético mazacote de piedra y barro que no soportaría el paso del tiempo y cuyos cimientos pasarían un siglo más tarde a formar parte de los tinglados del ensanche del puerto, constituía sin embargo por aquel entonces un impresionante edificio de gruesos muros, enrejadas puertas y dos altas torres de madera desde las que los centinelas parecían no perder detalle de cuanto acontecía en una legua a la redonda.

Pasó largas horas sentado en el porche de una hedionda taberna, atento a las idas y venidas de oficiales y soldados, vio llegar a dos dominicos y un franciscano que volvieron a salir poco más tarde, y aunque estuvo tentado de seguirles desistió al comprender que, por más que cualquiera de ellos fuera el temido Inquisidor, escasa información obtendría de él de grado o por la fuerza.

Pasado el mediodía advirtió, sin embargo, cómo tres alegres guardianes se encaminaban bromeando a la taberna para tomar asiento y solicitar a gritos el almuerzo, por lo que se las ingenió para conseguir que le animaran a unirse a ellos en una agitada partida de dados en la que se dejó vencer dando muestras de una notable explendidez a la hora de invitarles generosamente con el mejor «cariñena» de la casa.

—Extraño resulta encontrar a un recién llegado a la isla que pague en lugar de andar buscando beber gratis —comentó con intención el Alférez de más edad del grupo, un hombrecillo de afilada nariz al que faltaban cuatro dientes, lo que le confería el curioso aspecto de un tucán—. ¿Acaso no sois uno de esos aventureros llegados en busca de fortuna?

—Buscar mayor fortuna, no tiene por qué significar necesariamente andar hambriento —replicó con cierto énfasis el gomero—. Por suerte, dispongo de recursos suficientes como para mantener una posición decorosa, e incluso diría que holgada... ¿Otra ronda?

—¡De acuerdo! Pero al menos decidnos cómo os llamáis, ya que siempre es mejor beber con amigos que con desconocidos.

—Guzmán Galeón.

—¿Galeón? —se sorprendió otro de los militares—. ¿De los Galeón de Cartagena? ¿Los molineros?

—¡No, por Dios! —replicó el cabrero en un tono levemente despectivo, para añadir a continuación con el más absoluto desparpajo—: De los Galeón de Guadalajara...: Terratenientes.

—No tenéis el más mínimo acento alcarreño.

—Es que tuve que salir de allí muy joven. —Sonrió con cierta malicia—. Ya sabéis lo que ocurre, cuando un padre furibundo pretende que carguéis con una gordita embarazada.

—¡Pies para que os quiero...!

—¡Exactamente! Desde entonces he andado dando tumbos hasta que oí decir que aquí en la La Española había un futuro prometedor para gente con agallas.

—¿Vos las tenéis?

—Como cualquier otro.

—¿Qué tal con la espada?

—Regular.

—¿Buen jinete?

—No.

—¿Alguna habilidad especial?

—Puedo matar a una mula de un puñetazo.

—¡Caray...!

Resultaba evidente que la firmeza de la aseveración había impresionado a sus contertulios que le observaron con un cierto respeto y por último, un sargento que de tan ronco casi no se le entendía lo que decía, carraspeó trabajosamente:

—Fuerte sí que parecéis —admitió—. ¡Pero tanto como para matar a una mula...!

—O a un caballo... Para el caso es lo mismo.

—¿Estáis seguro?

—Por mil maravedíes suelo estarlo.

—¿Qué pretendéis decir con eso?

—Que es la apuesta mínima que acepto. —Hizo un gesto con el que parecía querer disculparse por no ser más comprensivo—. No lo puedo hacer por menos, ya que a veces se me resiente la mano y luego tengo que estar un par de meses inactivo.

—¿Acaso intentáis hacernos creer que ésa es vuestra forma de ganaros la vida? ¿Apostando a que matáis mulas a puñetazos?

—O caballos... —El gomero chasqueó la lengua con gesto de fastidio—. Con los toros resulta más difícil. Caen redondos, pero al rato vuelven a levantarse.

—¡Qué bestia!

—Yo creo más bien que se está burlando de nosotros.

Cienfuegos los observó uno por uno, y cuando habló lo hizo como quien está cerrando un negocio que ya ha tratado infinidad de veces.

—Una burla que se respalda con mil maravedíes no debe serlo tanto —señaló—. Y por lo que a mí respecta dentro de una semana puedo disponer de ellos. —Exhibió una pesada bolsa—. Aquí hay cien a modo de señal...

Desparramó las monedas sobre la mesa, y la vista del oro tuvo la virtud de hacer relampaguear los ojillos del Alférez de cara de tucán, que extendió las ávidas manos como si por un momento considerara que era suyo.

—¡Por todos los demonios! —exclamó estupefacto—. ¿Habláis en serio?

—Cuando se trata de dinero siempre hablo en serio —fue la seca respuesta—. Decidme: ¿Estaríais en condiciones de reunir idéntica cantidad?

Los tres hombres se miraron, y no cabía duda de

que la codicia había hecho presa en ellos hasta el punto de que su atención fue luego alternativamente del dinero al puño del cabrero como si estuvieran intentando calibrar hasta qué punto estaba en condiciones de conseguir su propósito de matar a una mula de un sólo golpe.

—Podría intentarse... —carraspeó de nuevo el ronco—. ¿Elegiríamos nosotros al animal?

—¡Desde luego!

—¿Y lo haríais con el puño desnudo?

—Naturalmente.

Cuando poco más tarde observó cómo se alejaban hacia el puesto de guardia, el gomero se sintió satisfecho de sí mismo, pues resultaba evidente que había conseguido sembrar en su ánimo la duda de si sería o no cierto que podía realizar tan brutal hazaña.

Se contempló el puño y sonrió; aún recordaba cuando en La Gomera era capaz de tumbar patas arriba a un cerdo de un cabezazo, pero le constaba que ni un cerdo era una mula, ni un puño la frente, y lo que no sabía era si alguna vez se había dado el caso de que existiese un tipo tan desmesuradamente bestia como él había alardeado ser.

Su absurda bravuconería comenzó no obstante a rendir frutos al mediodía siguiente, cuando fueron ya cinco los oficiales de la guarnición que acudieron a la taberna a cerciorarse de que en verdad existía un pedante alcarreño dispuesto a arriesgar una fortuna en tan disparatada apuesta.

—No dudo... —admitió el bigotudo Alférez Pedraza, el mismo que un día persiguiera inútilmente a *Doña Mariana Montenegro* y su tripulación hasta las playas de Samaná— ...que puede existir, en algún lugar del mundo, un Hércules capaz de llevar a cabo semejante proeza, pero a fe que incluso yo me atrevería a venceros a la hora de «echar un pulso», por lo que no entiendo que afirméis que podéis matar a una mula.

—Si de «echar un pulso» se trata... —comentó el cabrero con tanto aplomo que obligaba a tomar en consideración sus palabras— podéis contar con ello en cuanto pongáis sobre la mesa los mil mavaredíes correspondientes. Ésa es, de igual modo, la apuesta mínima que acepto.

—¿Os habéis vuelto loco?

—En absoluto —fue la tranquila respuesta—. Loco estaría si arriesgara mi brazo, que es hoy por hoy mi única fuente de ingresos, por menos de ese precio.

—¡Dejadme verlo!

Se subió la manga y lo mostró a la curiosidad de los militares.

—No es más que un brazo... —señaló uno de ellos—. No le veo nada de extraordinario.

—Traed el dinero entonces...

Cienfuegos lo dijo en tono displicente, convencido como estaba de que el monto de la cifra impresionaba a unos hombres tan escasos siempre de recursos y que a la hora de arriesgarlos preferirían hacerlo apostando por la dureza del craneo de una mula.

—Se me antoja que no sois más que un fanfarrón de tres al cuarto.

El gomero lanzó una larga mirada de soslayo al esmirriado y barbilampiño muchachito que había lanzado tan alegremente semejante acusación, y sin perder en absoluto una calma que constituía en esos momentos su única arma, replicó sonriente:

—Con alguien como Vos podría arriesgarme a una pequeña demostración, ya que me bastaría la mano izquierda para romperos la cabeza, y si recuperáis el conocimiento antes de cinco horas, invito a cenar a toda la guarnición.

La tez del lechugino tomó un tinte cerúleo e hizo ademán de echar mano a su espada, pero pareció pensárselo mejor puesto que a primera vista aquella especie de impasible gigante de ojos gélidos parecía en condiciones de cumplir su promesa.

—¿Nadie os ha advertido que esa forma de hablar os puede acarrear graves problemas? —inquirió al fin, esforzándose por evitar que la voz le temblara.

—A diario.

—¿Y...?

—Jamás he tenido problemas. —El gomero sonrió como un niño—. Ni los busco —añadió—. Me limito ha ofrecer un trato a quien quiera aceptarlo. Si reúne la cantidad convenida, seguimos adelante. En caso contrario... ¡Tan amigos!

—Reuniremos ese dinero.

—Me alegra oírlo. El mío se impacienta.

—En verdad que estás loco —fue el lógico comentario del renco Bonifacio cuando esa misma noche *Cienfuegos* acudió a verle a casa de Sixto Vizcaíno para contarle sus progresos—. ¿Cómo se te ocurre provocar a toda una guarnición? —Lanzó un sonoro bufido—. ¡Nunca lograré entenderte! —añadió—. En lugar de buscar su colaboración para salvar a Ingrid, te enfrentas a ellos... ¿Qué diablos persigues con semejante actitud?

—Intrigarlos —fue la sincera respuesta.

—¿Intrigarlos? —se asombró el otro—. ¿Con qué fin?

—Con el de conseguir que me franqueen las puertas de «La Fortaleza». Si intentara ganar su amistad, lo más probable es que me las cerraran a cal y canto, pero no lo harán si sólo creen que trato de estafarles. —Hizo una corta pausa—. Y ten por seguro que ninguno de ellos me ayudará a salvar a Ingrid. Eso tengo que hacerlo a mi manera. Y mi manera es ésta.

—La más estúpida.

—Quizá no —puntualizó—. Quienes están tan acostumbrados a sospechar de todos, no suelen sospechar de quien llama demasiado su atención. Ahora su mayor preocupación estriba en despojarme de esos mil maravedíes.

—¿Y qué harás cuando te los ganen, aparte del ridículo...?

—Pagar, si es que pierdo.

—¿Lo dudas? —se asombró el renco—. ¿Es que acaso alguna vez has intentado matar una mula de un puñetazo?

—No —fue la burlona respuesta del cabrero—. Y por eso mis posibilidades siguen intactas; puedo conseguirlo, o no conseguirlo. —Rió divertido—. ¡Las apuestas están a la par!

—¡No me hace gracia! —masculló el otro malhumorado—. Lo que está en juego es la vida de Ingrid, y se diría que no te lo tomas en serio.

—Me lo tomo mucho más en serio de lo que imaginas —le hizo notar el gomero—. Y puedes creerme si te digo que no veo otro camino que el que estoy siguiendo... —Le apretó con afecto el antebrazo—. ¡Confía en mí! —pidió—. De momento he conseguido averiguar que está bien, y que no piensan tocarla hasta que nazca el niño. Por lo visto para la Inquisición es mucho más importante la vida de un feto que la de un ser humano.

—Para ellos cualquier cosa es más importante que la vida de un ser humano, y si te descubren acabarás en la hoguera.

—Si morir en la hoguera es el precio que tengo que pagar por la vida de Ingrid, estoy dispuesto —replicó su amigo con absoluta naturalidad—. Pero antes de llegar a eso pienso dar mucha guerra. Aún sé cosas que ellos ignoran.

—¿Como qué?

—Como que en determinadas circunstancias, incluso un niño puede matar a una mula de un puñetazo. Es sólo cuestión de astucia... ¡Y mucha fe!

Fray Bernardino de Sigüenza, comisionado por el Gobernador Don Francisco de Bobadilla para llevar a cabo las primeras investigaciones en torno a la grave acusación de brujería que pesaba sobre la alemana Ingrid Grass, a la que en La Española nadie conocía más que como *Doña Mariana Montenegro*, era un rezongante y minúsculo hombrecillo cuyo enclenque esqueleto bailaba dentro de un astroso hábito de franciscano que más bien parecía hacer las veces de tienda de campaña, pues tanta era la mugre que lo cubría, que su rigidez obligaba a pensar que su dueño podía entrar y salir de él dejándolo en pie en mitad de la calle.

Fray Bernardino de Sigüenza tenía sarna, pulgas y piojos, olía a sudor y ajo a diez metros de distancia y se limpiaba insistentemente el moquillo que le goteaba como un grifo de la enorme nariz con un hediondo trapajo que guardaba en la manga, y cuya sola visión obligaba a volver la vista hacia otra parte o se corría el riesgo de sentir arcadas.

Para ser aún más concretos a la hora de describirle, bastaría con asegurar que Fray Bernardino de Sigüenza produciría náuseas a los sapos de una ciénaga, pero, como compensación a su repelente aspecto físico, poseía una privilegiada mente analítica y, lo que era aún más importante, un generoso corazón rebosante de fe en Dios y en los seres humanos.

Fue por ello su odiosa apariencia, más que sus apreciables virtudes, lo que empujó al Gobernador Bobadilla a confiarle el desagradable menester de improvisado Inquisidor, influido quizá por el hecho innegable de que aún no había en la isla ningún auténtico representante de la Santa Inquisición, y el fétido mocoso era a todas luces el fraile de más siniestro aspecto de cuantos habían atravesado hasta el presente el tenebroso océano.

En un principio Fray Bernardino de Sigüenza se sintió profundamente molesto y casi ofendido por tan injusta y caprichosa designación, pero en cuanto estudió el caso y mantuvo una primera entrevista con la acusada dio gracias a Dios por que se le brindase la oportunidad de llegar al fondo de unos hechos que cualquier otro inquisidor, especialmente si se hubiera tratado de un dominico, habría despachado por el expeditivo procedimiento de enviar sin mayor dilación a su víctima a la hoguera.

Y es que Fray Bernardino de Sigüenza no tenía necesidad de que le demostraran la existencia de Dios, puesto que veía su mano en cada árbol, cada río o cada criatura de este mundo, pero si buscaba ansiosamente pruebas de la existencia del demonio, puesto que su tan aireada maldad tan sólo era visible en el execrable comportamiento de algunos seres humanos.

Si era cierto que el temido «Ángel Negro» tenía el poder de hacer arder las aguas de un lago y apoderarse de la voluntad de una hermosa dama de dulce apariencia convirtiéndola en bruja y asesina, el buen fraile se sentía en la obligación de descubrir qué tortuosos métodos utilizaba «El Maligno» para llevar a cabo tan nefandos prodigios.

—Si en verdad creéis que lleváis al demonio en vuestro interior, decídmelo y lucharemos juntos por expulsarlo —fue, por tanto, lo primero que dijo al tomar asiento en la agobiante estancia de gruesos muros y enrejadas ventanas en que mantenían incomunicada a la prisionera—. En caso contrario, quiero escuchar vuestra versión de los hechos.

—En mi interior no llevo más que un hijo, y un profundo amor a Dios que me ayudará a sobrellevar esta dolorosa prueba —fue la serena respuesta—. En cuanto al demonio, siento por él tanto horror y desprecio como podáis sentir Vos mismo.

—Sin embargo, conseguisteis que las aguas de un lago ardieran, destruyendo un navío y abrasando a sus tripulantes. ¿Qué podéis decir ante la evidencia de semejante prodigio?

—Tan sólo puedo corroborar que cuando se le prendió fuego, el agua ardió, aunque ignoro la razón.

—Pero eso va contra las más elementales leyes de la Naturaleza —señaló el franciscano—. Y si no podéis darle una explicación convincente deberá ser tachado de brujería.

—¿Tacharíais de brujería el hecho de que cayera un rayo que hiciera arder un árbol matando a diez personas? Sin embargo suele ocurrir, y ni tengo explicación, ni culpa alguna en ello.

Fray Bernardino de Sigüenza se agitó en su incómodo asiento y dirigió una distraída mirada al impasible escribano, que, parapetado tras una desvencijada mesa, iba anotando cuidadosamente preguntas y respuestas, y abrigó tal vez una mínima esperanza de que se hubiese olvidado de registrar esta última.

—Un rayo es algo que viene del cielo, como la lluvia, el día o la noche; un fenómeno atmosférico natural en el que no interviene la mano del hombre. —El enclenque hombrecillo sacó una vez más el empapado trapajo y se secó la punta de la nariz tras sorber repetidas veces—. Pero en este caso, fuisteis Vos quien prendió fuego al agua.

—No. No fui yo.

—Es de ello de lo que se os acusa.

—¿Quién me acusa?.

—Eso no puedo decíroslo —fue la seca respuesta.

Doña Mariana Montenegro permaneció largos minutos pensativa, tratando por un lado de vencer la visceral repugnancia que le producía el hediondo frailecillo que no cesaba ahora de rascarse unos sarnosos brazos que eran como oscuros y peludos palillos cubiertos de mugre, al tiempo que se esforzaba por mantener la calma y la claridad de ideas, pues tenía plena conciencia de que cuanto dijera de allí en adelante dependería su futuro y el de la criatura que llevaba en su seno.

Era cosa harto sabida que el método seguido por los inquisidores para quebrar la resistencia de los interrogados, obteniendo así la confesión que deseaban sin recurrir a la tortura, solía pasar por el maquiavélico procedimiento de tejer una tupida tela de araña a base de secretos, medias verdades, veladas amenazas, o amables invitaciones a inculparse a sí mismos prometiéndoles perdón para sus supuestos delitos, y, por tanto, meditó mucho sus palabras sin permitirse caer en la trampa de la precipitación, antes de señalar con firmeza:

—Quien de tal iniquidad me acuse gratuitamente, lo hará sin duda por odio o enemistad hacia mi persona, y admitiréis que en ese caso, su testimonio carece de toda validez a los ojos de Dios y de la Iglesia.

—¿Se trata pues de un conocido vuestro?

—No necesariamente.

—¡Sí «necesariamente»! —puntualizó Fray Bernardino de Sigüenza—. Puesto que dentro de la razón no se explica la enemistad de un desconocido. Un término anula el otro.

—Jugáis con las palabras —le hizo notar la alemana entrecruzando las manos para no delatar que le temblaban, pues comenzaba a darse cuenta de la peligrosidad de la batalla dialéctica a la que su interlocutor parecía dispuesto a conducirla—. Alguien que me envidie, que desee algo que yo tengo, o que considere, injustamente, que le causé algún daño, puede ser mi acusador sin que resulte imprescindible que yo le conozca.

—¿Como por ejemplo...?

—Los frailes dominicos, que pretenden apoderarse de mi casa, pues es la única forma que tienen de ampliar su convento.

Resultó evidente que al franciscano no le desagradaba en absoluto la idea de que se lanzara tamaña acusación contra sus más directos competidores, y pareció querer asegurarse de que en esta ocasión el escribano anotaba cuidadosamente la respuesta.

—Nada tienen que ver los dominicos con todo esto —replicó por último—. Y peligroso resulta por vuestra parte acusar a hombres santos de semejantes maquinaciones.

—Yo no les he acusado —se apresuró a puntualizar *Doña Mariana*—. Tan sólo he respondido a vuestra pregunta poniendo un ejemplo... —Hizo una nueva pausa—. También podría mencionaros a mi esposo, el Vizconde de Teguise, Capitan León de Luna, que juró matarme porque le abandoné, y de hecho me ha perseguido ferozmente todos estos años.

—Prometió no volver a molestaros... —El improvisado Inquisidor se apoderó de un piojo que corría sobre su hábito y lo aplastó entre las uñas de los pulgares con la habilidad de quien dedica a tal deporte largas horas—. Y me consta que ha cumplido su promesa. —Negó convencido—. No es él quien os acusa.

—¿Quién entonces?

—Quizás alguien que, de buena fe, desea ayudar a la Santa Madre Iglesia a librarse de quienes pretenden destruirla aliándose con «El Maligno». —Ahora fue él quien hizo una larga pausa observando con ojillos pitiñosos a la mujer que hacía ímprobos esfuerzos por fingir que mantenía su entereza—. Decidme: ¿Cómo conseguisteis hacer arder el agua de aquel lago?

—No fui yo.

—¿Quién entonces...?

—Alguien de la tripulación.

—¿Su nombre?

—Lo ignoro. Pudo ser cualquiera.

—Incluso Vos. Y quien acusa, os acusa a Vos, no a cualquier otro.

—¿Acaso se encontraba a bordo? —fue la rápida pregunta—. Porque si se encontraba sabe muy bien que miente y es a él a quien deberíais interrogar.

—No se encontraba a bordo.

—¿Cómo puede asegurar entonces que fui yo?

—¿Por qué no? Y es únicamente a Vos a quien acusa. No ha presentado cargos contra nadie más.

—¿Acaso no comprendéis que la armadora de un buque sería la última en realizar semejante tarea cuando hay más de cuarenta hombres en él?

—A no ser que sea la única que tiene poderes para hacerlo... —fue la desconcertante respuesta del franciscano—. Conozco docenas de marinos y ninguno de ellos sería capaz de hacer arder el agua de un lago. Solamente una mujer; una bruja que mantenga relaciones con «El Maligno» está capacitada para llevar a cabo tamaño prodigio.

—¿Se me juzga entonces por mi sexo? ¿Por ser la única mujer a bordo? ¿Tan sólo en eso se nos considera superiores a los hombres: en nuestra capacidad de aliarnos con el demonio?

—Aún no se os juzga —especificó puntilloso Fray Bernardino de Sigüenza—. Eso lleva tiempo y requiere la presencia de mentes mucho más preclaras que la mía. Yo tan sólo estoy aquí para tratar de dilucidar si existen pruebas suficientes como para dudar de vuestra fe en Dios y admitir que tal vez tengáis efectivamente tratos con el demonio.

—Pero actuáis como si ya me consideraseis culpable.

—*Inquisitio*, no *acusatio* —puntualizó el otro alzando el dedo a modo de advertencia—. Si os considerase culpable aplicaría el tormento para acabar de una vez.

—¿Seríais capaz de hacerlo?

—¿Quién soy yo para oponerme a las ordenanzas de la Santa Madre Iglesia? —se asombró el frailecillo—. Si ella, en su infinita sabiduría, ha llegado al convencimiento de que la tortura es el único medio capaz de vencer la resistencia diabólica, ¿cómo podría negarme a aplicarla?

—Más obliga a mentir la tortura que el mismísimo satanás.

—Ignoro cuánto puede obligar a mentir la tortura, ya que jamás he visto un potro, pero si he aceptado cumplir con una misión, cumpliré con ella hasta sus últimas consecuencias, tenedlo por seguro.

—Por seguro lo tengo.

—Sigamos entonces... —Nuevamente el empapado pañuelo, el moquillo, el rascarse la sarna y el perseguir pulgas o piojos antes de reanudar un interrogatorio, que comenzaba a hacerse obsesivo—. ¿Tenéis alguna explicación que dar a lo acontecido en el lago?

—Tan sólo que en este Nuevo Mundo ocurren cosas a las que no estamos acostumbrados, y tal vez por ello se nos antojan sobrenaturales —replicó la alemana esforzándose por mostrar un recogimiento que estaba muy lejos de sentir—. ¿Acaso se os ha pasado por la mente ir allí y asistir a semejante fenómeno.

—¿Insinuáis que debo participar en un acto de brujería para creer en él?

—Únicamente insinúo que deberíais presenciarlo para determinar si se trata o no de brujería.

—No necesito viajar para entender que si las aguas arden cuando el Creador dispuso que apagaran el fuego, es porque una mano muy poderosa ha tenido que intervenir en ello.

—¿Más poderosa aún que la del Creador, ya que es capaz de transformar sus leyes?

—Peligroso camino es ése —le hizo notar Fray Bernardino sin conseguir evitar una mirada de soslayo a las anotaciones del escribano.

La advertencia dio sus frutos, pues obligó a recapacitar a la alemana sobre la necesidad de medir sus palabras y no aceptar un combate dialéctico en el que su oponente llevaba siempre las de ganar, pues estaba claro que si se sentía vencido acabaría por enviarla al potro de la tortura.

Buscó por tanto desesperadamente en su memoria las confusas explicaciones que en su día le diera el gomero *Cienfuegos* de los motivos por los que aquel líquido negruzco y repelente que afloraba al lago tenía la curiosa propiedad de arder con mucha más rapidez e intensidad que el más reseco de los matojos, pero visto desde el interior de una tétrica y lejana mazmorra todo ello se le antojaban pueril e inconsistente, llegando a la conclusión de que de no haber sido testigo de tan terrible escena, ni siquiera ella misma se sentiría en disposición de aceptar que había ocurrido.

—¡Perdonad! —musitó al fin bajando el rostro para contemplarse las uñas que se había clavado en el dorso de la mano—. La tensión me obliga a decir cosas que están muy lejos de mi ánimo, pero puedo jurar que nada tuve que ver con aquel desgraciado incidente, y que fui la primera en asombrarme por cuanto sucedió en el lago.

—¿Quién efectuó en ese caso el exorcismo?

—¿«Exorcismo»? —se asombró—. No hubo tal exorcismo.

—Veo que os resistís a colaborar —se lamentó el otro abriendo las manos en un ademán que pretendía hacerle notar que en tales circunstancias poco podría hacer en su favor—. Si Vos no lo hicisteis, alguien tuvo que hacer algo para que ese agua ardiera... ¿Quién fue?

—Lo ignoro.

—«Sabido es que si el acusado no tiene defensa, ni está en condiciones de acusar a alguien en su lugar, es que es culpable.»

—¿Quién afirma semejante monstruosidad?

—Conrado de Marburgo.

—No me sorprende. Conrado de Marburgo fue un carnicero sediento de sangre, a quien el propio Papa tuvo que llamar la atención por su desatado fanatismo. —La alemana hizo una corta pausa—. Y dudo mucho que dijera tal cosa, puesto que no dejó documentos escritos, ni manual alguno de sus métodos, sistemas, o actuaciones.

—Mucho sabéis sobre él.

—De niña mi padre me llevó al palacio de Maguncia donde se celebró el Concilio que le denostó, y al lugar en que fue asesinado cerca de Marburgo. Los peregrinos aún escupen cuando pasan bajo aquel olmo.

—¿Ya de niña os preocupaban los asuntos relacionados con el Santo Oficio?

—Jamás tuvieron por qué preocuparme hasta hace tres días —replicó *Doña Mariana* en tono tranquilo—. Mi conciencia siempre estuvo limpia, mi fe en Dios intacta, y mi devoción por la Virgen cada día más fuerte. Ella me librará de todo mal.

—Me alegra oír eso —admitió el inquisidor en tono sincero—. La Virgen es siempre la mejor abogada en estos casos, aunque por desgracia, hasta el mejor abogado necesita pruebas con que defender a un acusado. Dadme un nombre, ¡sólo uno!, y comenzaré a creer en vuestro arrepentimiento y vuestros deseos de colaborar con la justicia.

Resultaba a todas luces evidente, que Ingrid Grass amaba a tal punto al canario *Cienfuegos*, que ni ante la eventualidad de morir en la hoguera se le pasaría por la mente la idea de acusarle de haber provocado el incendio del lago Maracaibo, por lo que se limitó a observarse una vez más unas manos que comenzaban a obsesionarle, para replicar en el mismo tono reposado y machacón:

—Os repito que ignoro quién pudo realizar semejante «exorcismo». Y quien me acusa, miente. Se trata de su palabra contra la mía.

—En efecto, pero a él nadie le acusa de nada y eso le hace más digno de crédito que Vos.

Semejante frase demostraba que si bien Fray Bernardino de Sigüenza jamás había sido inquisidor, sí estaba, no obstante, perfectamente al corriente de los tortuosos métodos dialécticos que éstos solían utilizar, y que se basaban en la indiscutible premisa de que todo ser humano debía ser considerado culpable mientras no estuviese en condiciones de demostrar lo contrario.

Y fue precisamente ese perfecto conocimiento de las triquiñuelas del sistema a seguir, lo que le impulsó a no prolongar en exceso el interrogatorio, consciente de que el miedo ganaría en intensidad y hondura a partir del instante en que la víctima quedara a solas en el interior de una mazmorra.

Desde que en los albores del 1200 el Papa Inocencio III creara el Santo Oficio como instrumento de lucha contra las herejías cátara y valdense, el terror que su solo nombre provocaba tras las bestiales actuaciones de hombres como Robert le Bougre, Pedro de Verona, Juan de Capistrano, Raimundo de Peñafort, Bernardo Guí, y sobre todo el sádico Conrado de Marburgo, bastaba la mayoría de las veces para vencer todas las resistencias y aniquilar todas las voluntades, pues sabido es que desde el momento en que Adán y Eva fueron expulsados del Paraíso, nada destruye con más facilidad a un ser humano que la sensación de saberse indenfenso frente a un oscuro poder desconocido.

Ninguna imaginación ha conseguido crear un instrumento de tortura que supere al que es capaz de imaginar el reo que aguarda dicha tortura, puesto que la mente humana va siempre más allá de lo que conseguirá llegar el hombre por mucho que se lo proponga.

Aquella primera visita a *Doña Mariana* en su celda, había abonado convenientemente la tierra plantando la semilla que habría de provocar el definitivo resquebrajamiento de su ánimo por fuerte que éste fuera, pues otra de las normas básicas de actuación de los inquisidores se centraba en el hecho de que la Santa Iglesia nunca tenía prisa, por lo que un acusado podía pasar veinte años rumiando su desdicha en una mazmorra antes de que se le juzgase y condenase definitivamente.

Y ni siquiera le cabía la esperanza de que la muerte viniera a liberarle, puesto que se habían dado casos en los que el cadáver de un reo había sido exhumado décadas más tarde, para verse «juzgado» y quemado teniendo que soportar que se aventaran sus cenizas para que de ese modo no pudiera alcanzar la paz eterna y todos sus bienes pasaran al clero.

Esa seguridad de que se luchaba con una impávida institución que carecía de alma, rostro o sentido del tiempo, aumentaba a tal punto la sensación de impotencia y desaliento de sus víctimas, que con frecuencia éstas preferían admitir de inmediato sus culpas —cualesquiera que fuesen las culpas que quisieran imputarles— antes que soportar años de dudas y angustias sobre su incierto futuro.

Aunque, por lo general, no solía ser una rápida y total confesión lo que el Santo Oficio pretendía, dado que en ese caso su labor se hubiese limitado a actuaciones aisladas en el tiempo y desconectadas entre sí, lo que a la larga no hubiesen surtido el deseado efecto de ser considerado una especie de invisible poder o capaz de controlar todas las vidas y todos los estamentos de la sociedad de su tiempo.

La Inquisición, tal como Fray Tomás de Torquemada la reestructurara en otoño de 1483, más como arma política al servicio de la Corona española, que como cumplida prolongación del Santo Oficio, tenía por objetivo aparente resolver el problema religioso que planteaba el hecho de que una parte muy importante de nuestra sociedad estuviese constituida por conversos judíos o musulmanes, pero actuaba en realidad como instrumento laico de innegables tintes racistas.

El año 1492 traería luego consigo tres acontecimientos claves para la historia de España: la conquista de Granada, el descubrimiento del Nuevo Mundo y la expulsión de los judíos, y si bien trescientos mil de estos últimos abandonarían el país sin llevar más que lo puesto, otros cincuenta mil decidirían quedarse renunciando —la mayoría de las veces falsamente— a sus ancestrales costumbres y creencias.

Eran demasiados hechos, demasiado importantes y demasiado complejos como para que un recién nacido Estado tuviese capacidad para controlarlos, y por ello el inapreciable refuerzo de una institución «supranacional» que nadie se atreviera a poner en tela de juicio, fue hasta cierto punto el único medio que encontraron los Reyes Católicos de evitar una auténtica debacle.

Crear un Estado centralista y autoritario en una península en la que convivían tantas lenguas, tantas ideologías y tantas creencias religiosas, hubiera resultado harto difícil para quienes carecían de la más mínima infraestructura política, por lo que se decidió recurrir a la única organización cuyos tentáculos se extendían hasta el último punto de la geografía nacional, dotándole de una capacidad ejecutiva y un poder del que hasta aquel momento había carecido.

El enemigo a destruir no eran ya los herejes cátaros que sostenían la existencia de un Dios del Bien y un Dios del Mal, o los valdenses, que proclamaban que las ingentes riquezas y los desaforados lujos de la Iglesia de Roma ofendían a Cristo, y que sus sacerdotes debían ser ante todo humildes y ascéticos, sino que a partir del nacimiento del nuevo siglo, el enemigo a combatir era ante todo el enemigo de la Corona, cualquiera que fuese su credo, raza o condición.

En cierto modo, podría asegurarse que Isabel y Fernando no se constituyeron en «Reyes Católicos» por el hecho de que pusieran sus ejércitos al servicio de Dios, sino más bien por la indiscutible realidad de que habían sabido poner los ejércitos de Dios a su propio servicio.

Fray Bernardino de Sigüenza, a quien la mugre, el moquillo y los piojos no bastaban para oscurecer el entendimiento y poseía una amplia cultura y una mente extremadamente lúcida, estaba consciente de ello, y mientras se encaminaba con su rápido paso de enano nervioso hacia su cercano convento, le iba dando vueltas y más vueltas a cuanto acababa de ver y escuchar.

Aún no había conseguido descubrir la mano de «El Maligno» en toda aquella confusa historia del lago en llamas, ni había olfateado hedor a azufre en la proximidad de una pobre mujer aterrorizada por lo que se sentía en cierto modo desconcertado, aunque más decidido que nunca a llegar al fondo de una cuestión en la que se sentía hasta cierto punto personalmente involucrado.

Debido a ello, lo primero que hizo, tras dar rápida cuenta de su frugal almuerzo, fue mandar llamar a Baltasar Garrote, al que recibió a la caída de la tarde en el rincón más fresco del amplio claustro conventual.

El Turco se presentó en esta ocasión sin alfanje, gumía, ni turbante, temeroso quizá de que tales signos externos de su afición por la cultura mahometana le restasen credibilidad a los ojos del celoso franciscano, esforzándose al propio tiempo por demostrar una fe y una humildad que se encontraban muy lejos de su talante natural, consciente como estaba de que para la Santa Inquisición tan merecedor de castigo resultaban el brujo y el hereje, como el que acusaba en falso sabiendo que lo hacía.

En un principio le tranquilizó descubrir que el improvisado Inquisidor no era más que un desecho humano incapaz de imponer respeto a un perro de lanas, pero a los diez minutos de responder a sus preguntas descubrió que tras aquella espesa capa de mugre, hediondez y piojos se escondía un astuto hijo de puta de retorcida mente que podía llegar a resultar más peligroso que un alacrán en las letrinas.

—¿Os reafirmáis en vuestra aseveración de que no existe ánimo de lucro, ni deseo de venganza personal en el hecho de acusar a *Doña Mariana Montenegro*...? —repitió por tercera vez aquel nauseabundo saco de mierda con una vocecilla aparentemente sin vida, pero que escondía un sutilísimo matiz de amenaza o advertencia.

—Me reafirmo.

—¿Tenéis bien presente a lo que os arriesgáis en caso de que se descubriera que habéis mentido?

—Lo tengo.

—Esa mujer puede pasar años en prisión o acabar en la hoguera y eso es muy serio.

—Lo sé.

—¿Y estáis convencido de que merece tal castigo?

—El castigo no es negocio que me ataña —replicó *El Turco* en su tono más humilde—. Será una decisión del Tribunal. Lo único que me atañe es el hecho de que por culpa de las malas artes de esa bruja, el infierno subió a la tierra, Lucifer mostró todo su maléfico poder, y muchos de mis compañeros de armas tuvieron la muerte más espantosa que imaginarse pueda. —Pareció conmoverse—. Aún resuenan en mis oídos sus alaridos cuando les envolvió aquella inmensa ola de fuego.

—¿De dónde surgió?

—Del barco.

—¿Cuánta gente había en el barco?

—Lo ignoro. Treinta hombres; tal vez cuarenta.

—¿Cómo podéis estar tan seguro entonces de que fue *Doña Mariana* la autora del conjuro?

—Porque era la única mujer a bordo —replicó Baltasar Garrote absolutamente impasible pese a lo delicado del momento—. Y porque la pude ver erguida en proa, lanzando sobre el lago palabras mágicas mientras la tripulación permanecía como alucinada.

—¿Estáis absolutamente seguro de lo que decís?

—Lo vi con mis propios ojos.

—¿A qué distancia se encontraba el barco?

—A tiro de piedra.

—¿Y pudisteis distinguirlo con claridad pese a que por lo que tengo entendido el incendio tuvo lugar al anochecer?

—No fue al anochecer, sino a la caída de la tarde, y por eso mismo pude ver a *Doña Mariana* recortándose contra el disco del sol, erguida con su negro y largo vestido de hechicera. —El lugarteniente del Capitán León de Luna hizo una dramática pausa buscando sin duda impresionar a su interlocutor, y extendiendo el brazo en ademán melodramático, añadió—: De su mano nació el fuego.

Fray Bernardino de Sigüenza permaneció muy quieto, olvidando incluso de rascarse, tal vez impresionado por el complejo relato, o tal vez tratando de discernir hasta qué punto cabía dar crédito a tan fantástica historia.

Sin poder evitarlo experimentaba un instintivo malestar en presencia de Baltasar Garrote, al igual que se sentía gratamente atraído por la personalidad de la acusada, pero conocedor como era de las sutiles intrigas de «El Maligno», se preguntaba hasta qué punto podía estar éste influyendo sobre su mente.

Si *Doña Mariana Montenegro* era, como pretendían, una sierva del «Ángel Negro», no resultaba extraño que su amo tratara de salvarla haciéndola parecer inocente ante sus ojos, pues sabido era que el demonio era por propia naturaleza el ente más capacitado que existía para confundir al ser humano haciendo que el bien se le antojara mal y viceversa.

Un auténtico inquisidor ducho en su oficio tenía que saber aceptar que no siempre su razonamiento era el correcto, y a menudo se veía en la obligación de enfrentarse al hecho indiscutible de que la verdad era mentira, mientras que lo que sus ojos tomaban por mentira, era verdad.

Pero —y eso lo había discutido a menudo con sus colegas dominicos— podía darse el caso de que Lucifer fuera más allá aún en sus maquinaciones, haciendo que la verdad fuera auténtica verdad, intentando así obligar a creer que, no obstante, era mentira.

De ese modo, dictar veredicto cuando se trataba de juzgar a un auténtico siervo de «El Maligno» podía llegar a convertirse en un simple juego de azar en el que no existían más que dos opciones: acertar o no acertar a la hora de mandar a alguien a la hoguera, independientemente de las pruebas a favor o en contra que pudiesen acumular sobre la mesa, puesto que como ya señalara en su día el Gran Inquisidor Bernardo Guí: «Nadie que muere en la hoguera es del todo inocente, puesto que en los últimos instantes de su vida blasfema de tal forma, que tan sólo por semejante ofensa a Dios, merece ser quemado.»

Aunque según tan demencial teoría, muy propia de

un fanático discípulo de Conrado de Marburgo, aquellos que perecieron abrasados en el incendio del lago también eran por tanto culpables de blasfemia y ofensa a Dios, por lo que merecían de igual modo la muerte, visto lo cual no cabía culpar de delito alguno a *Doña Mariana Montenegro*.

Al moqueante frailecillo empezaba a obsesionarle seriamente la posibilidad de convertirse en víctima de las falacias de un sistema que empujaba inexorablemente a retorcer más y más los argumentos con miras a llegar a un punto en el que lo único importante era imponer el criterio que más conviniera en cada caso a la razón de Estado, sin tener en cuenta para nada la validez de la auténtica razón.

Al fin y al cabo, y como hombre docto e imparcial en todo cuanto no se relacionase con la fe, había llegado a la conclusión de que la verdad está siempre el lado de quien mejor sepa exponer sus argumentos, y que la mayor parte de las veces, cuando el ser humano busca esa verdad lo hace como el ciego que intenta averiguar el significado del color azul a través de muy distintas versiones.

—Definidme el azul —inquirió de pronto desconcertando a su interlocutor, que no pudo por menos que temer una sutilísima trampa.

—¿El azul? —repitió intentando ganar tiempo—. ¿Qué clase de azul?

—El azul que más os plazca —fue la impaciente respuesta—. Uno cualquiera. Imaginad que soy un ciego y pretendéis hacerme comprender lo que es el azul.

—Eso es del todo imposible.

—¿Por qué razón?

—Porque si un ciego no puede concebir la existencia de los colores, menos podrá concebir un color determinado.

—Excelente argumento —admitió Fray Bernardino—. Sois un hombre inteligente y de recursos.

—¡Gracias!

—No hay de qué. Pero ello me obliga a preguntarme por qué razón un hombre inteligente y que en apariencia no tiene problema alguno, se complica la vida sabiendo, como debéis saber, que «quien despierta a "La Chicharra" se arriesga a no dormir».

Se diría que al *Turco* Baltasar Garrote le sorprendía no ya el hecho de que el buen fraile supiera el popular sobrenombre del Santo Oficio, sino sobre todo que fuese capaz de emplearlo de una forma tan natural y sin reparos.

—Ya os he puesto al corriente de mis razones —musitó al fin.

—En efecto —aceptó el otro—. Lo habéis hecho. Pero me resisto a aceptar que sea tan sólo un exceso de celo o el ansia de justicia lo único que os mueve. ¿No estará detrás de todo esto la mano del Capitán León de Luna?

—¿Por qué habría de estarlo?

—Porque tengo entendido que odia a *Doña Mariana Montenegro*.

—Y es cierto —admitió el otro—. Pero también es cierto que juró por su honor que jamás volvería a intentar nada contra ella, y es hombre que siempre cumple sus promesas.

—¿Refrendasteis Vos también tal juramento?

—¿Yo? ¿Por qué razón habría de hacerlo?

—Por solidaridad con quien os paga.

—Era mi jefe en negocios de armas, no de sentimientos. Yo no odiaba a *Doña Mariana*.

—Y ahora... ¿La odiáis?

—La odiaré si se demuestra que es la causante de esas muertes, pero si el Santo Oficio, con su infinita sabiduría, establece su inocencia, olvidaré mis resquemores y seré incluso capaz de pedirle públicas disculpas aceptando de todo corazón el veredicto.

¡«Veredicto»!

Aquélla era la palabra que con más insistencia acudía una y otra vez a la mente de Fray Bernardino de Sigüenza; la que se instaló aquella noche y las siguientes en su minúscula y calurosa celda como un molesto huésped impertinente; la que le obligaba a despertarse al amanecer sudando frío, y la que le impulsaba a dudar más que ninguna otra de su propia capacidad de serle de utilidad a la Santa Iglesia en tan espinoso asunto.

Inquisitio y no *acusatio*, había sido la frase más justamente esgrimida en su momento, pero el mugriento franciscano tenía plena conciencia de que el simple hecho de aceptar que existía una mínima base argumental que le impulsase a seguir adelante con sus averiguaciones convirtiendo la *inquisitio* en *acusatio*, haría que las posibilidades de que *Doña Mariana Montenegro* se librase de morir en la hoguera fueran más bien escasas.

Si el Santo Oficio tomaba la firme decisión de atravesar el inmerso océano para establecer todo el peso de su autoridad en el Nuevo Mundo, lo haría con el estruendo, la pompa y el boato que exigiría la ocasión, y no cabía esperar por tanto que aceptara en modo alguno un veredicto absolutorio, ya que eso significaría alimentar en el ánimo del populacho la vana ilusión de que el exceso de agua de mar había servido para sofocar el ardor de sus hogueras.

—Quien quiera que sea el primero, arderá hasta los huesos —se dijo—. Porque lo que habrá de prevalecer en ese caso, no será la razón o la sinrazón de una inocencia, sino un principio de autoridad que no admite más dialéctica que la del terror y la violencia.

El canario *Cienfuegos* estableció su campamento en un diminuto claro del bosque que dominaba la ciudad por el Noroeste, a tiro de bombarda de las primeras chozas, en un otero desde el que controlaba a la perfección las idas y venidas de los centinelas de la torre.

No era en verdad un lugar que pudiera considerarse un campamento estable, ya que para el gomero cualquier rincón de la selva, al aire libre, constituía un hogar tan válido como cualquier otro, visto que su lecho era el punto en que se dejaba caer para cerrar los ojos de inmediato, y su mesa allí donde encontraba alimento.

Una infancia solitaria en las montañas de La Gomera, y una juventud vagando sin destino a lo largo y lo ancho de un inmenso continente desconocido, habían conseguido el milagro de que pudiese dormir a pierna suelta bajo un sol inclemente o una lluvia torrencial, y saciarse hasta el erupto donde cualquier otro se moriría de hambre.

Y es que *Cienfuegos* se había convertido con el paso del tiempo en el más claro exponente de la unión de dos «inculturas» de muy distinto signo, dado que la forma de existencia más primitiva del Viejo Mundo —un pastor de cabras analfabeto de una isla semisalvaje— había conseguido asimilar cuanto supieron inculcarle los habitantes de las profundas junglas del Nuevo Mundo, que se mantenían casi en los límites de la Edad de la Piedra.

Cienfuegos tenía algo de serpiente, algo de cabra, algo de tigre, algo de zorro, algo de lobo, e infinita paciencia para enfrentarse a las bestias, pero poseía al propio tiempo un cerebro muy lúcido que le permitía defenderse también de los humanos.

Sabía ya muy bien lo que quería, y por ello bajaba casi a diario a la «ciudad», a alimentar la avaricia de los miembros de una guarnición que soñaba con repartirse sus mil maravedíes, mientras dedicaba el resto del día a recorrer la espesura en un intento de llegar a reconocer a ojos cerrados cada sendero y cada gruta, aprovechando al propio tiempo para ir reuniendo cuantos ingredientes sospechaba que podría necesitar más adelante.

De vez en cuando acudía a mantener largas charlas con el renco Bonifacio, a quien Sixto Vizcaíno ponía al corriente de cuanto averiguaba sobre la situación de *Doña Mariana Montenegro*, puesto que el astillero del vasco se había convertido en obligado punto de reunión de la mayor parte de la gente de mar de la isla, y sabido era que los marinos solían criticar sin excesivo temor a represalias.

El ambiente que reinaba por aquellos días en la colonia era por lo general de abierto descontento hacia la persona del Gobernador Francisco de Bobadilla, dado que si bien en un principio había sido acogido como el salvador que venía a librarles del tiránico yugo de los hermanos Colón, había dado ya más que sobradas pruebas de que su único interés se centraba en acaparar la mayor cantidad imaginable de riquezas en el menor tiempo posible.

Su sed de rapiña superaba incluso la reconocida

avaricia del viejo Almirante, y la inconcebible corrupción de que hacía gala, tan sólo podía compararse con el descaro con que una pequeña corte de secretarios y lameculos trataban igualmente de medrar a su sombra.

Ni una hoja se movía en Santo Domingo si no repercutía de algún modo en beneficio del tirano, y muchos se preguntaban sin recato para qué diablos amasaba tal cúmulo de riquezas, si alardeaba de no comer más que una vez al día, no probaba el alcohol ni mantenía trato con mozas ni mancebos, vivía solo, y carecía de igual modo de cualquier tipo de vicios.

Corría ya el rumor de que había comenzado a mover sus tentáculos con el fin de apoderarse de los bienes de *Doña Mariana Montenegro* antes de que pasasen a manos de la Santa Inquisición, y ello le había procurado en cierta forma la enemistad de los frailes dominicos, que deseaban igualmente hacerse con una hermosa mansión colindante con los jardines de su convento, e incluso la inquina de los severos franciscanos, que no veían con buenos ojos que estuviera intentando apropiarse de tales bienes cuando Fray Bernardino de Sigüenza ni siquiera se había pronunciado aún sobre la conveniencia o no de seguir adelante con el sonado proceso.

—Con tal de llenarse las alforjas, ese hombre es capaz de quemar a su madre —comentó un capitán de carraca al que había dejado en tierra con la disculpa de no haber pagado cierto impuesto—. Mi único consuelo se centra en la posibilidad de que el Rey le mande ahorcar en cuanto ponga el pie en Sevilla.

—Ahorcarle significaría reconocer que se equivocó a la hora de elegirle para sustituir al Almirante, y Don Fernando jamás comete el error de admitir públicamente un error. Lo más probable es que le despoje en silencio de todo cuanto ha expoliado y lo aleje de la Corte. Salió de la nada y a la nada volverá con los pies fríos y la cabeza caliente.

—Tal vez ocurra como decís, pero para ese entonces, ya esa pobre mujer habrá perdido su hacienda, si es que no pierde también la vida.

—Yo aún confío en Fray Bernardino.

Era el propio Sixto Vizcaíno el que había hecho tal afirmación, sin dejar por ello de cepillar un grueso tablón que tenía en el banco, y todos se volvieron a mirarle con evidente sorpresa.

—¿Confiáis en esa rata de cloaca? —se asombró alguien—. ¡Pero si es el individuo más repugnante y miserable que pueda existir!

—Repugnante, lo admito —puntualizó el adusto vasco—. Miserable, en absoluto. Le conozco, y le creo lo suficientemente inteligente como para encontrar la verdad sin tener que recurrir a un proceso.

—¿La verdad? ¿Qué verdad, «Maese» Sixto? Porque hasta ahora la única verdad indiscutible, es que aquel lago ardió, y aquellos hombres murieron. ¿Qué explicación cabe darle a tal hecho?

No existía ciertamente una explicación que convenciera a unos frailes poco amigos de aceptar fenómenos «supranaturales», ni aunque satisfaciera a la mayoría de unos arriesgados marinos que por el mero hecho de haberse lanzado a cruzar el «Océano Tenebroso» y descubrir tierras ignotas, estaban justamente considerados los individuos más abiertos de su tiempo a la hora de aceptar que el orden establecido podía ser alterado.

Ya el mundo era redondo; ya incluso resultaba evidente que era mucho mayor de lo que siempre habían creído, y ante ellos se alzaba un inmenso continente poblado por bestias casi mitológicas que ni siquiera se habían atrevido antes a imaginar, pero, aun así, a la mayoría les continuaba resultando muy difícil aceptar la existencia de un lago cuya agua ardía en una parte mientras el resto ni siquiera se alteraba.

—¿Qué fue, si no fue brujería?

Difícil pregunta a la que ni aun el propio *Cienfuegos* habría sabido contestar, y tendrían que transcurrir tres siglos antes que los científicos encontraran una respuesta convincente al hecho de que existiera un agua que de improviso se convertía en fuego.

Pedirle por tanto a Fray Bernardino de Sigüenza, o a cualquier otro religioso de su época que aceptase que la mano de «El Maligno» nada tenía que ver con todo aquel turbio negocio, era, sin duda alguna, exigir demasiado.

De hecho, y con respecto al discutido proceso de *Doña Mariana Montenegro*, los pobladores de la recién nacida capital de La Española se hallaban divididos en dos facciones: la de los que opinaban que era víctima de una sucia maquinación detrás de la cual se encontraba el Capitán León de Luna, y la de quienes consideraban que no era más que una bruja extranjera a la que convenía «flambear» antes de que atrajera nuevas desgracias sobre sus cabezas.

El innegable interés con que la princesa Anacaona intercedió en defensa de su consejera y amiga, en nada cambió el fiel de la balanza, dado que si bien un buen número de los más antiguos miembros de la comunidad continuaban admirando y respetando a la hermosa viuda del temido cacique Canoabó, para la mayoría de los recién llegados la mítica *Flor de Oro* no era más que una «salvaje» de licenciosas costumbres, miembro demasiado destacado de una raza inferior y despreciable.

Muchos incluso se preguntaban cómo era posible que se le permitiera continuar gobernando la rica provincia de Xaraguá, y el propio Gobernador Bobadilla sufría continuas presiones por parte de sus más intransigentes «asesores» para que le despojase de todos sus privilegios reduciéndola a su auténtica condición de «sucia indica» sin derechos.

Las severas «Ordenanzas Reales» que especificaban que los aborígenes debían disfrutar de idéntico trato que los castellanos, con la explícita obligación por parte de las autoridades de respetar su vida, honor y hacienda, seguían convirtiéndose en papel mojado en cuanto quedaban atrás las costas de Cádiz, y si bien Bobadilla no se atrevió nunca a imitar a los Colón enviándolos como esclavos a la Corte, aceptó sin recato que en la propia isla fueran utilizados como siervos, siempre que ello le reportara beneficios económicos.

Habían transcurrido poco más de nueve años desde el día en que los vigías de la *Santa María* avistaran la hermosa isla, y ya podía considerarse que sus antaño numerosos y pacíficos habitantes estaban irremisiblemente condenados a la desaparición y el olvido.

Guerras justificadas, injustificables *razzias* y desoladoras epidemias habían diezmado de tal forma a los desconcertados «haitianos», que los pocos que aún mantenían un ápice de orgullo habían optado por huir a las montañas, mientras los más débiles se conformaban con convertirse en perros falderos de los recién llegados.

Al igual que sus sufridos antepasados aceptaban que cuando caían en manos de los caribes su destino era el de ser cebados para acabar sirviendo de banquete en una orgía de sangre y muerte, la mayoría de los pacíficos arawaks se resignaba al nuevo destino de transformarse en forzados peones de las minas, criados para todo, u objetos sexuales con destino a prostíbulos de tercera categoría.

Y es que incluso en el concretísimo marco de las casas de lenocinio se había establecido ya una escala racista a lo largo de aquel primer decenio de agitada vida dominicana, dado que en la más selecta, la regentada por Leonor Banderas, no se admitían pupilas indígenas, judías o moriscas, mientras los burdeles del puerto aparecían dominados casi en exclusiva por estas últimas, dejando para las «hediondas aborígenes», los abiertos bohíos del final de la playa, hacia poniente.

Casos como el ex Alcaide Miguel Díaz, que tenía a orgullo el hecho de haberse casado legalmente con la *India Isabel,* resultaban cada día menos frecuentes, pues con la llegada de las primeras «damas», esposas o hermanas, la mayoría de ellas de militares y funcionarios de poca monta, comenzó a tomar cuerpo una nueva forma de «moralidad» que traía de Europa todo lo falso y lo retrógrado, habiendo olvidado en la orilla opuesta del océano cuanto hubiera podido resultar beneficioso.

Para una mujer vieja, gorda y sucia, que apestaba a entrepierna sudando a mares dentro de un grueso corsé de paño pensado para los fríos de la meseta castellana, contemplar a una voluptuosa criatura veinteañera corretear desnuda y libre por las abiertas playas del mar de los Caribes, constituía no ya el más terrible de los pecados, sino, sobre todo, la más insoportable de las ofensas personales.

Tales «damas» necesitaban expulsar cuanto antes a aquellas «Evas» del paraíso, y para conseguirlo se aliaron de inmediato con unos frailes ansiosos de alzar su espada vengadora contra todo lo que significase fornicación y libertinaje, que era, a decir verdad, lo que buscaban muchos de los recién llegados.

Santo Domingo, anárquica, desorganizada, ambiciosa y explosiva, crecía como un tumor incontrolable sin que nadie tuviese muy claras las razones de su existencia o su futuro, pues si bien resultaba evidente que se había convertido en la auténtica cabeza de puente de España en «Las Indias», la Corona aún no había decidido cuál tenía que ser su misión en el Nuevo Mundo, limitándose a ir a remolque de los acontecimientos, y a beneficiarse lo más posible de sus innegables riquezas.

Las iniciativas tenían que partir de grupos económicos o individuos aislados, y los Reyes las autorizaban o no sin arriesgar ni un maravedí en la empresa, como si lo único que continuara interesándoles fuese la posibilidad de encontrar la ruta hacia el Cipango y sin reparar en el hecho de que la colonización de un continente virgen podía resultar a la larga mucho más beneficiosa para todos.

El Gobernador Francisco de Bobadilla había venido a «poner orden», no a «organizar», puesto que aunque muchos pudieran pensar que ambos conceptos eran en cierto modo similares, nada tenían en común en este caso, dado que las actuaciones se referían siempre a situaciones ya existentes sin decidirse jamás a plantear nuevas acciones.

Cabría afirmar que tras el tremendo esfuerzo militar que había significado la conquista de Granada, y el desastre social y político que acarreó la posterior expulsión de los judíos, Isabel y Fernando se habían vuelto conservadores, puesto que al haber quedado tan escuálidas las arcas reales, a la hora de mirar hacia el otro lado del océano era lógico pensar más en lo que de allí pudiera llegar en forma de oro y especias, que lo que allí había que enviar en forma de armas y alimentos.

Por todo ello, el asalto al Nuevo Mundo, y los planes de conquista de lo que habría de ser un gigantesco imperio, no tenían lugar en las salas de armas de palacios o fortalezas, ni aun en las antecámaras reales, sino en los burdeles y tabernas de aquel recién fundado villorrio que se movía más y más aprisa, entre vasos de vino y barraganas, que entre uniformes y legajos.

Quien quisiera tomarle el pulso a la «ciudad» o tener una leve idea de cuál sería el próximo paso a dar en la «Conquista», debía olvidarse por completo del Alcázar del gobernador o los despachos oficiales, para centrar su atención en «La Taberna de los Cuatro Vientos» o en los animados salones del lupanar de Leonor Banderas, donde se hablaba del ansiado regreso de Alonso de Ojeda, la arriesgada expedición de Rodrigo de Bastidas, las nuevas rutas descubiertas por Pinzón, el magnífico mapa que acababa de perfilar «Maese» Juan de la Cosa, la fantástica mina de oro que alguien había creído descubrir en alguna isla perdida en alguna parte, y la ingente cantidad de perlas que se estaban pescando en Cubagua y Margarita.

Se vendían al propio tiempo misteriosos planos de tesoros indígenas, «derroteros» secretos que llevaban hasta las puertas mismas del palacio del Gran Khan, o cargamentos de especias que estaban aguardando a que alguien quisiera ir a buscarlos, a la par que se ofrecía la espada al servicio de cualquier causa productiva, una fidelidad a toda prueba, e incluso el alma si fuera necesario, con tal de conseguir una oportunidad de abandonar para siempre el hambre y la miseria.

Tanta era la necesidad por la que solían pasar los capitanes de fortuna que algún día llegarían a conquistar imperios, que era cosa sabida que el dueño de «La Taberna de los Cuatro Vientos», un cordobés grasiento que respondía al inapropiado nombre de Justo Camejo, guardaba en un sótano tal cantidad de espadas, dagas, arcabuces y armaduras, que a lo largo de su dilatada vida podría haber armado por sí solo un ejército más poderoso que el de los propios reyes.

Las armas de Balboa, Cortés, Orellana, Pizarro o Valdivia, pasaron más de una noche en aquella oscura caverna como prenda de pago de una escuálida cena o un par de jarras del vino más barato, y a la vista de una penuria que en ocasiones rozaba los límites de la más negra miseria, no resultaba en absoluto sorprendente el hecho de que la avaricia de los miembros de la guarnición de «La Fortaleza» se hubiese disparado de improviso ante la posibilidad de repartirse los mil maravedíes de un loco absurdo que aseguraba estar en condiciones de acabar con una mula de un solo puñetazo.

Acudieron a pedir su experto consejo a un herrero que tenía fama de ser el hombre más fuerte de la isla pese a tener menos luces que su fragua en domingo, y el buen hombre fue de la opinión de que quien intentase partirle el cráneo a una mula con el puño desnudo, podría darse por manco hasta el fin de los tiempos.

—Pues él jura que lo ha hecho —argumentó el Alférez Pedraza.

—Jurar cuesta muy poco —gruñó el herrero entre dientes, puesto que podría creerse que ni a abrir del todo la boca había aprendido—. Me gustaría ser testigo de semejante hazaña. —Y contribuyó con veinte maravedíes a cubrir esa apuesta.

Ya eran más de seiscientos los que habían conseguido reunir entre oficialidad y tropa, y el propio Alférez Pedraza, que era uno de los más interesados en conseguir que el singular negocio fuera adelante, intentó vanamente que el acaudalado Capitán De Luna aportase la suma que aún faltaba para enfrentarse al gomero.

—¿Quién decís?

—Guzmán Galeón, un alcarreño nuevo en la isla que parece dispuesto a jugarse cuanto tiene.

—Jamás oí hablar de él, ni de nadie que arriesgase tal suma en tal empeño, pero si no es capaz de hacerlo, no creo que haya venido tan lejos para perder su dinero, y si en verdad lo hace, no he venido yo hasta aquí para perder el mío.

—Pero es dinero fácil —protestó Pedraza—. ¿Cómo podéis imaginar que alguien triunfe en tan absurdo intento?

—Siempre aprendí a desconfiar del dinero fácil, pues acostumbra a transformarse en fácil para otros —puntualizó el Vizconde de Teguise, dando por concluida la charla—. He sido testigo de tantas cosas absurdas por estos pagos, que prefiero mantenerme al margen de ganancias fantasiosas y negocios poco claros.

Se continuó la búsqueda de capital por otra parte, pero podría creerse que no había forma humana de reunir los últimos trescientos maravedíes, y los más convencidos comenzaban a desesperarse ante la posibilidad de dejar escapar un oro que ya casi les quemaba las manos.

—Podríais reducir la apuesta a setecientos —argumentaron, intentando convencer en vano a *Cienfuegos*—. Es todo cuanto tenemos.

—Mil es mi precio —insistió inflexible el gomero—. Me juego el brazo.

—Lo que ocurre es que no queréis intentarlo —insinuó el Sargento ronco que parecía a punto de atragantarse por la ira—. ¿Qué más da setecientos que mil?

—Da trescientos —fue la burlona respuesta de *Cienfuegos*, que observó uno por uno los ansiosos rostros de sus contertulios, y por último añadió como quien hace una generosísima oferta—: Pero podría fiaros.

—¿Fiarnos?

—¡Exactamente!

—¿Queréis decir que confiaríais en nuestra palabra?

—En vuestra firma, más bien —especificó el otro muy claramente—. Yo abonaría mis pérdidas al contado, pero a la hora de cobrar, si es que gano, me conformaría con esos setecientos maravedíes, y el resto en pagarés a un mes vista.

—¡Bromeáis!

—Ya os advertí que jamás bromeo en asuntos de dinero. Traed a un escribano y puntualizaremos los términos.

Tantas facilidades dieron que pensar a más de uno, que comenzó a preguntarse si no estaría cayendo en la trampa de un superhombre habituado a resolver a su favor tan arriesgados lances, y cuando tres soldados y un sargento insinuaron la posibilidad de retirar su parte del dinero, con lo cual las cosas se ponían aún más difíciles, el Alférez Pedraza condujo al grupo a las cuadras de «La Fortaleza», invitándoles a que golpeasen, uno por uno, a la más enclenque de las mulas.

Lo único que consiguieron fue enfurecer al animal que comenzó a lanzar coces y dentelladas, sin que la docena larga de puñetazos que recibiera en la testuz parecieran levantarle apenas algo más que un ligero delor de cabeza.

Aunque para dolor, el que experimentaron sus agresores en los nudillos, ya que concluyeron por tomar asiento sobre la paja de un rincón de la cuadra, a soplarse los dedos y convencerse los unos a los otros de que golpear un hueso de aquel grosor significaba tanto como patear un muro de piedra.

—¿De acuerdo, entonces? —insistió Pedraza.

—De acuerdo.

—¿Cuándo?

—El sábado.

—¿Dónde?

—Aquí mismo.

El canario *Cienfuegos* aceptó de buen grado el lugar y la fecha, presentándose a media mañana del sábado siguiente, con su bolsa de oro y su mejor sonrisa, ante una amazacotada «Fortaleza», en cuya puerta le aguardaban una treintena de nerviosos apostantes, un escribano cargado de legajos y un pequeño grupo de impacientes curiosos que se las habían ingeniado para presenciar gratis el insólito espectáculo.

El gomero recorrió con aire distraído el ancho patio aunque procurando grabarse en la memoria todo y cada uno de sus detalles, intentando adivinar tras cuál de aquellos enrejados ventanucos encerrarían a la mujer que tanto amaba.

Se mostraba tranquilo y relajado, como si se encaminase a una amistosa partida de dados, charlando y bromeando con Pedraza con tal sencillez y naturalidad, que nuevamente a más de uno se le encogió el corazón ante la idea de que sus escasos ahorros pudieran volatilizarse en cuestión de minutos.

La cuadra era muy amplia, y se habían abatido además cuatro mamparos para acondicionar un espacio en el que todos pudieran sentirse a gusto sin perder detalle de cuanto pudiera ocurrirle al robusto animal que permanecía amarrado a una estaca.

—¡Hermosa bestia! —exclamó *Cienfuegos* al verla—. ¡Lástima!

Depositó la bolsa sobre una pequeña mesa tras la que se sentaba el escribano que había colocado ante él los setecientos maravedíes y los correspondientes pagarés que avalaban el resto, y una vez concluidas las comprobaciones llegándose al acuerdo de que las cuentas estaban en perfecto orden, el cabrero se despojó de la camisa dejando al descubierto su fibroso cuerpo de atleta.

Se escuchó un leve murmullo de admiración, e incluso un claro suspiro por parte de una de las escasas mozas de fortuna que habían tenido la suerte de haber sido invitadas al evento, mientras *Cienfuegos* giraba muy despacio en torno al animal que resopló como si presintiera que tanta curiosidad no presagiaba nada bueno, y poco a poco se fueron acallando las voces hasta alcanzar un silencio casi palpable en el momento en que el hombre se encaró decidido a la bestia.

El canario la estudió con profundo detenimiento, mirándola a los ojos, y tras cerrar con fuerza el puño derecho se frotó con él la palma de la mano opuesta, como si estuviera intentando calentárselo.

—¡Recordad que tenéis un sólo golpe —le hizo notar el Alférez Pedraza—. ¡Sólo uno!

—¡Lo sé! —fue la seca respuesta—. Y por ello os

agradecería que guardarais silencio, y me dierais la oportunidad de asestarlo a gusto. Si no inclina la testuz, no conseguiré derribarla.

—¡Perdonad!

De nuevo se hizo el silencio y todos los ojos se clavaron en el puño que comenzaba a alzarse muy despacio al tiempo que su dueño musitaba frases afectuosas y continuos chasquidos en un vano intento por conseguir que la mula olvidase sus recelos dejando de apartar la cara y mirarle de reojo.

—¡Tranquila, bonita! —mascullaba—. Baja el morro o nos pasaremos aquí el día.

Con la mano libre le acariciaba la frente haciendo de tanto en tanto una ligera presión sobre el hocico en un esfuerzo por conseguir que le ofreciera un blanco claro, pero al ver que no obtenía resultado, optó por aferrarla por los belfos y tirar ligeramente hacia abajo venciendo su tenaz resistencia.

El animal inclinó la testuz sólo un instante, pero que bastó para que el gomero disparara un puño que restalló secamente para acertarle entre los ojos.

Por unas décimas de segundos el mundo pareció detenerse, nadie se atrevió a respirar siquiera, todo fue expectación y miedo, hasta que de improviso y cuando podría creerse que nada digno de mención había sucedido, la gigantesca bestia dobló bruscamente las patas para caer fulminada a los pies del gomero.

Éste se limitó a abrir y cerrar una y otra vez la mano con gesto dolorido para encaminarse tranquilamente a la mesa del escribano al tiempo que comentaba agitando repetidamente la cabeza.

—¡Era fuerte, la condenada! A poco más me rompe el brazo. —Se volvió al boquiabierto Alférez Pedraza que aún se negaba a dar crédito a sus ojos—. ¿Entendéis ahora por qué no puedo bajar los precios?

Muy despacio, como si temieran que en cualquier

momento podía alzarse de un golpe y comenzar a dar coces, la mayor parte de los presentes se apróximaron a la mula para que los más audaces se arrodillasen a cerciorarse de que, efectivamente, estaba ya más muerta que el caballo de Atila, y no se trataba en absoluto de un fácil truco de prestidigitación.

—¡Santo Cielo! ¡Qué bestia!

—Si no lo veo, no lo creo.

—Es que la ha dejado seca.

La pata estirada, la lengua colgante y los ojos vidriosos, daban fe de que el pobre bicho pastaba ya en las verdes praderas del «Edén de los Équidos», y lo único que se podía hacer con ella era trocearla y convertirla en rancho al día siguiente.

—¿Cómo es posible? Nadie es tan fuerte.

Todos los ojos se volvieron a observar al hercúleo gigante que concluía de anudarse la camisa disponiéndose a recoger tranquilamente sus ganancias, y que replicó a modo de sencilla explicación:

—La fuerza es importante. Pero más lo es saber dar el golpe en el punto exacto.

—¿Y nunca habéis fallado?

La pícara sonrisa deslumbró a cuantos no acababan de perder todos sus ahorros en una estúpida apuesta.

—¡Una vez! —admitió—. Cuando tenía trece años. —El canario recuperó su amplio chambergo y se inclinó en una graciosa reverencia antes de colocárselo—. ¡Señores; caballeros! —saludó—. Ha sido un placer.

Se encaminó a la salida seguido por las furibundas miradas de quienes confiaban en ser a aquellas horas doblemente ricos pero se habían quedado a las puertas de la indigencia, sin que la mayoría de ellos hubiesen asimilado aún que lo que nunca imaginaron que pudiera ocurrir, había ocurrido.

El Alférez Pedraza y tres o cuatro de los que en principio se mostraron más entusiastas se preguntaban ahora cómo se las arreglarían para hacer frente a la inesperada deuda que habían contraído, mientras el sargento ronco continuaba examinando el cadáver del animal buscando una respuesta lógica a un hecho que continuaba antojándosele inaudito.

—¡Brujería! —mascullló al fin—. No puede tratarse más que de brujería.

—¡Contened la lengua! —se enfureció un viejo capitán de belfo caído—. Hay que saber perder cuando se pierde. Aquí no hay más misterio que maña y fuerza en un pícaro que ha sabido engatusarnos limpiamente. Se llevó mi dinero y ojalá se le atragante, pero a quien se le ocurra acusarle de artes malignas le arranco el hígado. ¿Está claro?

Concluyó allí toda protesta, y cuando los cabizbajos perdedores abandonaron por último la cuadra fue para encontrar a su enemigo cómodamente apoltronado en un banco del amplio patio de «La Fortaleza», recorriendo con ojos de aburrimiento las ventanas, como si tuviera auténticos deseos de abandonar cuanto antes el tétrico recinto.

—Se me ocurrió de pronto que era mi deber invitar a un buen almuerzo en la taberna —dijo—. ¡Vino y comida para todos!

—Se agradece teniendo en cuenta que será el último en mucho tiempo.

—¡Oh, vamos! —rió el canario—. ¡No es para tanto! ¿Y quién sabe...? Tal vez la próxima vez tengáis más suerte.

—¡No habrá próxima vez, *Maese Brazofuerte*! ¡Podéis jurarlo!

Fue una voz surgida de forma anónima de entre el grupo de perdedores, la que proporcionó por tanto al gomero *Cienfuegos* el apodado por el que sería conocido en adelante, puesto que el sonoro sobrenombre gozó de inmediato de una unánime acogida, dado que parecía que no pudiese encontrarse otro mejor para quien había llevado a feliz término tan prodigiosa azaña.

—¿Cómo lo hiciste? —fue lo primero que quiso saber el renco Bonifacio Cabrera cuando esa noche se reunieron como solían, a espaldas del astillero.

—De un puñetazo.

—¡Eso ya lo sé! ¿Pero dónde está el truco?

—¿Por qué tiene que haber un truco? —protestó *Cienfuegos* fingiendo ofenderse—. Ahora soy Guzmán Galeón, alias *Brazofuerte*; el hombre más admirado de Santo Domingo.

—¡A otro perro con ese hueso! —rió el cojo—. Te conozco, y aunque me consta que puedes llegar a ser el más bestia del mundo, ni aun siendo gomero se mata a un mulo de un puñetazo. ¿Dónde está el truco?

—No es truco. Es sabiduría.

—¿Qué clase de sabiduría?

—La que he ido aprendiendo aquí y allá... —El cabrero cambió el tono de voz, y le aferró el antebrazo con afecto—. ¿Recuerdas que te hablé de una negra con la que pasé una larga temporada en Maracaibo...

—¿La que desapareció en el «Gran Blanco»?

—La misma. —Sonrió con amargura a sus recuerdos—. Había nacido en Dahomey, que es un país africano en el que se adora a las serpientes y donde se rinde culto a los venenos. Ella lo sabía casi todo sobre venenos.

—¿Pretendes hacerme creer que envenenaste a la mula?

—¡No, exactamente!

—¡Explícate!

—*Azabache* lo sabía «casi todo» sobre venenos —continuó *Cienfuegos* sin inmutarse—. Pero al llegar al continente descubrió algo de lo que jamás había oído hablar: el «curare»; una pasta espesa con la que los indígenas de las selvas del interior embadurnan sus flechas y que mata instantáneamente.

—Me hablaste de él, pero creí que exagerabas.

—No exageraba en absoluto. El «curare» no es exactamente un veneno, sino una especie de ponzoña, inicua cuando se ingiere, pero que paraliza y mata en cuanto penetra en la sangre. Presionada por los «cuprigueri» del lago, *Azabache* practicó mucho hasta encontrar una sustancia semejante y me enseñó cómo hacerla.

—Entiendo —admitió el otro—. Lo que no entiendo es cómo lograste herir con ella a la mula.

Cienfuegos pareció muy orgulloso de su astucia al señalar:

—Recordé que una vieja bruja de la que fui esclavo entre los motilones, solía ponerse «curare» bajo las uñas, y cuando la atacaban mataba a sus enemigos arañandoles. ¡Eso me dio la idea!

—¿Te pusiste «curare» en las uñas? —se espantó el cojo—. ¿No te dio miedo?

—Procuré no rascarme —rió el gomero—. Luego, cuando agarré a la mula por los belfos, le clavé las uñas por dentro, aguardé un instante y le arreé el puñetazo. ¡Hija de puta! Casi me rompe la mano, pero cayó como una piedra.

—¿Y si no llega a caer?

—Hubiera perdido mil maravedíes, pero hubiera conseguido de igual modo penetrar en «La Fortaleza» y hacer «amistad» con sus guardianes.

—Imagina lo que habría ocurrido si llegan a descubrirte.

—Hubiese perdido los mil maravedíes y la vida. —*Cienfuegos* negó convencido—. Pero nunca me preocupó ese punto. Nadie en esta isla ha oído hablar aún del «curare» y sus efectos.

El renco Bonifacio Cabrera permaneció largo rato pensativo, como si en verdad necesitase tomarse un tiempo para asimilar cuanto su amigo le había relatado, para concluir por encogerse de hombros con gesto fatalista.

—Aún no tengo muy claro si eres un loco, o el tipo más listo que he conocido nunca —sentenció.

—Sólo soy alguien que ha tenido que aprender a defenderse usando lo poco que le han dado.

—¿Qué piensas hacer ahora?

—Presionar a los que me deben dinero —fue la segura respuesta.

—¿Y qué esperas obtener con eso? ¿Trescientos maravedíes?

—¡En absoluto! Muchísimo más que trescientos maravedíes. Ten muy presente que hay quien no se deja corromper por algo que nunca ha tenido, pero sería capaz de todo con tal de no perder lo que es suyo.

—Creo que te entiendo.

—¡Está muy claro! Cosas que no se hacen por dinero, pueden hacerse, no obstante, por no pagar una deuda. Es la diferencia que existe entre el tener, y el no tener.

Fray Bernardino de Sigüenza buscó en el ayuno y la meditación la ayuda que tanto necesitaba, confiando en que a los oídos del Señor llegasen al fin sus insistentes plegarias, reparase en la compleja naturaleza de sus tribulaciones, y tuviera a bien marcarle el camino a seguir en tan difícil trance; el más duro y amargo para quien, como él, servía fielmente a la Santa Madre Iglesia aunque en ocasiones rechazara en lo más íntimo de su ser la validez de sus métodos.

Tenía conciencia de que el Gobernador Don Francisco de Bobadilla le había elegido con el exclusivo fin de que se convirtiera en punta de lanza del Santo Oficio en «Las Indias», franqueándoles las puertas a los auténticos inquisidores por el sencillo método de admitir que existían «indicios suficientes» como para abrir un proceso por presunto delito de brujería a la alemana Ingrid Grass, más conocida por *Doña Mariana Montenegro.*

Una extranjera de vida turbulenta, que había abandonado a su noble esposo, pariente lejano del cristianísimo Rey Fernando, para seguir a un mísero pastor de cabras del que se murmuraba que había sobrevivido misteriosamente a la masacre del «Fuerte de La Natividad», constituía a todas luces un bocado de lo más apetitoso para quienes amaban el fascinante deporte de achicharrar mujeres indefensas —en especial si eran hermosas— y el pulguiento frailecillo se resistía con todas sus fuerzas a convertirse en el primer eslabón de lo que podía llegar a convertirse en una interminable cadena de sufrimientos y desgracias.

Inteligente, culto y analítico, era quizá de los pocos no soñadores de su tiempo que entendían la grandeza y dificultad de la labor que se avecinaba, y aunque no solía tomar parte en discusiones de aventureros, marinos o cartógrafos, aceptada sin reservas la teoría de que las mal llamadas «Indias Occidentales» no consistían en un simple reguero de islillas que se desparramaban por el océano como antesala del Cipango, sino más bien una auténtica barrera de selvas, ríos y altísimas montañas, lo que proyectaba un tipo de luz muy diferente sobre los conceptos que se habían mantenido hasta el presente sobre el planeta Tierra.

El diminuto franciscano fue en su día uno de los primeros en aceptar que la Iglesia y la Corona tenían ante sí una ingente labor de conquista y evangelización, y temía, no sin razón, que la intervención de un tercer elemento, el Santo Oficio, que era parte de ambos sin ser en realidad ninguno de ellos, tan sólo condujera a enrarecer el ambiente complicando las cosas.

La configuración de un Nuevo Mundo acarrearía sin lugar a dudas el nacimiento de una nueva raza por cuyas venas correría sangre aborigen, cristiana, judía e incluso musulmana, y resultaba absurdo pretender que el resultado de la unión de tantas creencias pudiese ajustarse a las estrictas y ortodoxas reglas morales de la Santa Inquisición.

Para Conrado de Marburgo, Raimundo de Peñafort o Bernardo Guí, el simple hecho de vivir tan «desahogadamente» como se vivía en La Española, con «salvajes» semidesnudos, casas de lenocinio abiertas al público, y mujeres antaño irreprochables que no dudaban en lavarse casi cada semana, hubiese constituido tal piedra de escándalo que a buen seguro no hubiesen dudado a la hora de purificar con fuego a más de la mitad de tan impenitentes pecadores, pero Fray Bernardino de Sigüenza se sentía perfectamente capaz de admitir que las rígidas normas de la austera y fría Castilla no podían aplicarse con idéntico rigor en aquella bochornosa y exuberante isla.

—«A distintos países, distintas costumbres. Y lo primero que tenemos que aprender es a dejar atrás lo más nefasto de las nuestras.»

Pero por otro lado se encontraban Don Francisco de Bobadilla y los que con él preferían ver procesada y condenada a *Doña Mariana Montenegro*, convencidos como estaban —siempre lo habían estado y siempre lo estarían— de que cuanto se refería a su tradicional forma de encarar la vida era perfecto —incluida la Santa Inquisición— y cuanto antes plantara ésta sus reales en la isla, mejor sería para todos.

—Si tenéis alguna duda, dejad las cosas en manos de quienes nunca dudan —le había aconsejado su confesor al conocer su estado de ánimo, sin tener en cuenta el hecho evidente de que quienes nunca dudan, suelen ser los que con mayor frecuencia se equivocan.

Si, como le habían enseñado, la verdad estaba en Dios, y Dios estaba en la verdad, la solución a sus problemas no pasaba por traspasar sus responsabilidades aceptando su propia incapacidad, sino en buscar esa verdad para intentar encontrar también a Dios.

Se enfrentaba por tanto casi cada mañana a *Doña Mariana Montenegro*, con el mismo estado de ánimo con que podría enfrentarse a un grueso volumen de teología que fuera a desvelarle innumerables dudas, desesperándose ante el hecho evidente de que la pobre mujer no tenía respuesta alguna que ofrecerle.

—Podéis procesarme, si así os place —había señalado ella durante una de sus últimas entrevistas—. Pero sabed que tendréis que hacerlo según el dictado de vuestra conciencia, ya que de mí no obtendréis pruebas que os sirvan para implicarme. Soy cristiana y católica practicante, y Dios es testigo de que nada tengo que ver con los hechos que pretenden imputarme. Si creéis haber encontrado un testigo mejor, ya es cosa vuestra.

—Por desgracia, vuestro testigo no puede comparecer ante un jurado.

—Lo sé, pero si vais a su casa, os arrodilláis ante el sagrario, y le interrogáis debidamente, estoy segura de que os dará una respuesta justa.

—Lo intento cada día.

—¿Y...?

—Cuando creo haber obtenido esa respuesta me pregunto quién soy yo para aspirar a que el Señor me atienda, y temo pecar de orgullo al suponer que se ha dignado escucharme.

—«Él» escucha siempre a los humildes.

—¿Soy acaso lo bastante humilde?

—Lo ignoro. Y de igual modo ignoro por qué extraña razón alguien que abriga tales dudas, cree estar en condiciones de dictaminar qué es lo que el Señor espera de él.

—Nunca lo he creído —admitió con naturalidad el hediondo frailecillo—. Y de momento, no es el Señor, ni aun la Santa Madre Iglesia, quienes esperan algo de mí. Estoy seguro de que si se tratara de ellos sabría lo que tengo que hacer. —Se sonó una vez más los mocos y contempló el mugriento pañuelo como si buscara en él una respuesta válida—. Son los hombres los que me han pedido que tome una decisión que probablemente implicará a la Iglesia, y de ahí mi temor a equivocarme.

—«En la duda, absténte.»

—Si me abstuviera, señora, el Gobernador nombraría al día siguiente un sustituto dominico, con lo cual vuestras posibilidades de salir con bien de tan difícil trance serían escasas. —Abrió las manos en un gesto que pretendía indicar que así estaban las cosas y no había forma de cambiarlas—. Vuestra única esperanza de salvación se centra en el hecho de que yo llegue al convencimiento de que no existen razones para iniciar un proceso, y Don Francisco de Bobadilla no se atreva a desafiar mi autoridad designando un nuevo investigador.

—¿Y cuándo tomaréis tal decisión?

—Cuando mi conciencia me lo indique. Fray Rafael de Pornasio, un hombre justo y comprensivo, dedicó casi ocho años a un caso, antes de reconocer que el estudio de la alquimia y la astrología no eran condenables siempre que se consideraran simples ciencias y no un camino hacia el enriquecimiento ilícito o el mejor conocimiento de la Magia Negra.

—¿Pretendéis decir con eso que quizá deba permanecer encerrada ocho años? —se horrorizó la alemana.

—Siempre sería mejor que morir en la hoguera —fue la seca respuesta—. Pero no temáis: ni soy Rafael de Pornasio, ni son los mismos tiempos, pero lo que sí es cierto es que si contara con una mayor colaboración por vuestra parte, a buen seguro que ganaríamos tiempo. —Un enorme piojo le corría por la manga y lo observó con un cierto interés, como si se maravillara por su desfachatez y su tamaño, aunque sin molestarse por intentar atraparlo, limitándose a alzar el rostro para observar a su abatida interlocutora—. ¿Realmente continuáis sin querer acusar a nadie de haber prendido fuego al lago? —concluyó.

—Ignoro los nombres de todos los tripulantes del *Milagro* —replicó ladinamente *Doña Mariana Montenegro*, que había tenido tiempo de meditar sus respuestas para no caer en la fácil trampa de la delación o la mentira—. Lo que sí recuerdo es que entre cuatro construyeron una especie de catapulta para conseguir que la bola de fuego cayese lejos. Uno debió encender la estopa mientras otro cortaba el cabo, pero si tratase de acusar a alguno en concreto estaría mintiendo.

—Esos hombres fueron meros instrumentos, señora —puntualizó el de Sigüenza—. ¡No tratéis de confundirme! Lo que importa es saber quién dio la orden.

—No fui yo, desde luego, y lo único que trato de aclarar es que el fuego no surgió de mi mano, como asegura mi misterioso acusador, sino de una catapulta manejada por marinos anónimos. —Hizo una significativa pausa—. Eso marca la diferencia entre artes de hechicería y negocios de guerra, puesto que mi tripulación venció en buena lid a la del Capitán De Luna, y sin duda es el rencor que le produce tal derrota lo que conduce a esto.

—Ya os dije que nada tiene que ver el Capitán De Luna con lo que aquí tratamos.

—¿Estáis completamente seguro, padre?

—Razonablemente seguro.

—¿Habéis hablado con él?

—No lo estimo necesario.

—¿Que no lo estimáis necesario? —se escandalizó la alemana—. Está en juego mi vida, con peligro de morir en la hoguera, Vos y la Santa Madre Iglesia podéis cometer un error imperdonable condenando a una víctima inocente, y no estimáis necesario interrogar a quien sin duda mueve desde las sombras los hilos de tan odiosa intriga. Ciertamente no alcanzo a comprender vuestra actitud, si como aseguráis, pretendéis aclarar la verdad de los hechos.

—Tened en cuenta, señora, que si un noble de tanta alcurnia, emparentado con el Rey, y fiel colaborador del Gobernador Bobadilla, afirma no tener nada que ver con el caso, no soy quién para ponerlo en duda.

—Reyes y Príncipes responden ante Dios y ante la Iglesia al igual que el último villano.

—Llegado el caso, que Dios o la Iglesia le demanden.

—Pero el mal ya estará hecho.

—¿Acaso es culpa mía?

—¿Acaso no es tan culpable el asesino como quien pudiendo salvar a la víctima se limita a ser testigo indiferente?

—¿Debe convertirse también en víctima el testigo?

—¿Luego es eso? Tenéis miedo.

—No a ser víctima, sino a dejar de ser testigo —fue la inquietante respuesta—. ¿Quién daría fe en ese caso de lo que pudiera haber sucedido? ¿Quién proclamaría la verdad, si tan sólo quedara el criminal para contarla?

A partir de ese día, la alemana Ingrid Grass mantuvo una actitud muy diferente hacia quien había considerado apenas algo más que un verdugo, puesto que cayó en la cuenta de que, en el fondo de su alma, Fray Bernardino de Sigüenza se sentía tan prisionero de aquella difícil situación como ella misma.

Su repelente y casi inhumano aspecto, unido a su inconcebible suciedad y el lógico terror que imponía la tétrica mazmorra, le habían impulsado a rechazar instintivamente toda posibilidad de aprovechar cualquier tipo de ayuda que se brindara a proporcionarle el endeble frailuco, considerándolo tan sólo un viscoso instrumento de la temida «Chicharra», pero la angustiosa sensación de abandono que experimentaba, unida a la curiosa forma de comportarse del franciscano, habían concluido por hacerle comprender que quizás en aquel nausebundo saco de detritus se ocultaba su única y muy remota esperanza de salvación.

Había transcurrido más de un mes sin distinguir un rostro amable, escuchar una palabra de aliento, o recibir la más mínima noticia del mundo exterior, y si no conociera tan a fondo a *Cienfuegos*, y se sintiera tan segura de su amor, tal vez hubiera empezado a abrigar la sospecha de que la había abandonado a su suerte, al igual que parecían haberla abandonado sus antiguos amigos.

—¿Qué nuevas podéis darme de mi familia? —inquirió uno de aquellos días en que encontró a Fray Bernardino especialmente asequible—. Me siento como si me hubiesen enterrado en vida.

—¿Del Capitán De Luna? Ninguna en especial.

—Sabéis que no me refiero a él.

—¿Qué otra familia tenéis? —El astuto hombrecillo recalcó mucho las palabras al tiempo que dirigía una significativa mirada de soslayo al escribano—. Que yo sepa, no contáis aquí con padres, hijos, hermanos o cualquier otro tipo de parientes que puedan verse afectados en su libertad o hacienda, por las decisiones que en su día tome un tribunal con respecto a Vos, si es que se diera el caso. —Hizo una nueva pausa y añadió con idéntica intención—: Y todo lo que no sean parientes cosanguíneos, son simples amistades de las que no puedo daros noticias, puesto que no las considero involucradas en este caso.

—Entiendo. —La triste sonrisa demostraba que *Doña Mariana Montenegro* iba tomando conciencia del negro pozo de abandono en que querían sumirla—. Me han dejado sola.

—Quien tiene a Dios nunca esta solo.

—¿Y cómo puedo pretender que Dios sea mi consuelo y compañía, si quienes le representan en la Tierra intentan convertirle en mi enemigo?

—Os suplico una vez más que midáis vuestras palabras —fue la severa advertencia—. Es a Vos a quien puede juzgar la Iglesia, no Vos a ella. En cuanto a vuestros «amigos», tengo entendido que abandonaron la isla a bordo del *Milagro* el mismo día de vuestra detención, y en verdad que con ello no han contribuido mucho a ayudaros.

—El miedo cambia a la gente.

—¿Miedo a quién? —se asombró el otro—. ¿A mí? ¡Miradme bien! No soy más que un pobre siervo del Señor que observa y escucha sin causar daño, aunque tened por seguro que si el demonio tiene algo que ver con todo esto, acabaré por tropezármelo.

—¿En verdad creéis que si tuviera algo que ver, y yo fuera su sierva o aliada, permitiría que me mantuvierais aquí encerrada? Si según Vos pudo incendiar las aguas de un lago, con mucha más facilidad derribaría los muros de esta prisión.

—Él sólo puede hacer aquello que el Señor le permite que haga.

—Si le permite abrasar personas, ¿por qué no va a permitirle abrir una simple puerta?

—Desconozco sus designios.

—Desconocéis tantas cosas de cuanto está ocurriendo, padre... ¡Tantas!

Así era en efecto, y el mugriento Fray Bernardino de Sigüenza no podía por menos que aceptarlo, desesperándose por el hecho de no haber conseguido avanzar en la búsqueda de una verdad que cada día se le antojaba más lejana, y fue por ello por lo que una semana más tarde se armó del valor suficiente como para llamar a testificar al Vizconde de Teguise, Capitán León de Luna, que se negó en redondo a aceptar la entrevista.

Insistió el concienzudo fraile, y cuanto obtuvo fue una requisitoria del mismísimo Gobernador Bobadilla para que se personase en el Alcázar, a dar cumplidas explicaciones por la impertinente osadía de su demanda.

—¿Cómo os habéis atrevido...? —fue lo primero que quiso saber aquel hombre antaño ascético y justo, y ahora cada vez más bilioso y amargado, consciente ya de que su tiranía estaba a punto de concluir—. El Vizconde de Teguise está demasiado alto para Vos.

—Para mí hasta el último palafrenero estará siempre demasiado alto —fue la humilde respuesta—. Pero para quien en este caso represento, ni el Capitán, ni nadie, debe estarlo.

—Olvidáis que fui yo quien os elegí, y que es por lo tanto a mí a quien representáis.

—Sois Vos, Excelencia, quien olvida que me elegisteis para una misión que nada tiene que ver con el Estado, sino de la Santa Madre Iglesia, que es a quien únicamente sirvo. —Fray Bernardino hizo una larga pausa para permitir que su ilustre interlocutor llegase al fondo de cuanto estaba tratando de decirle, y por último, con sorprendente calma, añadió—: Podéis encarcelar a *Doña Mariana* bajo la acusación que más os plazca para que más tarde los jueces o los Reyes decidan sobre el caso, pero si tal acusación ha de ser por brujería, sólo la Iglesia, y en este caso yo, pueden decidir sobre cómo llevar adelante el caso.

—Os relevaré del cargo.

—Estáis en vuestro derecho.

—Dadlo por hecho.

—De acuerdo. —El franciscano inclinó la cabeza, se rascó la sarna del dorso de la mano, y sin mirarle, ni alzar la voz, extrajo de la amplia manga un documento sellado y lacrado, que dejó sobre la mesa—. Aquí está mi resolución.

—¿Qué resolución? —se alarmó el otro.

—La que firmé ayer ante el escribano, certificando que, a mi modo de ver, no existe razón, ni prueba alguna «hasta el presente», que justifique un intento de proceso a *Doña Mariana Montenegro.*

—¿Qué pretendéis decir con eso?

—Que deberá ser puesta en libertad inmediatamente, sin posibilidad de ser acusada de lo mismo por nadie que no desee enfrentarse a la Santa Inquisición a quien yo represento en la isla, puesto que Vos mismo así lo ordenasteis.

—¡Eso es absurdo! —exclamó Don Francisco de Bobadilla furibundo—. ¡Acabo de destituiros!

—Lo sé, Excelencia. Pero mi resolución tiene fecha de ayer, y de la misma forma que para nombrarme tuvisteis que pedir permiso a Sevilla, y os recuerdo que la confirmación está en camino, para apartarme del caso tendréis que volver a hacerlo, y en ese ínterin, si es que la Iglesia acepta, sigo siendo el representante legal de la Santa Inquisición, con poder sobre cualquier súbdito de sus Majestades, por muy alto que crea encontrarse.

—¡Inaudito! ¡Me estáis amenazando!

—En absoluto, Excelencia. Tan sólo estoy intentando haceros comprender que la Santa Inquisición no es una institución que nadie, ni siquiera un Gobernador, pueda manejar a su antojo. Si se recurre a ella, ha de ser con todas sus consecuencias. —Ahora sí que le miró a los ojos—. Yo no pedí este nombramiento, y de hecho me hubiera gustado rechazarlo, pero ya que no me quedó más remedio que aceptarlo, lo hice según los dictados de mi conciencia. Por mi parte, hubiera preferido que la Santa Inquisición no llegara nunca a estas tierras, pero si la llamáis, tenéis que aceptar sus reglas.

El Gobernador Don Francisco de Bobadilla, que tenía ya el pleno convencimiento de haber perdido el favor de sus Soberanos y era tan sólo cuestión de tiempo el que hiciese su aparición la nave en que llegaba su sustituto, consideró el peligro que significaba enfrentarse también a la poderosísima Iglesia.

Permaneció por tanto largo rato observando el documento que descansaba sobre la mesa, y que parecía encerrar en su interior una gravísima amenaza, y por último hizo un leve gesto de asentimiento intentando mostrarse conciliador.

—¡Bien! —comenzó—. Admito que acerté al elegiros ya que habéis hecho justicia a vuestra fama de hombre justo; por lo tanto, lo mejor será que las aguas regresen a su cauce. —Indicó el documento—. Guardadlo de momento, y continuad con vuestras investigaciones.

—¿Y el Capitán De Luna? —insistió machacón el franciscano.

—Os recibirá mañana.

—¿Seguro?

—Os doy mi palabra. No se moverá de su casa en todo el día.

Así fue, en efecto, y cuando a la caída de la tarde, pasado el insoportable bochorno de un agobiante clima al que aún no había conseguido acostumbrarse, Fray Bernardino de Sigüenza golpeó tímidamente la puerta de la «mansión» de adobe y piedras que el Vizconde de Teguise compartía con Fermina Constante, la hermosa prostituta abrió para contemplarle con gesto despectivo, e inquirir groseramente.

—¿Qué tripa se os ha roto?

El frailuco dirigió una divertida mirada al enorme vientre de quien se encontraba ya a punto de dar a luz, y señaló con intención:

—No la misma que se os va a romper muy pronto, supongo... —Cambió el tono—. El Capitán me espera.

—¿A Vos? —se asombró la barragana—. ¿Sois por ventura el Inquisidor?

—Ni el Inquisidor, ni mucho menos por ventura —aclaró sin inmutarse—. De momento no soy más que el Pesquisidor que investiga la posibilidad de encausar a *Doña Mariana Montenegro*. ¿Puedo pasar?

La otra echó a un lado su enorme panza al tiempo que le franqueaba el paso con un amplio ademán del brazo.

—Encontraréis al Capitán en el patio del fondo. No tiene pérdida.

Poca pérdida podía haber, visto el diminuto tamaño de la vivienda, por lo que descubrió de inmediato al Vizconde de Teguise roncando mansamente a la sombra de un «merey», meciéndose en una de aquellas hamacas indígenas a las que tan rápidamente parecían haberse acostumbrado los españoles a la hora de la siesta.

Le rozó apenas el brazo y, el otro abrió de inmediato los ojos dirigiéndole una larga mirada de fastidio.

—¿Fray Bernardino de Sigüenza? —quiso saber.

—El mismo.

—Tomad asiento. —Hizo un indeterminado gesto con la mano que podía significar cualquier cosa—. Supongo que no os importará que responda a vuestras preguntas desde aquí.

—En absoluto.

El franciscano aproximó una desvencijada silla que encontraba mal acomodo en la húmeda tierra del jardín, y cuando al fin se sintió seguro, estudió con detenimiento al hombre de negrísima barba y ojos gélidos que mantenía en todo momento una actitud despectiva.

Siguieron unos minutos embarazosos, de silencio roto tan sólo por el parloteo de un escandaloso papagayo posado en una percha, y al fin, viendo que el recién llegado no sabía cómo romper el hielo, fue el dueño de la casa el que inquirió desabridamente:

—¿Queréis hablar conmigo...? ¡Pues hablad!

—El tema es delicado.

—No en lo que a mí respecta.

—Se trata de vuestra esposa.

—Ya no la considero tal, y hace tiempo que decidí no dedicarle ni un solo pensamiento.

—Sin embargo, dedicasteis varios años a tratar de vengar el mal que os hizo.

—El tiempo borra muchas cosas. —El Capitán De Luna hizo una corta pausa—. Y os supongo enterado del juramento que hice de no volver a molestarla. Por mí es como si estuviera muerta.

—Pero aún vive.

—No por mucho tiempo por lo que tengo oído.

—Eso dependerá, en primer lugar, de que se la procese o no. Más tarde, será la Santa Inquisición la que decida.

—¿Acaso hay dudas? Porque os recuerdo que también yo fui testigo de la matanza que provocó con sus hechizos. —Se alzó levemente apoyándose en un codo—. Si alguien puede iniciar un diabólico incendio y matar a tantos inocentes sin recibir castigo, es que mucho han cambiado las cosas en estos últimos tiempos.

—¿Vos deseáis su muerte?

—Únicamente si se demuestra su culpabilidad.

—¡Curioso! —puntualizó el franciscano—. Son casi las mismas palabras que pronunció vuestro lugarteniente, Baltasar Garrote.

—Y supongo que serían las mismas que pronunciaría todo cristiano justo y consciente.

—Tal vez, pero decidme: en todos los años que convivisteis con ella, ¿nunca advertisteis nada extraño? ¿Nada que os inclinara a sospechar que podía tener tratos con «El Maligno»?

—Nunca.

—¿Y no os sorprende el cambio?

—En absoluto. Imagino que «El Maligno» se apodera de las almas cuando lo estima conveniente. Y en este caso debió hacerlo cuando conoció al cabrero.

—Contádmelo.

—No hay mucho que contar. Yo estaba luchando contra los guanches de Tenerife y al regresar tuve conocimiento de que una noche de luna llena los habían visto fornicar en un claro del bosque, dando grandes gritos con los que parecían invocar al diablo. —El Vizconde hizo un significativo gesto de impotencia—. Si no me atara un juramento, afirmaría que fue ese maldito cabrero el que le metió los demonios en el cuerpo. Algo extraño hay en él, puesto que aseguran que sobrevivió a la masacre del «Fuerte de la Natividad» y a varios años de esclavitud entre los caníbales.

—¿Pudo ser él, y no *Doña Mariana*, quien provocara el incendio del lago?

—Si así fuera, ella lo reconocería. ¿O no?

—Tal vez el amor le hace callar.

—¿Un amor capaz de morir en la hoguera por guardar un secreto? ¡Vamos, padre! Sabéis como yo que eso no existe a no ser que esté inspirado por el mismísimo Lucifer. —El Capitán De Luna se puso en pie pausadamente, se sirvió un generoso vaso de vino de una jarra que se encontraba sobre la mesa del fondo del patio, y sin molestarse en ofrecerle a su huésped, añadió displicente—: Pero mejor será callar. Siempre cumplo mis juramentos y no quisiera hundirla más de lo que está.

—¿Pero tampoco haríais nada por salvarla?

—¡Desde luego! Quien ensució mi nombre y fue capaz de causar tanto daño, merece lo que le ocurra.

—¿Por mucho que pueda perjudicaros?

—¿Perjudicarme? —se sorprendió el otro que había tomado asiento sobre la mesa y bebía despacio y con delectación el enorme vaso de vino—. ¿Qué puede hacerme desde donde se encuentra ahora?

—¿Ella...? Nada —señaló sin inmutarse el pestilente frailecillo—. Nada en absoluto.

—¿Entonces?

—Tened en cuenta que si la Inquisición la encuentra culpable de brujería y decide ajusticiarla, todos sus bienes y los de sus parientes más cercanos, en este caso Vos, pasarían a ser propiedad de la Iglesia.

Resultó evidente que la aclaración tomaba por sorpresa a su interlocutor, cuyo rostro palideció al tiempo que la mano le temblaba de un modo casi imperceptible.

—¡No es posible! —exclamó desconcertado.

—Lo es.

—¡Pero si hace años que estamos separados!

—A los ojos de la Iglesia continuáis siendo su esposo, y en ciertos casos, todos los bienes de los cónyuges, padres, hijos y hermanos de un reo de hechicería, revierten a la Iglesia o el Estado.

—¡Eso es injusto!

—Es la ley.

—Es una ley injusta.

—Por definición ninguna ley puede ser injusta, dado que esas mismas leyes constituyen los pilares de esa justicia. —Fray Bernardino de Sigüenza sonrió ladinamente, al añadir—: Lo que puede que sea injusto es el sistema que dicta tales leyes, pero eso es algo que deberíais reclamar personalmente a vuestro primo, el Rey.

Fue a partir de ese instante cuando el Capitán De Luna pareció comprender —al igual que habían comprendido tantos otros, quizá demasiado tarde— que aquel hediondo, mocoso, pulguiento y aparentemente despreciable frailuco era en realidad un avieso hijo de puta que parecía estar aguardando, como una oscura araña, a que su desprevenida víctima cayera en la trampa que con infinita paciencia y habilidad había ido tejiendo a su alrededor.

Permaneció por tanto muy quieto, trepado en la mesa como si se hubiera convertido de pronto en el refugio que le ponía a salvo de una inesperada inundación antes de exclamar:

—¡Me niego a aceptar que esa maldita bruja me siga haciendo daño incluso desde la tumba! ¡La odio! —masculló casi mordiendo las palabras—. ¡Dios, cómo la odio!

—Deberíais moderar vuestro lenguaje. Recordad que estáis hablando con el Pesquisidor de este enojoso asunto.

—Empiezo a saber muy bien con quién estoy hablando —admitió el otro con el desangelado tono de quien se siente hastiado de todo—. Pero llega un momento en la vida de un hombre en el que no le importa nada de cuanto pueda ocurrir. —Bebió de nuevo, pero esta vez con aire de fatiga, como si en verdad se sintiese derrotado e incapaz de reaccionar—. ¡Mirad a vuestro alrededor! —pidió haciendo un amplio gesto con la mano que aún sostenía el vaso—. Ved dónde habito en compañía de una ambiciosa prostituta que espera un hijo que ni siquiera estoy seguro de que sea mío. ¿Creéis que este lugar y esta forma de vida son dignas de un Vizconde, héroe de seis batallas, emparentado con el Rey y dueño tiempo atrás de una sólida fortuna? —Negó convencido—. ¡No! No lo es, y a todo ello me ha conducido el hecho de haberme enamorado como un niño de una criatura dulce, bella e inteligente, a la que le entregué mi nombre, mi honor e incluso mi vida...

Guardó silencio, como si evocara un tiempo ido, perfecto y maravilloso, que jamás volvería, y Fray Bernardino de Sigüenza permaneció muy quieto, observándole, consciente de la sinceridad del dolor y la amargura que experimentaba aquel hombre en apariencia fuerte y agresivo.

—¿Dónde estuvo mi error? —inquirió al fin el Capitán, como si esperara en verdad una respuesta—. ¿En dejarla sola? Me ordenaron ir a la guerra y yo cumplí con mi obligación de súbdito y soldado. ¿Qué otra cosa podía hacer?

—Nada, supongo.

—¡Tres meses estuve fuera! Tres meses de hambre, sueño y fatigas sin cuento persiguiendo guanches salvajes por agrestes montañas, increíbles barrancos e impenetrables bosques. ¿Conocéis la isla de Tenerife?

—La vi de lejos cuando venía hacia aquí.

—Tiene una montaña enorme, el Teide, con nieve en la cumbre y fuego en las entrañas, que de tanto en tanto ruge y lanza humo y lava aterrorizando al más valiente. —Chasqueó la lengua como si a él mismo le costara trabajo creerlo—. Y cae de tal forma sobre el mar, que a cada paso te aguarda una emboscada, o te arrojan desde lo alto enormes rocas que arrastran otras ciento. Perdí docenas de hombres, fui herido, sufrí lo indecible, pero siempre me mantuvo la esperanza de volver junto a mi amada. —Lanzó un sonoro resoplido—. ¡Mi amada! Mi amada esposa ante Dios y ante los hombres yacía entretanto en brazos de un demonio con figura de cabrero pelirrojo.

—¿Pelirrojo? —se sorprendió el franciscano.

—¡Pelirrojo! —refrendó el otro—. Una vez lo tuve casi al alcance de la mano y lucía una inmensa melena roja que le cubría media espalda como las llamas del infierno.

—¡Extraño! Nunca oí hablar de guanches pelirrojos.

—Éste lo era. Y su madre había sido una salvaje hechicera que jamás bajó de las montañas, donde según decían mantenía trato carnal con los machos cabríos.

—¿Estáis seguro de eso?

—Así me lo contaron. Y lo que sí es cierto es que allí por donde pasa ese bastardo ocurren cosas extrañas. Un asturiano que viajaba a bordo de la *Santa María*, y que vive aquí cerca, asegura que era él quien empuñaba el timón cuando la nave encalló perdiéndose para siempre en las costas del norte.

—Tal vez estemos equivocados y no sea a *Doña Mariana* a quien debamos juzgar, sino al cabrero —musitó apenas el fraile—. En cierta ocasión oí decir que uno de los más nefandos discípulos de Lucifer, siente predilección por los pelirrojos a la hora de encarnarse.

—¿En verdad creéis que puede tratarse de un auténtico demonio que haya adoptado forma humana? —se sorprendió el Vizconde.

—En absoluto —replicó convencido el franciscano—. Pero sí pudiera darse el caso de que se tratase de un hijo que un demonio hubiese engendrado en esa salvaje guanche.

—¿Y qué fin aguarda a quien ha mantenido trato carnal con un hijo de un demonio y espera a su vez un hijo suyo?

—Lo ignoro —fue la sincera respuesta—. Ése es un delicadísimo tema sobre el que tan sólo las más altas autoridades eclesiásticas podrían pronunciarse.

Pese a que pasaran gran parte del tiempo juntas, durmieran en la misma habitación a espaldas del astillero de Sixto Vizcaíno, y todos cuantos les rodeasen se esforzaran por conseguir que ninguna de ellas se considerase discriminada frente a la otra o frente a los restantes niños de la comunidad, Araya y Haitiké eran dos criaturas absolutamente diferentes.

A sus nueve años, el hijo de *Cienfuegos* y la princesa haitiana Sinalinga podía ser considerado el primer mestizo nacido en las Indias Occidentales, y los rasgos de su retraído carácter aparecían marcados por lo que sería con el transcurso del tiempo la forma de comportamiento de la mayoría de los de su raza, mientras que por su parte, la etérea Araya, último descendiente quizá de una tribu en trance de extinción, hacía alarde de una vitalidad, una decisión y una confianza en sí misma, que sorprendía y desconcertaba en una chiquilla que llevaba camino de convertirse en una inquietante mujer de agresivos rasgos e indescriptible magnetismo.

Haitiké no parecía tener interés por nada que fuese el mar, los barcos y la cartografía, en tanto que la curiosidad de Araya y sus ansias de saber no conocían fronteras, y no sólo hablaba, leía y escribía ya correctamente en castellano, sino que se interesaba de igual modo por el latín, el francés, la medicina y todo cuanto el mundo al que acaba de llegar fuera capaz de enseñarle.

Jugaban juntos pero sólo a base de mutuas y continuas concesiones a los gustos del otro, y la muchacha había adoptado desde el principio una actitud protectora y casi maternal hacia un mocoso que lejos de la cubierta de un navío daba siempre la impresión de encontrarse completamente desplazado.

Haitiké, sabía que *Cienfuegos* era su padre y experimentaba un innegable amor y admiración por el cabrero, pero aun así resultaba evidente que se sentía mucho más a gusto en compañía de Bonifacio Cabrera, mientras que entre *Cienfuegos* y la niña existía una compenetración muy difícil de explicar para quien no estuviese al corriente de que compartían infinidad de secretos sobre el inmenso y desconocido universo que nacía al borde mismo de las playas del Nuevo Continente.

Las selvas, los desiertos, las altísimas montañas y los oscuros pantanos del otro lado del mar, habían dejado su impronta en ambos, y podría creerse que ese hecho, y el de entender una lengua que nadie más hablaba, les diferenciaba de cuantos les rodeaban y establecía entre ellos inconcretos vínculos de todo punto invisibles.

Araya se consideraba predestinada a grandes empresas porque así se lo habían anunciado los dioses de sus antepasados, y *Cienfuegos* era, por el momento, el único que lo sabía. El alma de *Cienfuegos* había quedado prendada de los misterios del gigantesco continente, y Araya era a su vez la única que entendía sus razones. Los demás, incluida en este caso *Doña Mariana Montenegro,* permanecían ajenos a tan particularísimo contexto.

Pasaban sin embargo muy poco tiempo juntos ya que el cabrero se mantenía por lo general oculto en la espesura, sin hacer su aparición por el astillero más que un par de noches a la semana, en procura de las noticias que pudiera proporcionarle el renco Bonifacio Cabrera, mientras la chiquilla dedicaba la mayor parte del día a acumular todos aquellos conocimientos que su alma de esponja le impulsaban a adquirir, como si se tratase de una orden divina que estaba obligada a cumplir pasase lo que pasase, y fuera a costa de cualquier tipo de esfuerzo.

—No para de preguntar un solo instante —se quejaba el cojo cuando *Cienfuegos* se interesaba por los progresos de su inquieta protegida—. Todo es «por qué» y «por qué» y «por qué», y llega un momento en que te dan ganas de mandarla al infierno, pues resulta imposible encontrar tantas respuestas. Ya sabe más de carpintería que el propio Vizcaíno, de cocina que su mujer, y de religión que el padre Anselmo. ¿A dónde quiere ir a parar?

—A un palacio de techos de oro.

—Al paso que va, no me sorprendería. Pronto será la mujer más sabihonda de la isla.

—¿Y el chico?

—El chico se pasa las horas en el puerto o pescando en la playa. No consigo que estudie.

—Pues hay que obligarle.

—¿Cómo?

Resultaba en verdad difícil hacer que una mente que parecía estar vagando eternamente por muy lejanos rumbos aceptara concentrarse en la aridez del latín o las matemáticas, puesto que ni tan siquiera mostraba oposición o rebeldía, limitándose a huir en espíritu, permitiendo que su cuerpo continuase clavado durante todo un día ante un libro del que no llegaba a asimilar ni tan siquiera un párrafo completo.

En cuanto el renco se distraía, se escapaba, y fue durante una de esas frecuentes excursiones en las que pasaba largas horas pescando desde la playa en el punto en que las aguas del turbio Ozama se diluían por completo en el azul del mar, cuando distinguió la familiar figura de una estilizada falúa, que, bordeando la costa viniendo del Oeste, enfiló directamente hacia los inestables tinglados del primitivo puertecillo.

Era ella y no le cupo duda, puesto que un año atrás había sido testigo de cómo se le plantaba la quilla y se ensamblaban cada una de sus cuadernas, empuñando más tarde su timón cientos de veces.

El corazón le dio un vuelco, obligándole a ponerse en pie de un salto, puesto que se cercioró bien pronto de que la embarcación que se aproximaba era en efecto una de las lanchas auxiliares del *Milagro*, dos de sus marinos la tripulaban, y a proa podía distinguirse la inmensa e inconfundible masa de carne de Zoraida *La Morsa*, la afable ex prostituta que se estableciera tiempo atrás en Jamaica en compañía del habilidoso Juan de Bolas.

Corrió por la playa, la ayudó a desembarcar, e hizo un leve gesto de despedida con la mano cuando los dos marinos le guiñaron un ojo y virando en redondo pusieron de nuevo proa a mar abierto.

—¿Dónde está el barco? —quiso saber.

La mujerona le acarició con afecto el oscuro cabello al tiempo que echaba a andar hacia el prostíbulo de Leonor Banderas.

—Seguro y a la espera —fue su tranquila respuesta—. ¿Dónde está el cojo?

—En casa de Sixto Vizcaíno.

—Iré a verle esta noche.

Acudió con las primeras sombras, y contó, con excesiva profusión de detalles, que Don Luis de Torres, el Capitán Moisés Salado y la mayoría de cuantos navegaron en compañía de *Doña Mariana Montenegro* se habían hecho a la mar huyendo de la quema en cuanto tuvieron noticias de que la alemana había sido acusada ante la temida «Chicharra», pero que aunque su primer impulso fue el de poner agua por medio, escapando hacia Europa, al segundo día de viaje se habían arrepentido dando media vuelta para encaminarse al seguro puerto del sur de Jamaica, donde habían dejado pasar un tiempo prudencial aguardando acontecimientos.

—Aún no hay acontecimientos —le hizo notar Bonifacio Cabrera—. Y por lo que tengo entendido, tardará en haberlos. El Pesquisidor Real no parece tener prisa en tomar decisiones.

—Don Luis contaba con ello. Como converso lo sabe casi todo sobre la Inquisición y su infinita paciencia. ¿Dónde la tienen?

—En «La Fortaleza».

—¿Alguna posibilidad de sacarla de allí?

—Ninguna de momento.

—¿Y el famoso *Cienfuegos?*

—Lo está intentando.

—¡Bien! —admitió la gorda satisfecha—. Eso es lo que Don Luis de Torres suponía y por lo tanto ha establecido que cada mes, y siempre en noches de luna llena, el barco se encuentre fondeado a una legua del río, mar afuera. ¿Podéis darle el mensaje?

—¡Desde luego! ¿Cómo están todos a bordo?

—Inquietos por la Señora.

—Siempre supe que no la abandonarían —señaló Bonifacio Cabrera convencido—. Pese al tiempo transcurrido me costaba admitir que la hubiesen dejado en la estacada. Sobre todo Don Luis de Torres.

—Para un converso el peligro es doble, porque a «La Chicharra» le encantaría «achicharrarlos» a todos como cuentan que están haciendo en Valencia, donde los queman para apoderarse de cuanto tienen. —Zoraida *La Morsa* parecía sentirse mucho más relajada tras haber transmitido su mensaje, y lanzando una significativa mirada a su alrededor, añadió sonriente—: ¿Es que no hay nada de beber en esta casa? ¿Un jumilla o un cariñena?

Le sirvieron una enorme jarra del mejor vino que podía encontrarse en la isla, y tras beber con la delectación de quien ha carecido de semejante placer durante demasiado tiempo, eruptó satisfecha.

—¡Esto ya es otra cosa! —lanzó un hondo suspiro—. Y ahora he de irme. Pasaré un par de días en casa de Leonor Banderas, haré creer a todos que he venido en busca de provisiones, y desapareceré discretamente porque si hay algo que en verdad me aterrorice, es esa maldita cuerda de fanáticos. —Se puso en pie pesadamente—. El resto es cosa vuestra.

—Si hay una sola posibilidad entre un millón de liberar a la Señora, estará a bordo una noche de luna llena —prometió el renco—. ¡Tenedlo por seguro!

—En mi casa siempre será bienvenida.

—Tranquiliza saber que existe una forma de escapar de la isla, y un buen refugio —admitió *Cienfuegos* cuando Bonifacio Cabrera le puso al corriente de la visita de la gorda—. Pero para que coja ese barco y llegue a ese refugio lo primero que hay que hacer es sacarla de «La Fortaleza», y no lo veo tan fácil. Aún no sé ni en qué celda se encuentra.

—¿Has vuelto allí?

—Un par de veces —admitió el cabrero—. Pero lo cierto es que no he conseguido averiguar gran cosa. En cuanto se refiere a ella, esa gente se muestra impenetrable.

—Tengo entendido que Fray Bernardino de Sigüenza fue a visitar al Capitán De Luna.

—Eso puede ser bueno, pero también puede ser malo —puntualizó el gomero—. Y si no temiera perjudicar a Ingrid me cargaría a ese grandísimo hijo de puta porque estoy seguro que es el que mueve los hijos de todo este maldito asunto.

—Se dice que el frailuco ha mandado llamar de nuevo a Baltasar Garrote, y que probablemente le está poniendo en algún tipo de apuros. De otro modo no se entiende que mantengan tan largas entrevistas y que últimamente se le vea sin la gumía ni el alfanje.

—¿Dónde puedo encontrarle?

—Es un espadachín muy peligroso —le hizo notar el cojo.

—Eso ya lo imagino, pero no pienso dejar que me corte en rodajas. ¿Dónde vive?

—Nadie lo sabe, pero aseguran que anda amancebado con una morisca de los burdeles del puerto.

La barragana respondía al significativo nombre de *La Bocancha* y tenía bien ganada fama de golfa y viciosa incluso entre quienes habían hecho del vicio y la golfería su razón de vivir, pues se contaba de ella que en cierta ocasión, y mediando una pequeña apuesta, había sido capaz de hacerle un «servicio bucal» a dos clientes a la vez.

Semejante hazaña, que exigía en verdad una boca muy ancha y una notoria habilidad en tan competitivo oficio, la convertían en una especie de «abeja reina» de la casa en la que trabajaba a destajo, y en la que era, por méritos, la única pupila que disponía de una estancia individual para su uso exclusivo.

Cienfuegos descubrió bien pronto que *El Turco* Baltasar Garrote había adquirido la sana costumbre de dormir a diario la siesta en compañía de la servicial morisca, cenar luego frugalmente en una posada vecina y retirarse pronto, pues el amanecer solía sorprenderle ejercitando esgrima con algunos compañeros de armas a espaldas de su «vivienda».

Era ésta una destartalada choza de adobe y techo de paja, sin más ventilación que un alto tragaluz y una gruesa puerta atrancada a todas horas, y por la gran cantidad de precauciones que solía tomar para llegar hasta ella, dando un rodeo y aguardando siempre a que cayera la noche, *Cienfuegos* dedujo que el mercenario no deseaba que ningún extraño conociese su escondite, ya que tal vez sospechaba que los amigos de aquella a quien tan inicuamente había acusado, estarían deseando tomar justa venganza en su persona.

La puerta resultaba infranqueable, los muros demasiado sólidos, y el alto ventanuco no permitía el paso a una persona, por lo que el gomero tuvo que desechar la idea de atraparlo en su cubil.

Había desechado de igual modo la idea de matarle, puesto que en nada beneficiaría al proceso tan poco lamentable pérdida, y lo único que en verdad resultaría de utilidad a Ingrid Grass era el improbable hecho de que quien la había denunciado retirara personalmente tal denuncia.

¿Pero cómo obligar a un hombre que había luchado en cien batallas y basaba todo su prestigio en su fama de matachín, a que se echase atrás en tan delicado asunto?

—Nunca lo conseguirás —fue la unánime opinión de Sixto Vizcaíno y el cojo Bonifacio Cabrera—. Si el Capitán De Luna le paga, le pagará bien, y ese maldito hijo de puta no debe ser en absoluto fácil de asustar.

—Algún medio habrá.

—Ninguno que sepamos.

—Todo hombre tiene un punto débil.

—Tal vez *La Bocancha.*

—No. —*Cienfuegos* negó con firmeza—. Jamás utilizaría a una mujer, aparte de que no creo que signifique gran cosa para él. Tiene que ser algo especial; algo... «distinto».

—¿Qué puede existir de... «distinto»?

Como solía hacer en estos casos, el gomero *Cienfuegos* se retiró a su refugio de la espesura, a meditar sobre la mejor forma de meterle el miedo en el cuerpo a un hombre que no parecía conocer ese miedo, y tras una larga noche de observar las estrellas, recordó otras muchas noches de insomnio semejante allá en el continente, y creyó haber encontrado la solución que tanto estaba necesitando.

Con la primera luz del día inició una rápida andadura hacia las lejanas montañas que se distinguían al Noroeste, y cuando llegó a la región elegida, una zona de espesa selva muy húmeda a poco más de mil metros de altitud, se dedicó a estudiar con detenimiento las copas de los más frondosos árboles.

Tardó casi un día en encontrar lo que buscaba, puesto que en aquel tiempo la especie no era abundante en la isla, de donde acabaría por desaparecer a causa de la desforestación, pero cuando regresó a la «ciudad» llevaba en un pequeño cesto tres pequeños *Desmodus rotundus*, o murciélagos vampiros, de los que estaba convencido que los recién llegados españoles no conocían aún la existencia.

Con las primeras sombras los introdujo por el tragaluz de la choza de Baltasar Garrote, y cuatro días más tarde se acomodó en una mesa cercana a la que *El Turco* solía ocupar en la posada, bastándole una ojeada al verle entrar para comprender que su plan estaba dando el fruto apetecido, puesto que el hombretón de anchas espaldas, gesto altivo y desafiante mirada, aparecía ahora debilitado y como ido, apagado y sin fuerzas, macilento, desganado y con el color cerúleo de los muertos, incapaz siquiera de aferrar con fuerza una cuchara y tembloroso ante el hecho, en apariencia innegable, de que la vida se le escapaba entre los dedos sin razón lógica alguna.

Lo estudió largo rato e incluso se apiadó de él al comprender lo a solas que parecía sentirse frente a su propia muerte, y cuando no le cupo la menor duda de que se encontraba lo suficientemente maduro como para escuchar lo que tenía que decirle, se puso en pie, dio cuatro pasos y tomó asiento frente a él, dejando a un lado su jarra de vino.

—¡Perdón, caballero! —se disculpó con casi excesiva amabilidad—. ¿Me permitís que os haga una pregunta de cuya respuesta quizá dependa vuestra vida?

Baltasar Garrote permaneció unos breves instantes observándole con aire desconcertado, tal vez tratando de captar qué era lo que en verdad pretendía decirle, y por último, saliendo de una especie de profunda abstracción, inquirió desabrido:

—¿Una pregunta de cuya respuesta quizá dependa mi vida? —mascullló—. ¿De qué diantre estáis hablando?

—De las marcas que he visto en el lóbulo de vuestra oreja —puntualizó el gomero rozándole levemente el punto indicado—. Y el color de vuestra piel. ¿Acaso os sentís enfermo? ¿Débil quizá? ¿Cómo sin fuerzas?

—Efectivamente —admitió el otro sorprendido—. Hace días que me encuentro mareado y sin fuerzas, pero no sé qué puede tener eso que ver con mis orejas, ni a qué tipo de marcas os referís.

—A estas de aquí. Parece como si os hubieran clavado dos agujas. ¿Lo notáis?

—Ahora que lo decís, sí que lo advierto —reconoció confundido *El Turco*, tras palparse en el lugar indicado—. No me había dado cuenta. —Le miró de frente—. ¿Pero qué tiene eso que ver con mi debilidad? ¿Quién puede habérmelo hecho?

—El demonio.

—¿El demonio? —balbuceó el otro entre incrédulo y horrorizado—. ¿Qué pretendéis decir con eso del demonio?

—Que os está matando a base de robaros la sangre.

—¿Os habéis vuelto loco? —estalló Baltasar Garrote histérico—. ¿Quién diantres sois, y por qué venís a contadme tales memeces?

—Soy Guzmán Galeón y si os digo esto, es porque

hace dos años asistí a un caso semejante. Un primo mío fue atacado de igual modo, y en trance de muerte estuvo, salvándose de auténtico milagro, gracias a que le advirtieron a tiempo del peligro que corría.

—¡Pero eso es absurdo!

—¿Absurdo? —fingió escandalizarse el cabrero—. ¿Qué tiene de absurdo? ¿Es cierto o no que a media tarde comenzáis a encontraros mejor y dormís a gusto pero al despertar os sentís como si os hubieran arrancado las fuerzas?

—Es cierto.

—¿Y es cierto o no que día a día experimentáis una mayor fatiga, como si de pronto tuvierais cien años?

—También lo es.

—Y también debe ser cierto que tenéis esas mismas marcas en el dedo gordo del pie si es que dormís sin botas.

—No me he dado cuenta.

—Pues comprobadlo.

El aterrorizado Baltasar Garrote se despojó casi tembloroso de las pesadas botas para comprobar que, efectivamente, en el dedo gordo del pie izquierdo se distinguían dos diminutos agujeros con una gota de sangre coagulada.

—¡Dios Bendito! —exclamó casi a punto de desmayarse.

—¿Os convencéis ahora? A mi pobre primo le ocurrió exactamente lo mismo.

—¿Pero por qué? ¿Por qué yo?

—Eso Vos lo sabréis... —El gomero hizo una estudiada pausa, miró a su alrededor como para cerciorarse de que nadie podía oírle, y bajando mucho la voz, susurró apenas—: ¿Por ventura no estaréis enemistado con el demonio?

—¿Enemistado con el demonio? —repitió el otro estupefacto—. Se supone que todo buen cristiano debe estar por lógica enemistado con el demonio.

—¡Desde luego! —admitió el canario—. ¡De eso no cabe duda! Pero siempre existe quien, en su celo, se propasa. ¿Le habéis ofendido?

—¿Maldiciéndole quizás? —aventuró el otro.

—Más bien atacándole. A él, o a alguno de los suyos. Ya se sabe que quien hace daño a un siervo de «El Maligno» suele sufrir terribles consecuencias.

—Noooo.

—¡Naturalmente! ¿Es que no lo sabíais?

—No tenía la menor idea.

—¡Pues así es! —sentenció muy serio *Cienfuegos*—. Y os irá arrebatando la sangre noche tras noche hasta mataros... —Se inclinó sobre él—. ¡Haced memoria! ¿Por ventura habéis atacado a alguien que pudiera tener relación con «El Maligno»?

El Turco Baltasar Garrote pareció ir hundiéndose poco a poco en su asiento como si se desinflara, y tras lanzar un hondo suspiro, admitió con un débil hilo de voz:

—Hace poco denuncié a una bruja.

—¡No es posible!

—¿Acaso no habéis oído hablar de *Doña Mariana Montenegro*, a la que probablemente juzgue la Inquisición? —Sacudió la cabeza pesimista—. Yo fui el acusador.

—¡Santo Cielo! —exclamó el gomero lanzando un leve silbido de admiración—. Eso lo explica todo: habéis incurrido en las iras de satanás.

—¿Significa eso que *Doña Mariana* es sierva suya? —quiso saber el otro, incrédulo.

—No necesariamente —fue la astuta respuesta—. Puede darse el caso de que sea inocente, pero que hayáis enfurecido al «Maligno» por el simple hecho de usar su nombre en vano y pretender utilizarle. ¿Creíais en verdad que esa mujer, como quiera que se llame, era culpable de brujería?

El Turco dudó, pues resultaba evidente que aquél era un delicadísimo tema que prefería evitar, pero se le advertía tan impresionado por todo lo que acababan de decirle y por las inexplicables marcas que se había descubierto, que concluyó por admitir:

—No. En realidad no estaba del todo seguro.

—¿Entonces? ¿Por qué la denunciasteis?

—Causó la muerte de varios de mis hombres, y es una larga historia difícil de explicar...

—Que puede conduciros a una muerte horrible y una eterna condena en los infiernos. ¿Habéis advertido manchas de sangre en la almohada?

—Ayer —admitió el otro, sorprendió—. Pero en verdad es que no supe a qué atribuirlas.

—A que Lucifer la chupa y la escupe. —*Cienfuegos* hizo una pequeña pausa y por último añadió con increíble aplomo—: En realidad no se trata de Lucifer en persona, sino de pequeños demonios que envía a cumplir tales menesteres, aunque el resultado es el mismo —añadió con una seguridad y una firmeza que no admitían dudas.

—¿Y qué se puede hacer contra ellos?

—No mucho, francamente.

—¿Y si probara a dormir con un crucifijo?

—¿En los pies?

—No. En los pies no, desde luego —se impacientó el otro al que se le advertía aterrado ante la posibilidad de estar siendo víctima de los ataques de los discípulos de satanás—. En el cuello o en la cabecera de la cama. En los pies conservaría las botas.

—¿Y pasaríais el resto de vuestra vida durmiendo con las botas puestas y un crucifijo al cuello? —inquirió con intención el gomero—. No lo veo muy práctico.

—¿Qué puedo hacer entonces? ¿Cómo se salvó vuestro primo?

—Hizo las paces con el demonio.

—¿Las paces con el demonio? —repitió el pobre hombre incrédulo—. ¿Queréis explicarme cómo diantres se hacen las paces con el demonio? Para ponerse a bien con Dios basta con confesarse, pero no creo que el demonio tenga abierto al público un lugar al que ir a pedir perdón.

—No —admitió *Cienfuegos* fingiendo un desconcierto que estaba a punto de obligarle a echarse a reír—. Supongo que no. Pero alguna forma habrá de arreglar las cosas.

—¿Haciendo un mala acción?

—¿Una mala acción? —ahora sí que se desconcertó de veras—. ¿Qué pretendéis decir con eso?

—Que si cuando el Señor te pone una penitencia normalmente tienes que hacer una buena acción, por lógica «El Maligno» exigirá una mala acción compensatoria.

—En verdad que no se me había ocurrido mirarlo desde ese punto de vista —reconoció el canario—. Pero dudo que sea lo más indicado.

—¿Qué sugerís entonces?

—No estoy muy seguro, pero si veis que continúan atacándoos, quizá lo más prudente sería retirar la denuncia contra esa bruja.

—¿Retirar la denuncia? —se alarmó Baltasar Garrote al que el mundo parecía habérsele venido encima—. ¡Imposible!

—¿Por qué imposible?

—Razones mías. Y muy poderosas.

—Si existe una razón más poderosa que la vida y la eterna condenación, la respeto. En caso contrario, creo que deberíais pensároslo. Yo ya he cumplido con mi obligación al advertiros del peligro que corréis, y a fe que sois el último hombre de este mundo en cuyo pellejo me gustaría encontrarme... ¡Caballero!

Se puso en pie, saludó ceremonioso, le dirigió una

larga mirada de conmiseración, como si estuviese contemplando a un moribundo, y dando media vuelta abandonó el local con el aire de quien no quiere ser testigo por más tiempo de tanta desdicha.

Por su parte, el destrozado Baltasar Garrote permaneció allí clavado, como una estatua de hielo por cuyas venas no corriera ya ni una gota de sangre, presa de un pánico del que nadie podía culparle, puesto que para un malagueño del 1500, más lógico resultaba aceptar la intervención de las legiones demoníacas, que la de unos caprichosos murciélagos que en lugar de alimentarse de frutas o insectos, como solían hacer allá en Andalucía, se dedicasen al asqueroso deporte de robarle la sangre a los pacíficos durmientes.

Hasta setenta gramos podía absorber y expulsar al mismo tiempo uno de aquellos repelentes ratones alados en una noche, y era tal su habilidad para no aproximarse nunca a sus víctimas hasta que se encontraran dormidas y la velocidad con que le inyectaba de inmediato un ligero anestésico, que resultaba por completo imposible sorprenderles mientras se alimentaban, al igual que resultaba luego muy difícil descubrir sus escondrijos.

El astuto *Cienfuegos* lo sabía, sabía también que esa noche el aterrorizado *Turco* volvería a servir de cena a sus invisibles huéspedes, y por lo tanto no le sorprendió comprobar que a la mañana siguiente, apenas el sol hizo su aparición en la línea del horizonte, *El Turco* estuviese golpeando ya la puerta de la «mansión» del Capitán De Luna.

—¡No puedes retirar la denuncia! —fue lo primero que dijo éste cuando su lugarteniente le puso al corriente de sus planes—. Si lo haces, ese hediondo frailuco de mierda creerá que te estoy obligando por miedo a lo que pueda ocurrirme si condenan a Ingrid.

—Me importa poco lo que crea —fue la seca respuesta—. Se trata de mi vida y de mi alma.

—¡Con la Inquisición no se juega!

—Con el diablo menos —le mostró dos nuevas marcas en la oreja—. Esta noche he dormido con la puerta atrancada y el ventanuco cerrado. Casi me ahogo y ni un mosquito podría haber entrado en mi dormitorio, pero al despertarme descubrí esto, y un charco de sangre a mi lado. —Negó con la cabeza, a punto casi de echarse a llorar—. ¿Qué otra explicación cabe? —añadió—. ¡Tan sólo los espíritus atraviesan las paredes! —Extendió las temblorosas manos—. Ya no tengo fuerzas ni para sostener una copa. ¿Qué puede importarme la maldita «Chicharra»?

—¿Y yo? ¿Qué culpa tengo?

—¿Vos? —replicó el otro con acritud—. La de haberme metido en este lío sin advertirme que esa maldita bruja era sierva de «El Maligno».

—¿De veras lo crees?

—¿Es que no lo veis? Convirtió aquel lago en una sucursal del Infierno, y ahora me echa encima a los demonios —escupió con rabia—. Nunca le temí a moros, negros o cristianos, tengo el cuerpo plagado de cicatrices, y he visto a «La Parca» cara a cara cientos de veces, pero una cosa es morir con la espada en la mano, y otra permitir que satanás te desangre.

—¿Y quién es ese que te advirtió del peligro que corrías?

—Un buen hombre. Un alcarreño al que llaman *Brazofuerte* porque mata mulos a puñetazos.

—He oído hablar de él. ¿Es tan fuerte como dicen?

—No lo parece, pero debe serlo puesto que ganó la apuesta y ni siquiera el herrero quiere enfrentarse a él. —Lanzó un hondo suspiro—. Pero volvamos a lo nuestro —suplicó—. No es mi deseo perjudicaros, pero tengo que mirar por mí mismo. Le diré a Fray Bernardino que lo he pensado mejor, ya no estoy tan seguro de lo que vi aquella tarde, y mejor sería no seguir adelante con el proceso.

—¿Y si no le convences?

—Al menos «El Maligno» comprenderá que lo he intentado, y que no quiero que siga considerándome su enemigo.

—¿Y si el cura insinúa que soy yo quien te presiona?

—Le haré ver que se equivoca.

—¿Cómo? ¿Contándole que los demonios te acosan? ¿Imaginas lo que puede ocurrirte si la Santa Inquisición averigua que los siervos de Lucifer se alimentan cada noche de tu sangre porque presentaste una falsa denuncia?

—Prefiero no imaginarlo.

—Lo más probable es que acabáramos todos en la hoguera: tú, Ingrid, yo, e incluso la misma Fermina, si me apuras.

—Tal vez la hoguera no sea peor que el calvario que estoy padeciendo —puntualizó el otro resignado—. El fuego purifica y mi alma se presentaría ante el Creador limpia y renovada. —Chasqueó la lengua—. Más vale arder por unos minutos, que por toda la Eternidad.

—No estoy de acuerdo —protestó con viveza el Vizconde de Teguise—. El fuego eterno es algo muy remoto de cuya auténtica existencia nadie ha dado cumplida fe hasta el presente, pero los que arden en las hogueras de «La Chicharra» son de carne y hueso, doy fe de eso puesto que ya he visto ajusticiar a varios.

—Tened algo muy presente, Capitán —concluyó Baltasar Garrote con la firmeza de quien ha tomado una decisión de la que no acepta ser disuadido—. Nadie teme más que yo a la Inquisición, sus torturas y sus métodos, pero si esta noche vuelvo a recibir la visita de esos malditos, mañana, con la primera claridad del alba, iré a arrojarme a los apestosos pies de ese frailuco para pedirle que me ayude a salvar al menos mi alma.

El día en que *El Turco* Baltasar Garrote acudió a comunicarle a Fray Bernardino de Sigüenza que retiraba la denuncia contra *Doña Mariana Montenegro*, el franciscano reaccionó de una forma un tanto contradictoria, ya que tal hecho no venía a facilitarle las cosas dando por concluido el tema, sino a complicárselas aún más, puesto que no alcanzaba a entender las razones de tan brusco cambio de actitud.

—¿Por qué? —quiso saber casi agresivamente.

—Vos mismo me obligasteis a reflexionar —argumentó *El Turco*—. Quizá me precipité en mis conclusiones, y existan otro tipo de razonamientos que expliquen lo ocurrido.

—¿Como cuáles?

—Lo ignoro.

—Si lo ignoráis, significa que la posible alianza de *Doña Mariana* con «El Maligno» sigue siendo una opción tan válida como cualquier otra —le hizo notar el fraile.

—Desde luego —admitió el mercenario un tanto confuso—. Pero lo único que intento es haceros comprender que es posible que las fuerzas del mal nada tengan que ver con todo esto.

—¿Y el Capitán De Luna? ¿En qué forma ha influido en tan sorpresiva decisión?

—En ninguna —se apresuró a protestar el otro—. Más bien, por el contrario, me ha advertido del peligro que corro, y de la comprometida situación en la que le coloco por el hecho de que os obligue a imaginar que ha influido sobre mí.

—¡Lógico! —admitió Fray Bernardino—. Resulta sospechoso que a los pocos días de haberle advertido de que en caso de que *Doña Mariana* fuese condenada la Inquisición le confiscaría sus bienes, acudáis a retirar la denuncia.

—Os doy mi palabra de honor de que el Capitán está al margen de este asunto.

—Esa palabra de poco vale en este negocio, Don Baltasar —fue la agria respuesta—. Por vuestra culpa esa mujer lleva meses encerrada, sus amigos en fuga, los habitantes de la isla soliviantados, y yo mismo aquejado de profundas dudas que me quitan el sueño. ¿Creéis aún que debe merecerme alguna garantía?

—¡Lo siento!

—¡No basta con sentirlo! —El violento tono de voz resultaba casi inconcebible en un hombre por lo general tan comedido—. Habéis causado mucho daño, necesito saber las auténticas razones del porqué de vuestra aventurada acusación, y ahora, y quizá más importante, del porqué de arriesgaros a un durísimo castigo al retractaros sin motivo aparente.

—El motivo es un sincero convencimiento, y no creo que exista peor castigo que el que me está infligiendo mi propia conciencia.

—Pálido os veo, en verdad —certificó el frailuco—. Y a fe que tembloroso y enfermizo, pero me cuesta aceptar que tal estado venga provocado por los problemas que pueda proporcionaros una conciencia que sospecho que hasta hora jamás debió mostrarse demasiado exigente. —Hizo una irónica pausa—. ¿A cuántos hombres habéis matado hasta el presente, Don Baltasar?

—Lo ignoro. Pero mis muertos lo fueron siempre en guerras justas.

—¿Era justo luchar junto al rey moro de Granada en contra de los cristianos?

—Nunca luché contra cristianos, y mi papel en aquella contienda fue demasiado complejo como para extenderse ahora en explicaciones. Baste saber que incluso la propia Reina justificó mi comportamiento y alabó la forma en que intervine para que no continuara un inútil derramamiento de sangre.

—¡Bien! —admitió el diminuto franciscano—. No es mi intención inmiscuirme en cuestiones que están fuera de jurisdicción. Si la Reina os perdonó, olvidado está el asunto, pero lo que me interesa es saber los motivos por los que una conciencia que jamás os asedió, pese a que tuviera sobradas razones para ello, os acosa ahora hasta el punto de convertiros en una sombra del hombre que erais hace apenas diez días.

—Tal vez el hecho de ver la muerte tan de cerca, me haya obligado a madurar.

—¿La muerte?

—¿Os sorprende? ¡Miradme bien! No sólo me tiemblan las manos, también las piernas, siento arcadas, por las mañanas se me nubla el entendimiento y cada día me cuesta más trabajo alzarme de la cama.

—Pedidle al cirujano que os practique una sangría.

—¿Una sangría? —se horrorizó el mercenario—. ¿Acaso pretendéis enterrarme antes de tiempo? Sangre es lo que me falta, no lo que me sobra.

—¿Cómo podéis estar tan seguro? —quiso saber el sacerdote que parecía estar analizando hasta en los más insignificantes detalles cada palabra de su interlocutor.

—¡Miradme la color verde! Y la debilidad que me corroe. No hace falta ser cirujano para comprender que este tono ceniciento y apagado no demuestra que me encuentre al borde de fallecer de apoplejía, sino más bien de todo lo contrario.

—Interesante.

—¿Qué puede tener de interesante? —se enojó *El Turco*—. ¿Acaso os apasiona la medicina?

—La del alma, no la del cuerpo —admitió Fray Bernardino de Sigüenza—. Y en verdad que es la primera vez que oigo que la conciencia haga las veces de sanguijuela.

—Pensad lo que se os antoje —fue la desabrida respuesta—. Yo ya he cumplido, y ahora os toca a Vos tomar las decisiones.

—Necesito reflexionar.

—Estáis en vuestro derecho.

—No se trata de mi derecho, sino de algo mucho más profundo y complejo —le hizo notar el otro con amenazante seriedad—. Ya el Gran Inquisidor, Bernardo Guí, advertía de los peligros de las retractaciones. A menudo, detrás de un arrepentido puede que no se encuentre Dios, sino el mismísimo diablo.

De haberle sido posible, *El Turco* Baltasar Garrote hubiera palidecido de forma visible, pero era ya tal la blancura y transparencia de su piel, que tan sólo en la inquietud de su mirada y el breve balbuceo de su voz pudo advertirse que la mención del demonio le turbaba.

—¡No le busquéis tres pies al gato! —suplicó—. Dispuesto estoy a aceptar mi responsabilidad en este desgraciado asunto y cumplir la penitencia que tengáis a bien imponerme, pero me resisto a aceptar que la divina luz que en estos momentos me ilumina pueda ser malinterpretada.

—Tan sólo la Santa Iglesia está facultada para decidir si una luz es divina o no —sentenció el franciscano—. Y nadie puede ser tan arrogante como para arrogarse privilegios que no le corresponden. Estudiaré a fondo este caso, y os prometo que haré cuanto esté en mi mano por esclarecerlo hasta en sus últimas consecuencias.

—¿Dejaréis libre a la acusada?

—No de momento —fue la seca respuesta del religioso.

—¿Por qué razón?

—Mis razones mías son, mas resulta evidente que si existe una sola posibilidad entre un millón de que sea «El Maligno» el que os impulsa a actuar tal como lo estáis haciendo, me veo en la obligación de retener a *Doña Mariana* hasta que consiga aclarar cuáles son sus vínculos con las fuerzas del mal.

—¿No existe pues forma humana de reparar el daño que he causado? —quiso saber humildemente el mercenario.

—¿Existe acaso forma humana de devolverle la vida a un muerto, o la totalidad de su honor a quien se ha difamado? —El frailuco negó convencido—. Tendríais que haberlo meditado mucho antes de decidiros a poner en marcha una máquina que jamás se detiene.

—En vuestras manos está conseguirlo.

—Ni lo está, ni lo estuvo desde el primer momento. Y ahora dejadme. Es hora de ir a postrarme ante el Señor y pedirle consejo.

—¿Qué otra cosa puedo hacer?

—Rezar cuanto sabéis y no se os ocurra intentar abandonar la isla u os mandaré cargar de cadenas.

—No estoy en condiciones de ir muy lejos.

No lo estaba, en efecto, aparte de que *El Turco* Baltasar Garrote se encontraba íntimamente convencido de que dondequiera que fuese llevaría su mal consigo, ya que no había lugar de este mundo en el que pudiera ocultarse a la vista de Dios o del demonio.

Dedicó por lo tanto el resto de la mañana a rezos y oraciones en la capilla de los dominicos, pasó luego gran parte de la tarde sentado a la orilla del río, olvidando a la morisca *Bocancha* que a buen seguro hubiera acabado por rematarle dadas sus cada vez más escasas fuerzas, y al oscurecer acudió a la posada con la remota esperanza de encontrar a aquel misterioso *Brazofuerte* al que parecía haberse tragado la tierra desde la noche en que le avisó del peligro que corría.

Le vio entrar una hora más tarde y se precipitó sobre él como el náufrago sobre la única tabla capaz de mantenerle a flote, obligándole a tomar asiento a su lado.

—¡Bendito sea el cielo que os envía! —exclamó alborozado—. ¡Dios me ha escuchado! ¡Necesitaba tanto veros!

—¿Y eso?

—¿Quién más que Vos podría aconsejarme, si estoy por asegurar que os debo la vida? —Lanzó un hondo suspiro y le apretó con fuerza el antebrazo—. ¡Ya lo hice! —exclamó.

—¿Hicisteis qué?

—Retirar la denuncia.

Por unos instantes el canario *Cienfuegos* se limitó a observarle estupefacto, pues pese a que abrigaba una remota esperanza de que su rocambolesco plan diera resultado, ni en sus más locos sueños imaginó siquiera que el éxito le sonriera tan aprisa.

—¿Es cierto eso? —inquirió al fin.

—¡Naturalmente! Esta misma mañana se lo comuniqué a Fray Bernardino de Sigüenza.

—¿A quién?

—Al Pesquisidor.

—¿Y...?

—Me aconsejó que rezara. —Le miró a los ojos anhelante—. ¿Creéis que basta con eso?

—Es posible. ¿Qué piensa hacer con respecto a *Doña Mariana*?

—No tengo ni idea. Y temo que él tampoco.

—¡Pero si habéis retirado la denuncia...!

—Al parecer no basta. Pero olvidad a *Doña Mariana* y decidme... —El mercenario bajó la voz mirando a su alrededor como para cerciorarse de que nadie podía oírles—: ¿Creéis que dejarán de acosarme los demonios?

Cienfuegos extendió la mano como pidiendo calma, y en realidad calma y silencio era lo que estaba necesitando para hacerse cargo de la nueva situación y tratar de averiguar hasta qué punto lo ocurrido repercutiría o no en beneficio de su causa.

—¡Aguardad un momento! —rogó al fin—. Tomaos un vaso de vino y ponedme al corriente de vuestra conversación con ese fraile. Tal vez luego, cuando conozca mejor los detalles, pueda opinar respecto a esos demonios.

Lo hizo así Baltasar Garrote, esforzándose por no olvidar el más mínimo detalle de su entrevista con Fray Bernardino de Sigüenza, lo que llevó al canario a la amarga conclusión de que resultaba mucho más difícil arrancarle una víctima a la Santa Inquisición que una muela a un muchacho.

—Si no basta que quien acusó se desdiga, ¿qué diantres necesitan? —quiso saber al fin—. ¿Acaso no está ya más que probada su inocencia?

—Temo que el concepto de inocencia de un inquisidor no se ajuste al del común de los mortales —admitió el otro con sinceridad—. Y pese a que ese franciscano nada tiene que ver con Torquemada, a fe que se está tomando muy a pecho su encomienda. —Chasqueó la lengua mostrando de ese modo su fastidio—. Creo que sospecha que Lucifer está detrás de todo esto.

—¿Y no tenéis miedo a las consecuencias?

—¿Miedo? —se asombró el otro—. Miedo es lo que paso tendido en las tinieblas, aguardando el momento del ataque hasta que la debilidad y la fatiga me derrotan. Terror es lo que me invade al despertar y ver que una vez más hay sangre en la almohada y mis fuerzas flaquean hasta el punto de que os juro que no me importaría dejarme morir si no fuera por la seguridad de saber que acabaré ardiendo en los infiernos. —Agitó la cabeza pesaroso—. ¡Si al menos pudiera dormir en paz una noche! ¡Sólo una!

—Tal vez pueda ayudaros —aventuró *Cienfuegos,* cuyo cerebro trabajaba más aprisa que nunca.

—¿Cómo?

—Haciendo guardia. Si velo vuestro sueño dudo mucho que los demonios os ataquen.

—¿Haríais eso por mí? —se asombró el otro sin querer dar crédito a sus oídos—. ¿Os atreveríais a enfrentaros a las fuerzas del averno con tal de salvar mi vida? ¿Por qué?

—Porque soy un buen cristiano, y todo buen cristiano está obligado a salvar a otro si está al alcance de su mano. —El gomero sabía dónde hacer una pausa para permitir que su interlocutor asimilase sus palabras—. Si esta noche os atacan de nuevo, significará que Lucifer no se siente del todo satisfecho con la retractación, y se hace necesario actuar de otra manera. En ese caso, velaré vuestro sueño hasta que os sintáis recuperado y ya entonces pensaremos en la mejor forma de ayudar a esa mujer... ¿Cómo decís que se llama?

—*Mariana Montenegro.*

—Eso es...: *Mariana Montenegro*. Estoy convencido de que en cuanto se encuentre en libertad habrán concluido vuestras cuitas.

—¿Luego es cierto?

—¿Qué?

—Que se trata de una sierva de satanás.

—¡Dios me libre de pensarlo! Si lo fuera, ni por asomo me avendría a participar en tal empresa. —Le golpeó el dorso de la mano, buscando tranquilizarle—. Y ya, el propio Lucifer se encargaría de salvarla. Más bien creo que lo que pretende es que reparéis por vuestros propios medios el mal que causasteis al usar su nombre en vano.

—Confuso se me antoja.

—¿Y pues? ¿De qué forma actuaríais si un mentecato utilizara vuestro nombre para hacer daño a un inocente? ¿Acaso no le forzaríais a reparar el mal que había causado?

—Probablemente.

—¿Entonces?

—Se supone que si «El Maligno» busca el mal por el mal mismo, por contento debería darse si le hecho una mano.

—Imagino que tan sólo le satisfará el mal que él mismo incite, aunque no es cuestión de emponzoñarse ahora en discusiones teológicas, y sois Vos quien debe tomar la decisión que más os cuadre. —El cabrero fingía dar a entender que el tema le cansaba y que no le iba ni poco ni mucho en tal negocio—. ¡Lo dicho! —concluyó—. Mañana volveré por aquí, y si aún os agobian los problemas, me pasaré la noche ahuyentando a esos demonios.

Como lógicamente presuponía, los repelentes *Desmodus rotundus* se cebaron una vez más en la única fuente de alimentación que tenían, encerrados como estaban en un recinto del que les resultaba prácticamente imposible encontrar la salida, por lo que a la mañana siguiente el atribulado Baltasar Garrote era poco más que un cadáver viviente que tenía que hacer sobrehumanos esfuerzos para dar algunos pasos sujetándose a las paredes y los muebles.

La contemplación del charco de sangre húmeda sobre la ya mugrienta almohada, acabó de aterrorizar a un pobre hombre que se encontraba casi en los límites del delirio y la locura, lo que le obligó a pasar el resto del día tumbado al pie de una palmera, frente al azul del mar, llorando como un niño perdido en las tinieblas, sin poder alejar de su mente la aterradora idea de que muy pronto estaría ardiendo hasta el fin de los siglos en los confines mismos del infierno.

Se hacía necesario introducirse en la mentalidad de un hombre de su tiempo y su educación para entender hasta qué punto un supersticioso soldado de fortuna podía aceptar a pies juntillas la sarta de patrañas que el gomero había sido capaz de urdir, y por qué razón no se le pasaba por la cabeza la idea de que hubiera bastado con cambiar de residencia para que se difuminasen sus problemas, convencido como estaba de que los demonios serían capaces de encontrarle dondequiera que pretendiera ocultarse.

Guzmán Galeón *Brazofuerte*, seguía siendo su única esperanza de salvación, y la única persona de este mundo —aparte del Capitán León de Luna, que poca ayuda parecía dispuesto a prestarle— capaz de compartir sus angustias, y por lo tanto aguardó impaciente la hora de encontrarse con el primero en la posada, para rogarle que espantara esa noche los demonios.

Incapaz por el propio miedo y la debilidad que sentía de probar tan siquiera un bocado, sus fuerzas se encontraban ya en los límites de lo humanamente soportable, y un terrible dolor se le había asentado en la base de la columna vertebral, al tiempo que una migraña que casi le impedía abrir los ojos a punto estaba de hacer que le estallara la cabeza.

—¡Me muero! —susurró con voz ronca en el momento mismo en que el canario tomó asiento a su lado—. Me muero y mi agonía es la más amarga por la que haya pasado jamás ser humano alguno, puesto que es la mía una muerte total, sin esperanza en un Más Allá misericordioso. ¡Ayudadme! —sollozó, vencido por completo—. ¡Libradme del infierno, y tendréis en mí un esclavo hasta el fin de vuestros días!

—No quiero un esclavo, sino un amigo fiel —fue la sincera respuesta—. ¡Contad conmigo! —El cabrero llamó con un gesto a la posadera—. Y ahora haced un esfuerzo y comed algo.

—¡No puedo!

—Un caldo al menos.

Se lo dio, cucharada a cucharada, como a un niño o un impedido, y lo cargó luego casi en volandas hasta la humilde cabaña donde lo tumbó en una cama que parecía aterrorizar al maltrecho moribundo.

Le instó luego a ingerir un brebaje que le permitiría dormir profundamente, y cuando se cercioró de que lo hacía, trató de descubrir en el alto techo de hojas de palma el escondrijo de los murciélagos, aunque pronto llegó a la conclusión de que con la caída de la noche le resultaría muy difícil atraparlos, por lo que dedicó más de una hora a urdir la forma de obligarlos a descender de su escondite.

Recordó entonces uno de los juegos predilectos de las siamesas Quimari y Ayapel, y tras rebuscar en su bolsa extrajo tres gruesos cigarros de los que solía portar una generosa provisión, desmenuzándolos para prenderles fuego en una vasija de barro.

Diez minutos más tarde la mal ventilada estancia aparecía invadida por un denso humo que ascendía lentamente hacia el punto en que los murciélagos descansaban, y otros diez minutos después el primero de ellos se desprendió de la viga como una fruta madura para comenzar a volar descontrolado, golpeándose una y otra vez contra los muros.

Constituyó una escena en verdad hilarante, en la que el propio *Cienfuegos* no pudo por menos de reírse de sí mismo al verse dando saltos en pos de unos murciélagos semiborrachos que rebotaban contra las paredes como locas pelotas vivientes, hasta que por último, y con ayuda de una capa, logró atraparlos uno por uno para concluir por encerrarlos en un cesto.

Los ocultó entre unas matas, al pie de un árbol cercano, para tumbarse luego sobre la arena de la playa, a dormir a pierna suelta el resto de la noche.

Cuando el maltrecho Baltasar Garrote abrió los ojos bien entrada la mañana, lo primero que vio fue un crucifijo tras el cual el sonriente rostro del gomero señalaba seguro de sí mismo:

—¡No han venido! Con esto los mantuve toda la noche a raya y no han venido.

El Turco no pudo contenerse y le besó la mano como un santo.

—¡Dios os bendiga! —exclamó—. ¡Dios y la Virgen María!

—¿Cómo os encontráis?

—¡Mejor! Mucho mejor.

—¡Magnífico! Ahora os sacaré a tomar el sol, os traeré algo de comer, y si esta noche consigo vencer también a los demonios consideraos salvado.

—¿Lo creéis así?

—¡Dadlo por hecho! —La desfachatez del descarado gomero no parecía conocer límites, por lo que su entusiasmo acabó por contagiar a un ser desesperado que estaba pidiendo a gritos la más mínima ayuda.

Un largo día de descanso, sopitas, buen vino y toda una noche de dormir sin sobresaltos y sin el riesgo de que asquerosos ratones alados acudiesen a robarle la sangre, obraron el milagro de que *El Turco* Baltasar Garrote comenzara a recuperar el color y las fuerzas, y comenzara sobre todo a recuperar la confianza en no pasar toda la eternidad entre las llamas del infierno.

—En cuanto me encuentre bien, iré a postrarme a los pies de la Virgen —musitó sin apartar los ojos del tranquilo atardecer dominicano que teñía de rojo las colinas de un verde lujuriante que se deslizaban hacia un mar de un azul traslúcido—. ¡Fijaos en eso! —añadió—. Antes jamás me detenía a contemplar la belleza de una puesta de sol, y ahora empiezo a darme cuenta de que existen mil portentos en los que apenas reparaba.

—Vivir es muy hermoso —admitió el gomero—. Pero tened presente que antes de acudir a postraros ante la Virgen deberíais hacerlo ante *Doña Mariana Montenegro.*

—¿Y eso?

—Es a ella a la que estáis causando un daño irreparable, y mientras no obtengáis su perdón temo que las cosas no terminen de arreglarse.

—¿Queréis decir que pueden volver los demonios?

—¿Quién sabe?

—¡Dios Bendito! —sollozó el maltrecho mercenario—. ¡Eso sí que no! Me vuelvo loco tan sólo de pensarlo. —Se pasó las manos por unos cabellos que se le habían encanecido de forma harto visible en pocos días, confiriéndole el aspecto de un anciano—. Haré lo que digáis, aunque no creo que me permitan visitar a *Doña Mariana*. Está en «La Fortaleza».

—¿Conocéis a alguien allí?

—A nadie que se atreva a desafiar a «La Chicharra».

—Tal vez el cura os permita verla.

—¿Fray Bernardino? —se asombró *El Turco*—. ¡Ni loco! Me mandaría encadenar si se enterara. Sospecha que es «El Maligno» el que está influyendo sobre mí, y eso complica las cosas.

—¿En qué sentido? —se alarmó *Cienfuegos* al vislumbrar un nuevo sesgo del problema del que no había tomado conciencia hasta ese instante.

—Mi actitud le incita a imaginar que *Doña Mariana* puede ser sierva del demonio.

—¡Mierda!

—¿Cómo decís?

—He dicho mierda —se impacientó el gomero—. ¿Es

que acaso no os dais cuenta de lo que os puede suceder si ese maldito fraile decide abrir el proceso y la condenan?

—¿Volverían...? —aventuró tembloroso el mercenario.

—Y para siempre. Tenedlo por seguro.

El canario paseó de un lado a otro de la playa como una bestia enjaulada, pues una vez más llegaba a la conclusión de que todos sus esfuerzos, por arriesgados que fueran, acabarían por estrellarse contra la fría realidad de que enfrentarse a la temida Inquisición significaba tanto como tratar de abrirse camino por una roca a cabezazos, dado que su férrea y monolítica constitución no ofrecía ni el asomo de un resquicio por el que introducir siquiera la punta de un cuchillo.

Ni aun el mismísimo Hijo de Dios que descendiese de la Cruz para proclamar la inocencia de una víctima de aquel inflexible y frío monstruo, conseguiría abrir una brecha en su armazón, ni obtendría el perdón para quien no decidiera perdonar a su capricho.

No quedaba por tanto más que el camino de la fuerza, y al contemplar desde lejos las altivas torres del siniestro presidio del que nadie había conseguido escapar hasta el presente, el abatido *Cienfuegos* se preguntó una vez más qué clase de ejército haría falta para sacar de su interior a la mujer que amaba.

«No puedo contar más que conmigo mismo —se dijo—. Y tal vez, con suerte, con esta piltrafa humana, el renco, y algún que otro iluso.»

Regresó a tomar asiento junto a su maltrecha «víctima» que espiaba con ansiedad cada uno de sus gestos.

—Siento tener que abandonaros en tan difícil trance. —Comenzó con un tono de voz que sonaba en verdad compungido—. Pero este asunto se complica, y al fin y al cabo poco tengo que ver en tan peligrosa aventura. —Lanzó un hondo suspiro de resignación—. Temo que si no obtenéis por cualquier medio la libertad de esa pobre mujer, estaréis condenado para siempre, pero lo cierto que no veo cómo puedo ayudaros sin poner en peligro mi propia cabeza.

—¿Me abandonáis? —sollozó el otro con lágrimas en los ojos—. Me arrojáis de nuevo a las llamas del infierno cuando empezaba a imaginar que me libraba de ellas.

—¿Y qué otra cosa puedo hacer? —se lamentó el canario—. Os he tomado aprecio en estos días, y me sentía orgulloso de haber contribuido a libraros de tan horrendo destino, pero comprendo que el hecho de intentar rescatar de su mazmorra a esa tal *Doña Mariana* implica tales riesgos, que incluso yo, que alardeaba de no espantarme ante nada, me aterrorizo.

Jamás fue nadie tan falso y al propio tiempo convincente, y jamás existió un actor más consagrado de lo que pudo serlo el gomero en tan largo discurso, pues ni siquiera un interlocutor menos amedrentado y falto de raciocinio de lo que pudiera serlo Baltasar Garrote en aquellos angustiosos momentos, hubiera estado en capacidad de sospechar que todo constituía un diabólico engaño.

—¿Y qué será de mí?

No hubo respuesta, puesto que el cabizbajo *Cienfuegos*, que jugueteaba con la arena como si buscara con ello evitar una respuesta demasiado amarga, mantuvo largo rato su silencio, consciente de que en tales circunstancias convenía dejar que la desatada fantasía del *Turco* respondiese mejor que él mismo a su pregunta.

—¿Qué será de mí? —insistió el otro al fin sin avergonzarse por llorar a lágrima viva—. Si me abandonáis, «El Ángel Negro» será mi único dueño hasta el fin de los siglos. ¡Ni aun de la muerte me cabe esperar consuelo!

—¡Me conmovéis!

—De piedra habríais de ser si no alcanzaran a conmoveros mis pesares, porque a fe que jamás hombre alguno aventuró a vislumbrar destino tan sombrío. ¿Creéis que si decidiera ingresar en un convento, el Señor y la Virgen se apiadarían de mí?

—¡No tal! —se alarmó el cabrero temiendo haber llegado demasiado lejos en su negra descripción del futuro—. Los muros del más sólido de los conventos no bastan para frenar a las huestes del «Maligno», y no creo que os diera tiempo a demostrar un total arrepentimiento. —Chasqueó la lengua y abrió las manos en clara alusión a que aquél no era el camino cierto—. Lo único que podéis hacer, a mi entender, es intentar poner en libertad a *Doña Mariana.*

—¿Cómo?

—Buscaremos el medio.

—¿Luego me ayudaréis? —exclamó alborozado *El Turco.*

—Hasta cierto punto —fingió darse por vencido *Cienfuegos*—. ¿Qué otro cosa puedo hacer? —Le observó con fijeza—. ¿Conocéis al Alférez Pedraza?

—Superficialmente.

—Tengo entendido que es uno de los oficiales de guardia en «La Fortaleza».

—Suele ser gente difícil y desconfiada.

—Lo sé, pero me debe algún dinero.

—¿De la famosa apuesta del mulo?

—Exactamente. Tal vez pueda convencerle para que os permita ir a pedirle perdón a *Doña Mariana.*

—Habéis dicho que no basta con eso —le hizo notar el mercenario.

—Quizás —admitió el gomero—. Pero al menos habréis dado un primer paso: verla, suplicar su perdón, saber cómo y dónde se encuentra, y conocer su estado de ánimo se me antoja importante.

—Sin duda lo es.

—¿Os gustaría que lo intentara?

—¡Por favor!

Era eso lo que *Cienfuegos* pretendía; que a la hora de plantearle el problema al receloso Alférez Pedraza, pudiera hacerlo como favor a un amigo que atravesaba una dificilísima situación a la que él parecía ajeno por completo.

—¿Sabéis lo que me estáis pidiendo? —se alarmó el militar cuando al día siguiente le tanteó al respecto—. Un prisionero de la Santa Inquisición debe estar mil veces mejor guardado que si lo fuera del Gobernador o del mismísimo Rey Fernando. No sólo me juego el puesto. Me juego la vida.

—Lo supongo. Y si de mí se tratara ni siquiera se me ocurriría insinuároslo. Pero se trata del mismísimo Baltasar Garrote, que fue quien la denunció. Necesita pedirle perdón. Es un caso de conciencia.

—Debió pensarlo antes.

—Ya se lo he dicho, pero ante el sincero arrepentimiento de un hombre destrozado, cualquier reproche resulta una pérdida de tiempo. ¡Deberíais verle! Se le diría al borde mismo de la tumba.

—Ahí nos veríamos todos si aceptara vuestra propuesta.

—Lo siento —se lamentó *Cienfuegos* poniéndose en pie como si con ello se resignase a aceptar la negativa—. Tenía mucho interés en ayudar a ese desgraciado, y estaba dispuesto a aceptar cualquier condición que me pusieseis.

—¿Cualquier condición? —se interesó de inmediato el Alférez Pedraza reteniéndole por el brazo para que no se alzase aún—. ¿Cuál, por ejemplo?

—Nombrar una.

—El «pagaré».

—Hecho. En el momento en que *El Turco* se arrodille ante esa mujer, yo mismo os haré entrega del «pagaré».

—¿Palabra de caballero?

—Palabra de caballero.

El niño comenzaba a moverse.

Vivía, y sentir esa vida en su interior le llenaba de alegría y le angustiaba al propio tiempo, pues un hijo de *Cienfuegos* constituía la máxima aspiración de su existencia, pero la incertidumbre del destino que le esperaba era como si todo el peso de la gigantesca prisión se abatiera sobre sus frágiles espaldas hundiéndola en la más negra desolación y desespero.

Nadie le había aclarado nunca, quizá porque jamás se le había pasado siquiera por la mente con anterioridad, si la larga mano de la justicia inquisitorial alcanzaba también a los nonatos, y si la bestialidad de quienes parecían disfrutar torturando a inocentes se extendía al hecho de torturar a unas criaturas que permanecían aún en el seno de sus madres.

De hecho, ya sufría.

Siendo como era parte de ella, la más importante de su cuerpo; el centro y la razón de su supervivencia; el punto desde el que manaba la fuente de energía que le permitía soportar con entereza tanta desdicha, resultaba harto improbable que pudiera mantenerse al margen de las terribles convulsiones que destrozaban su espíritu, y no estuviera padeciendo, tal como padecía hasta el último de sus cabellos, por la amarguísima experiencia que le estaban obligando a soportar.

Ella y su hijo eran aún una sola persona, y por más que lo intentara no conseguía evitar transmitirle sus estados de ánimo.

Y el niño se iba formando en un clima de terror.

Nada existió nunca más terrorífico que una mazmorra inquisitorial, pues al castigo del cuerpo solía ir unida la aniquilación del alma por parte de quienes se consideraban únicos dueños de los destinos de tales almas, y el simple hecho de imaginar que su futuro era morir en la hoguera como paso previo a la eterna condenación, transtornaba a los reos situándoles con frecuencia al otro lado del umbral de la locura.

Acurrucada en la penumbra, observando las idas y venidas de las ratas, Ingrid Grass acostumbraba a preguntarse cómo era posible que un hijo concebido con tanto amor y alegría estuviese abocado a un destino tan trágico y tan corto, y por enésima vez se repetía si resultaba lógico que el hecho de haberse enamorado del hombre más hermoso que puso Dios sobre la tierra, bastara para atraer sobre su cabeza tan interminable cúmulo de desgracias.

Nueve largos años de incertidumbre y dolorosa separación no habían sido suficientes para enjuagar sus culpas, y tras apenas cuatro meses de intensa felicidad, una maldición aún más terrible amenazaba con destruirla.

Y con ella a su hijo.

Quizá los quemaran juntos, o tal vez permitieran que naciera para arrebatárselo en el acto, y en las más oscuras noches, cuando tendida en el camastro las tinieblas amenazaban con devorarla y no escuchaba más sonido que las lejanas voces de atención de los centinelas, era tanta su desesperación que rogaba a los cielos que no le obligaran a ver un nuevo día, permitiéndole encaminarse en compañía de su hijo hacia otros mundos muy lejanos en los que el amor venciera siempre en su eterna batalla con el odio.

¿Dónde estás?

¿Por qué no vienes a sacarme de esta húmeda tumba en que me han encerrado en vida?

¡Ven a salvar a tu hijo! ¡Al menos sálvalo a él que es inocente!

Suplicaba sin dejar escapar el más leve sonido, pero su alma gritaba con tal fuerza, que estaba convencida de que dondequiera que se encontrara *Cienfuegos* tenía que escucharla.

Pero aun así no acudía.

¿Por qué?

¿Tanto era el miedo que el miedo producía? ¿Tanto el terror que un imperio de terror conseguía imponer a quien había sido capaz de enfrentarse con anterioridad a un millón de peligros?

La Inquisición sabía que cualquier ser humano al que se le cortan los lazos familiares aislándolo por completo de su entorno, queda de pronto como suspendido en mitad del vacío, tan vulnerable y frágil como un tiburón en seco o un águila sin alas.

El método más rápido de quebrar una voluntad ha sido siempre despojarla de cualquier punto de apoyo, aislarla de la realidad que hasta ese momento tuvo y confundir sus conceptos, incluido el tan esencial del espacio y del tiempo, pues desprovista así de todas sus defensas, esa voluntad se viene abajo, ya que incluso carece de cualquier referencia que le indique que ha sido derrotada.

Y en ese campo del desmoronamiento espiritual del ser humano, el Santo Oficio creó una escuela cuya sutil ferocidad jamás consiguió ser superada, pues si bien la Humanidad ha progresado en infinitas ramas de la ciencia, la cota máxima en su capacidad de ser cruel la alcanzaron aquellos que colocaron siempre a Dios como justificante de sus actos.

Sólo el «Supremo Bien» podía disculpar el «Mal Supremo», y tal premisa fue esgrimida por una legión de fanáticos que en el fondo de su alma tan sólo anhelaban cometer impunemente los más aberrantes desmanes.

Todo crimen seguirá siendo siempre un crimen a no ser que se cometa en nombre de algún Dios, y todo criminal sabrá siempre que lo es, a no ser que transfiera el peso de su culpa a un ser supuestamente superior.

Con la conciencia limpia y convencidos de que su ferocidad agradaba al Altísimo, los inquisidores dieron rienda suelta al propio tiempo a su más preclara inteligencia y sus más bajos instintos, y fue ésa una explosiva combinación difícilmente repetible, y que dio como fruto tal profusión de horrores, que cinco siglos más tarde su sola mención aún nos espanta.

¿En qué estado de ánimo podía encontrarse una mujer extranjera, embarazada y sola, que veía cómo transcurrían los días y los meses sin que nadie viniera a aclararle qué era lo que iba a ocurrir con la vida de su hijo?

—¿Hasta cuándo?

Fray Bernardino de Sigüenza se limitaba a observarla, como si pretendiera leer más allá del fondo de sus ojos o buscase en la piel de su rostro signos que pudieran aclararle si tenía o no relación con el «El Maligno», aunque en ocasiones respondía sin convicción alguna:

—El tiempo que aquí lleváis no es ni siquiera una gota en el océano del tiempo.

—Pero es cuanto tengo —se lamentaba ella—. Lo necesito para traer al mundo a mi hijo lejos de estos muros, esta miseria y estas ratas.

—¿Qué importan unas semanas o unos meses, cuando lo que está en juego es vuestra eterna salvación, y quizá también la de ese niño?

—¿De qué salvación habláis, si en la situación en que me hallo milagro se me antoja que aún no haya perdido a mi hijo? ¿Qué concepto de la justicia, la equidad y la misericordia es este que arriesga la vida de la inocente por el afán de cobrarse la de quien tal vez ni siquiera es culpable?

El buen fraile no podía por menos que conmoverse ante la profundidad de su amargura, y por último, una tarde, musitó quedamente:

—Han retirado la denuncia.

—¿Que han retirado la denuncia? —balbuceó *Doña Mariana Montenegro* incrédula—. ¿Qué hago aquí entonces?

—Esperar.

—Esperar, ¿qué?

—Que la Divina Providencia tenga a bien enviarme una señal que aclare mis dudas —fue la absurda respuesta—. No soy más que un pobre Pesquisidor sin experiencia, que ignora la forma de evitar las mil trampas que las fuerzas del mal son capaces de colocar en el camino de quienes buscan la verdad.

—¿Y si tal señal no llega nunca?

—Nunca saldréis de aquí. Pero no temáis, pues si en un tiempo prudencial veo que continúo sin hallar el camino justo, pondré el caso en manos de un tribunal más competente.

—¿La Inquisición?

—Quizás.

—Hacer venir a un tribunal inquisitorial puede ser cuestión de años.

—Tomás de Aquino asegura que todo castigo que se infiera con la intención de perfeccionar a un hermano en la fe, es un bien espiritual que lo legitima. Ningún sufrimiento corporal tiene importancia si con ello purificamos nuestra alma, y de hecho, la mayoría de nuestros santos se han flagelado para aproximarse más a Dios.

—No aspiro a la santidad, sino a dar a luz un hijo

hermoso y sano. Y lo que no entiendo es que se me encarcele sin más prueba que una simple acusación, y cuando tal acusación ha sido retirada me obliguéis a continuar aquí encerrada.

—Necesito saber si ha sido satanás el que ha influido para que vuestro acusador retire los cargos.

—¿Y no le hubiera resultado más sencillo a ese mismo satanás influir en su día para que no los llegara a presentar?

—Es posible, pero no estoy en sus pensamientos ni designios. Tal vez Nuestro Señor no le ha concedido al diablo el don de leer lo que tan sólo está en la mente de un hombre, y únicamente ha podido actuar al enfrentarse a hechos consumados.

—Retorcéis los argumentos como una fregona retuerce su bayeta buscando extraer la última gota de agua sucia que pueda salpicarme —señaló la alemana—. Me pregunto qué clase de maléfico poder ejerce sobre los hombres la Inquisición para que incluso alguien tan equilibrado como Vos, alcance a perder de este modo el concepto de lo que debe ser considerado justo o injusto.

—¿Acaso es injusto sospechar que vuestro acusador está aterrorizado por algo o alguien hasta el punto de arriesgarse a la tortura o a morir en la hoguera? Mi obligación es intentar llegar al fondo de la cuestión.

—¿Y qué tengo yo que ver con eso?

—Mucho. Sois el eje sobre el que gira todo este asunto, y aunque admito que en un rincón de mi alma alienta la convicción de que sois inocente, no deseo cometer pecado de soberbia aceptando que mis convencimientos tienen más fuerza que las maquinaciones del «Maligno».

—A menudo os expresáis más como dominico que como franciscano.

—Hermanos en Dios somos.

—Mas no en ideas, que siempre imaginé que vuestra Orden más entendía del amor al prójimo y a la Naturaleza, que de castigos, y no era el vuestro un Dios de odio y venganza, sino más bien de compasión y amor.

—Os recuerdo que no estoy aquí en mi condición de franciscano, sino de servidor de una causa que me ha sido encomendada aun contra mi voluntad. Lo que en verdad anhela mi alma es internarme en esas selvas, a enseñar la palabra de Dios a los indígenas.

—Triste cosa debe ser tomar conciencia de la hermosa e ingente labor que os espera más allá de esos muros, y tener que limitaros a dilucidar mezquinas rencillas provocadas por el rencor, la ambición o la envidia —reconoció *Doña Mariana Montenegro*—. ¿Estáis autorizado a decirme ahora quién me acusó y cuáles fueron sus motivos?

—No, por desgracia.

—¿Llegaré a saberlo algún día?

—No por mi boca.

No fue desde luego por boca del hediondo frailecillo, sino más bien por la de su propio acusador, por la que la alemana tuvo al fin conocimiento de la personalidad y los motivos que le impulsaron a buscar su desgracia, puesto que una semana más tarde, cuando se encontraba sumida en la inquietante duermevela que solían ser sus noches, el chirriar de la puerta de la mazmorra le obligó a erguirse de un salto, y le alarmó descubrir que un embozado hacía su entrada a la luz de una triste candela.

—¿Qué ocurre? —quiso saber—. ¿Quién sois y por qué penetráis así en mi celda a estas horas de la noche?

—No os inquietéis, Señora —replicó el Alférez Pedraza intentando imprimir a su voz el tono más tranquilizador posible—. Soy oficial de la guardia y no tengo intención de haceros daño.

—¿A qué viene entonces visita tan furtiva?

—A que mi vida corre peligro si descubren las razones por las que estoy aquí. —Alzó la candela para alumbrar su rostro—. Pero antes de seguir adelante con el negocio que me ocupa, necesito que juréis no mencionar ni una sola palabra de cuanto aquí pueda decirse.

La soledad y el aislamiento se habían hecho ya tan absolutamente insoportables, que resultaba lógico imaginar que una pobre mujer que se consideraba olvidada del mundo, se mostrase dispuesta a aceptar cualquier condición que le fuera impuesta con tal de entrever el más mínimo destello de esperanza.

—¿A qué negocio os referís?

—Al de una visita no autorizada.

—¿De quién?

—No me está permitido revelarlo. ¿Juráis no decir nada?

—Jurado está.

—De acuerdo, entonces.

Pedraza se volvió a quienes esperaban en el exterior e hizo un gesto para que penetrara *El Turco* Baltasar Garrote, que avanzó hasta *Doña Mariana Montenegro*, mientras un embozado *Cienfuegos* se mantenía junto a la puerta, procurando que las sombras le ocultaran.

Resultó evidente que la alemana sufría una profunda decepción al no descubrir en el rostro del mercenario ningún rasgo familiar, y tras observarle unos instantes con notable desconcierto, inquirió agriamente:

—¿Quién sois y qué pretendéis de mí?

—Soy aquel que os denunció y busco vuestro perdón.

—¿Mi perdón? —se asombró Ingrid Grass—. ¿Por qué habría de perdonar a quien me ha causado tanto daño sin razón válida alguna? ¡Quitaos de mi vista!

—¡Por favor, Señora!

—¡Marchaos, os digo! Y que todas las furias del infierno caigan sobre vuestra cabeza. ¿Tenéis acaso idea del mal que habéis causado? Y no sólo a mí, sino a una inocente criatura que aún está por nacer. ¡Salid de aquí!

El demudado Baltasar Garrote dudó unos instantes, pero al fin concluyó por lanzarse de bruces, arrodillándose y alargando la mano en un vano intento de aferrar una de las de ella.

—¡Por el amor de Dios, Señora! —sollozó desesperado—. Por ese hijo que lleváis en el seno. ¡Concededme vuestro perdón o arderé para siempre en los infiernos!

—¡Que así sea! —Alzó el rostro hacia Pedraza—. ¡Quitadlo de mi vista, o rompo el juramento!

Fue entonces cuando *Cienfuegos* intervino, y sin moverse ni permitir que ella distinguiera su rostro, señaló con una sorprendente calma que estaba muy lejos de sentir:

—No os conozco, ni nunca me habéis visto. Nada tengo que ver por tanto en este asunto, mas por el bien de todos, y vuestra paz espiritual, os suplico, Señora, que tengáis a bien escuchar a este hombre y atender su sincera demanda.

Fue como si una descarga eléctrica recorriera la espalda de *Doña Mariana Montenegro* que a punto estuvo de dejar escapar un grito y abalanzarse sobre el hombre al que amaba, mas haciendo un supremo esfuerzo, fingió no haber reconocido su voz y tras una corta pausa en que intentó hacer acopio de toda su capacidad de reacción, inquirió roncamente:

—¿Quién sois y quién os ha dado vela en este entierro?

—Mi nombre no viene al caso, por lo que mejor será silenciarlo, mas sabed que me considero un buen amigo de todos, y si me ayudáis a salvar a este pobre hombre, haré cuanto esté en mi mano por Vos y vuestro hijo.

—¿Qué poder tenéis sobre la Santa Inquisición?

—Ninguno de momento, pero Dios proveerá y sabido es que la fe mueve montañas.

—Dejad las montañas en su sitio y abrid puertas.

—Más puertas abre el amor que el odio, y el perdón

que todos los rencores de este mundo. Liberad a este hombre de su carga y confiad en que muy en breve os puedan liberar a Vos de las cadenas.

La alemana simuló meditar en cuanto le habían dicho, y como si en verdad lo hiciera contra su voluntad, musitó desabrida:

—¡De acuerdo! Os perdono a condición de que pongáis el mismo empeño en salvarme del que pusisteis en perderme.

—¡Lo juro! —replicó convencido el mercenario—. Juro por Dios que de ahora en adelante nada habrá para mí más importante que devolveros la libertad de que os privé en mi desvarío.

—Confío en ello.

—¿Me permitís que bese vuestra mano?

Doña Mariana Montenegro la extendió con desgana, dejó que *El Turco* la besara como podría haber besado la mismísima mano de la Virgen, y la mantuvo luego alzada a la espera de que el desconocido caballero que no se había movido de la puerta hiciera otro tanto.

Fue un momento tenso, pues cuando *Cienfuegos* se aproximó a Ingrid Grass ambos tuvieron que luchar contra el casi irresistible impulso de abrazarse, teniendo que limitarse a decirse con los ojos cuanto hubieran deseado decirse de palabra.

Cuando de nuevo quedó a solas y en tinieblas, ni fue tanta la soledad, ni tan oscura la noche, puesto que podría creerse que la tétrica mazmorra se había iluminado con un haz de luz tan cegadora que le impidió dormir hasta el anuncio del alba.

El hombre, alto, de luenga barba canosa, ralos cabellos, piel agrietada por el sol, el mar y el viento, y ojos profundos, oscuros y brillantes que parecían esconder en el fondo de la retina mil paisajes lejanos, contemplaba absorto el río sentado en el borde de una vieja barca putrefacta, tan ausente, que no acertaba tan siquiera a captar que hacía largo rato que era objeto de la atención de un transeúnte que le observaba rascándose el mentón dubitativo.

—¿«Maese» Juan? —se atrevió a inquirir al fin el desconocido aproximándose unos metros—. ¿Juan de la Cosa?

Éste asintió con un desganado gesto, incómodo al parecer por la inoportuna intromisión.

—¿En qué puedo serviros?

—En enseñarme a leer, quizás. O a contar las horas en un reloj de arena. O a conocer por su nombre a las estrellas, las velas y los vientos.

—¡A fe que no os entiendo! —se impacientó el curtido piloto cada vez más molesto—. ¿Quién diantres sois?

—Vuestro mejor discípulo —puntualizó el gomero—. ¿Tan flaca es vuestra memoria que no sabéis reconocer a quien enseñabais a contar las horas con almendras?

El otro le estudió de arriba abajo, y por último abrió los ojos como platos.

—¡*Cienfuegos*! —exclamó en el colmo de la incredulidad—. ¡Dios Bendito! ¡No es posible!

—¡Lo es, maestro! Lo es, y a fe que volver a veros es la cosa más agradable que me ha ocurrido en mucho tiempo.

Se fundieron en un fuerte abrazo; el inconfundible abrazo de dos auténticos amigos que se encuentran después de tantas vicisitudes y que ambos imaginan que el otro ha desaparecido del mundo de los vivos para siempre.

—¡Santo Cielo! —farfulló el de Santoña—. En lo que se ha convertido aquel loco grumete que trepaba como un mono por las jarcias. ¿Pero y tu pelo? —quiso saber—. ¿Qué has hecho de aquella increíble melena roja?

—Teñida está, pues por confusos avatares de la vida, no conviene en estos momentos que se sepa quién soy, ni en qué negocios ando.

—¿Y *Doña Mariana Montenegro*? ¿La encontrasteis?

—Ella fue quien me encontró.

—¿Dónde está?

El gomero hizo un leve gesto hacia la negra silueta de «La Fortaleza» que se hallaba a tiro de ballesta.

—Presa la tiene la Inquisición falsamente acusada de brujería.

—¿De brujería? —se asombró el piloto—. ¿Cómo así? ¿Quién se atreve a insinuar tal cosa de la mujer más dulce y piadosa que ha pisado esta isla?

—Es una larga historia.

—Nada hay en este mundo, por grandes que sean mis pesares, que me interese más que lo que le pueda acontecer a *Doña Mariana* y buscar la forma de ayudarla.

Almorzaron juntos en la «Taberna de Los Cuatro Vientos», y entre plato y plato el canario puso al corriente a su primer maestro de una pequeña parte de cuanto le había ocurrido desde el día en que se separaron, en el «Fuerte de la Natividad», hacía ya poco más de nueve años.

—¡Inaudito! —admitió el cartógrafo al final del somero relato—. Tras haber atravesado cuatro veces la Mar Océana creía haber tenido una vida agitada, y he aquí que mis aventuras apenas pueden ser consideradas juegos de niños comparadas con lo que me habéis contado.

—De la mayoría de las vuestras tenía conocimiento por *Doña Mariana*, que os admira y aprecia como a pocos, pero mi última noticia es que andabais de exploración con Alonso de Ojeda. Ingrid os echaba de menos y me hablaba de los dos a todas horas.

—¡El bueno de Ojeda! —suspiró De la Cosa—. Mucho hemos navegado juntos y espero que aún lo hagamos algún día. En Sevilla lo dejé buscando la forma de lanzarse de nuevo a conquistar fabulosos imperios, que es lo suyo. Jamás existió hombre más valiente y noble al que sin embargo la fortuna vuelva la espalda con más saña. Merece la gloria pero la gloria es una prostituta caprichosa que precisamente a él se le resiste.

—¿Y Vos cuándo habéis vuelto?

—Hace algún tiempo ya, aunque casi de incógnito me encuentro, pues sin ser tan fantástica mi historia, mejor me iría si Bobadilla no tuviese conocimiento de mi estancia en la isla.

—¿Acaso formabais parte de las huestes...?

—...de Rodrigo de Bastidas —concluyó la frase el marino asintiendo—. Y como imagino que sabréis que el Gobernador lo ha encerrado en esa misma «Fortaleza», escaso empeño tengo en que quienes me conocen le vayan con el cuento y me invite a seguir idéntico camino.

—¡Pero Vos sois Juan de la Cosa, el mejor cartógrafo del reino!

—¿Creéis que eso impresiona a quien cargó de cadenas al mismísimo Virrey de las Indias? ¡No tal! —El cántabro agitó la cabeza como para ahuyentar oscuros pensamientos—. O mucho me equivoco, o ese «meapilas» le ha tomado afición a encarcelar gente importante.

—¿Qué hizo Rodrigo de Bastidas?

—Ser justo, bondadoso y pacífico. Capitanes como él es lo que necesitaría la Corona, y no la partida de cretinos y ladrones que por lo general nos gobiernan. Recorrimos miles de leguas y tratamos a centenares de indígenas sin un solo incidente y ni aun el gesto de echar mano de las armas. ¡Hombre ese para tratar al más feroz de los salvajes! —exclamó admirado—. ¿Cómo es posible que un simple escribano de Triana que apenas había puesto el pie más allá de los arrabales de Sevilla, tenga tanta mano izquierda a la hora de tratar todo tipo de gente? Aún me cuesta entenderlo.

—Pues con Bobadilla encontró la horma de su zapato.

—Espero que no por mucho tiempo, aunque por lo que tengo oído, a ese cerdo tan sólo le hace cambiar de opinión el tintineo del oro.

—Corren rumores de que ya los Reyes han nombrado a un tal Ovando para sustituirle, y que llegará en cualquier momento.

—«Los barcos de palacio van despacio» —sentenció el otro sonriendo con tristeza—. Espero que el tal Ovando llegue a tiempo de salvar al bueno de Rodrigo.

—Veo que le apreciáis.

—Se lo ha ganado a pulso, pese a que cuando vino a buscarme al Puerto de Santamaría ganas me dieron de tirarlo de cabeza a un pozo. ¿Cómo podía atreverse a intentar contratarme como segundo, alguien que jamás había pisado la cubierta de un navío? ¡Un chupatintas! ¡Un escribano que probablemente había hecho su fortuna falsificando documentos! —Pareció reírse de sí mismo—. ¡La ira me duró cinco larguísimos minutos! A partir de ahí, caí en sus brazos.

—¿Por qué?

—Porque Rodrigo tiene toda la gracia de un trianero, unido al entusiasmo de un alcoyano y la capacidad de convicción de un parlanchín de feria. Cualquier doncella le entregaría su prenda más preciada si cometiera el error de permitirle pedírsela durante más de media hora, y he visto cómo poderosos caciques que no conseguían entender media palabra de lo que les contaba, se rendían a su carisma personal sin condición alguna.

—¡Sorprendente!

—La bondad rezuma por cada poro de su cuerpo, y es tan noble, justo y honrado, que no podríais por menos que confiarle el alma convencido de que acabaría colocándola a la izquierda de Dios Padre.

—Me gustaría conocerle.

—Y él a Vos. Tan sólo hay que esperar a que convierta a ese tal Bobadilla en su aliado.

—¡Difícil empresa se me antoja!

—Tiempo al tiempo.

—Confiemos en ello, aunque lo que no acabo de entender es cómo si son tales sus virtudes acabó de esta guisa.

—Caprichos de la suerte. —El piloto de Santoña bebió largamente de su jarra de vino, cosa a la que siempre había sido concienzudo aficionado, y tras secarse los labios con el dorso de la mano, inició su relato—: Salimos con buen tiempo de Sevilla —dijo—. Pusimos proa al Sudoeste, y tras una maravillosa travesía tocamos en Isla Verde y más tarde en las costas de Maracaibo, donde comenzamos a hacer rico acopio de perlas.

—Conozco bien la zona.

—Pues sabréis que la gente es pacífica, o al menos de esa forma nos recibió. Seguimos luego hacia el Oeste, descubrimos la desembocadura de un gran río, y un profundo golfo, el de Urabá, en el que los hombres se cubren el pene con un cilindro de oro.

—¿De oro? ¿Oro puro?

—El más puro que nunca viera anteriormente. —Chasqueó la lengua entusiasmado—. Hicimos magníficos negocios sin disparar un solo tiro, tan sólo con regalos y sonrisas, respetando sus costumbres y ellos las nuestras, sin mencionar ni a Cristo ni al pecado, y sin exigir que rindieran pleitesía a unos Reyes lejanos.

—No son ésas las órdenes de la Corona.

—Bastidas me convenció de que la Corona se equivoca. Hacer amigos es siempre mejor que hacer vasallos, y permitir que cada cual crea en el dios que más le plazca, preferible a imponerle misterios que están muy lejos de su sencillo entendimiento.

—Tal vez esté en lo cierto.

—A buen seguro lo está, y como prueba me remito a la ingente cantidad de riquezas que acarreamos, y los excelentes aliados que fuimos dejando a nuestro paso.

—¿Qué fue de esos tesoros?

—Tal como vinieron se marcharon. Estando en Urabá descubrí una mañana que los buques se pudrían por culpa de una «broma» que amenazaba con mandarnos a pique.

—¿La «broma»? —se asombró el canario—. Utilicé ese argumento para engañar a un capitán portugués que pretendía colgarme de una verga, pero jamás pude imaginar que en verdad fuera capaz de hundir navíos.

—¡Pues los hunde! Ya durante el primer viaje con el Almirante advertimos sus efectos, pero en esta ocasión nos atacó de tal forma, que los cascos se convirtieron en una especie de colador sin remedio posible. Y el culpable es un diminuto molusco que los nativos llaman «tartaza» y que se incrusta en la madera construyendo intrincadas galerías que revisten de una especie de barniz de caliza.

—¿Probasteis a combatirlos cubriéndolos de brea como en aquella otra ocasión?

—Demasiado tarde. La madera de estos buques debía ser muy de su agrado, pues pronto quillas y cuadernas se deshacían al tocarlas. En vista de ello aconsejé poner proa a Jamaica como primera escala para llegar aquí. —Bebió de nuevo—. ¡El viaje fue un infierno! Vientos contrarios y el agua penetrando como a través de un cedazo, con los hombres achicando hora tras hora y unas naves cada vez más pesadas. Sólo la Providencia sabe cómo pudimos alcanzar nuestra meta. —Hizo una corta pausa—. Al norte de Jamaica unos indígenas nos ayudaron a reparar los principales desperfectos, les regalamos cuanto aumentaba nuestro peso, y casi con el agua al cuello intentamos una última bordada hasta Xaraguá.

—Lástima, porque tengo entendido que al sudeste de Jamaica hay una pequeña colonia de españoles, y allí se esconde el barco de *Doña Mariana*.

—¡Buena cosa hubiera sido saberlo en su momento! —admitió el cartógrafo—, pero lo cierto es que tras cinco angustiosas jornadas, en las que rezar y achicar ocupó cada minuto de nuestro tiempo, avistamos Xaraguá justo cuando las naves se deshacían, mandando al fondo la mayor parte de cuanto habíamos conseguido en todo ese tiempo.

—¿A la vista ya de tierra?

—¡En plena costa! —admitió el otro—. Por fortuna pudimos salvar tres cofres de oro y perlas sin perder ni una vida humana, por lo que Rodrigo, con bastante buen criterio, y visto que el país es pobre, la selva espesa, y pocos los bastimentos, decidió dividirnos en tres grupos para intentar llegar hasta aquí con la menor hambre y dificultad posibles.

—Y aquí estáis al fin.

—Con el último grupo y a tiempo de saber que Bobadilla encarceló a Bastidas requisando nuestros bienes con la disculpa de que había estado negociando con los «indios» de la isla sin la debida autorización real. —Soltó un bufido—. ¡Como si cuando ves a tus hombres morir de hambre pudieses ir a pedir permiso a quien se encuentra a dos mil leguas de distancia!

—Pues si el Gobernador ha puesto sus zarpas sobre ese tesoro, podéis darlo por perdido. Maravedí que vuela, maravedí que atrapa.

—No si ese maravedí pertenece a Rodrigo de Bastidas —sentenció el cántabro—. Y me juego la parte que me corresponde en el reparto, a que ese endiablado trianero recupera la libertad y el oro utilizando su labia o su increíble astucia.

—Por vuestro bien lo espero.

—Tenedlo por seguro... —Fue a añadir algo, pero se interrumpió al advertir cómo se aproximaba la sonriente figura de un hombre de unos veinticinco años, estatura media, tez enrojecida por el sol, cabellos rubios y descuidada barba también rubia que tenía la extraña costumbre de morder continuamente con sus enormes dientes superiores—. ¡Vaya por Dios! —exclamó—. ¡Mira quién viene!

—¿Uno de los vuestros?

—El jerezano más loco, borrachín y pendenciero que hayáis conocido nunca. Valiente y buen soldado, aunque o mucho me equivoco o acabará colgando de una soga. ¡Acercaos! —le llamó con un gesto—. ¿Un vaso de vino?

—¿Sólo un vaso? —se lamentó el recién llegado—. ¿Por qué no una jarra y un pedazo de pan con queso que alivie mi hambre? —Soltó un reniego al que siguió una pícara sonrisa—. Anoche me desplumaron.

—¿Cartas?

—¡Dados! Hasta la espada quedó en prenda.

—¡Lógico en Vos! Permitid que os presente; mi

buen amigo Guzmán Galeón, más conocido por *Brazofuerte*, y el tarambana de Vasco Núñez de Balboa, al que quizá deberíamos llamar *Gargantaseca*.

—¡*Bolsavacía*, más bien! —rió el jerezano—. «Que no hay garganta seca si la bolsa está repleta.» —Observó con curiosidad al gomero—. ¿*Brazofuerte*, decís? ¿Por ventura sois quien mata mulos a puñetazos?

—No es nada personal. Cuestión de negocios.

—¡Por Júpiter! —rió divertido el desaliñado personaje que se había apoderado de un mendrugo mordisqueándolo con fruición, y en quien resultaba imposible adivinar al futuro descubridor del océano Pacífico—. ¡Nada personal! ¡Ojalá tuviese un brazo que me permitiera escapar así de la miseria!

—Vuestra miseria os seguirá hasta la muerte a no ser que perdáis la fea costumbre de jugaros cuanto tenéis —sentenció «Maese» Juan de la Cosa, al tiempo que hacía un gesto al tabernero para que le sirviese algo de comer al famélico recién llegado—. ¿Qué planes tenéis para el futuro?

—¿Planes para el futuro? —se asombró el otro—. ¡Sobrevivir ya se me antoja difícil empresa en los tiempos que corren! Como no se organice pronto alguna expedición al «rescate» de oro o perlas, temo que acabaré en las minas. Por lo menos allí se come y aseguran que alguno se ha hecho rico.

—Olvidaos de las minas —le aconsejó el gomero—. Ignoro qué maldición esconden, pero todo el que entra en ellas, acaba loco.

Las famosas «Minas del Rey Salomón» constituían en verdad un mundo aparte en la isla, pues pese a que fuera por su causa por lo que la capitalidad se vio trasladada a Santo Domingo, los que extraían el oro obedecían sus propias leyes y se regían por curiosas costumbres, sin codearse con los capitalinos más que las noches sabatinas, en que bajaban en tropel a derrochar en vino, juego y mujeres la mayor parte de cuanto habían ido atesorando con infinitas fatigas y calamidades el resto de la semana.

Sabido era que la titularidad de tales minas pertenecía de hecho a la Corona, con un pequeño porcentaje que había que reservar al Almirante, la Iglesia, e incluso la administración interna de la isla, por lo que en definitiva tan sólo un tercio de cuanto conseguía arrancarle a la tierra quedaba en poder del minero, pero aun así para muchos significaba más de lo que hubieran soñado en conseguir en cien años de esfuerzo.

La fiebre del oro había aumentado además de forma notable desde el día en que un afortunado salmantino descubriera una pepita del tamaño de una hogaza de pan —la mayor de que se tenía noticias en la historia— y que el avispado Gobernador incautó de inmediato bautizando con el significativo nombre de *Doña Juana*, en honor de la excéntrica heredera del trono, confiando en que tal vez el ofrecimiento de tan prodigioso presente cuando retornase a la Corte, le devolvería parte de un favor real que sabía perdido.

Pero pese a que un pequeño número de buscadores acumulasen riquezas sin cuento y algunos incluso se fabricasen vasos, platos y cubiertos del preciado metal para su uso personal, la forma de vida de los «mineros» estaba considerada en la colonia como el último escalafón de la especie humana, ya que se veían obligados a soportar un calor pegajoso, húmedo y asfixiante con el agua a media pierna, comidos por mosquitos, «izangos» y sanguijuelas; víctimas de las más terribles enfermedades, y eternamente cubiertos de barro de los pies a la cabeza.

Era la suya una forma de existencia infrahumana, teniendo que defender día y noche sus pertenencias a sablazos, comiendo y durmiendo hacinados y casi sobre sus propios excrementos, y despreciados por cuantos consideraban que atravesar el «Océano Tenebroso» para acabar esclavo de una mina, aunque fuese una mina de oro, era algo impropio de un ser humano que mantuviese el más mínimo apego a su dignidad.

De hecho, la vida de la ciudad se dividía en escalafones o castas, la más alta de las cuales estaba constituida por el Gobernador, su pequeña corte de aduladores y las altas jerarquías de la Iglesia, y la más baja por «mineros» y nativos, ocupando los lugares intermedios, militares, curas, marinos, comerciantes, artesanos, campesinos y prostitutas, sin olvidar, desde luego, a un incontable número de hombres de leyes.

Y es que notarios, abogados y escribanos conformaban una auténtica legión de atareados personajes, los más activos sin lugar a duda de la naciente colonia.

Litigar por tierras, títulos, honores y prebendas parecía haberse convertido en la principal razón de ser de la mitad de los habitantes de una isla en continua confrontación con la otra mitad, puesto que era aquél un mundo nuevo en el que hasta el último muerto de hambre se consideraba terrateniente, ya que la mayoría de los recién llegados alimentaban la absurda creencia de que por el hecho de haber sufrido tres semanas de difícil navegación, pasaban de ser parias a potentados, de soldados de fortuna a capitanes de la guardia, y de hijos de lavandera a caballeros con escudo de armas.

«Más nobles ha hecho el mar en un mes que los Reyes en un siglo», solía decirse en La Española, pues raro era el zafio destripaterrones castellano que no alardease de muy alta cuna, por más que fuera incapaz incluso de escribir correctamente el ilustre apellido a que alegaba tener derecho.

De quién era la tierra, de quién los «indios», el oro, las perlas, las especias o el derecho a descubrir y conquistar imperios que presuntamente nacían más allá del horizonte de poniente, era algo en lo que nadie parecía ponerse de acuerdo, y debido a ello, los escasos jueces que la Corona había enviado se veían desbordados por tal número de causas, que no resultaba extraño que con frecuencia tardaran años en dictar la más irrelevante sentencia.

Poner en marcha un nuevo mundo no constituía en verdad empresa fácil, ya que era sin lugar a dudas la primera vez que se intentaba, y quienes estaban llamados a conseguirlo, no tenían ni los medios, ni la organización, ni aun la más mínima idea de cómo debería llevarse a cabo, puesto que nadie se había enfrentado con anterioridad al reto que significaba descubrir y colonizar un continente habitado por pueblos que carecían en la mayor parte de los casos de estructuras sociales en las que apoyarse de algún modo.

Aparte de ello, el desmedido orgullo de los recién llegados les obligaba a creer que su particular forma de vivir y gobernarse seguía siendo la única válida en el orbe y seguían teniendo en aquel lugar el mismo valor que en Castilla o Aragón.

Una Corte a menudo itinerante, con unos soberanos más preocupados por asuntos domésticos que por crear un imperio del que aún no tenían muy claros los destinos, y que gobernaban de oídas a miles de leguas de distancia sin tener la más remota idea de cuáles eran sus auténticos problemas, se empeñaba en imponer absurdos criterios por desafortunados que una y otra vez demostraran estarlo siendo.

El resultado lógico era el caos.

Un caos que se advertía desde el momento mismo en que se ponía el pie en una «ciudad» que crecía disparatadamente, mezcla de gran urbe pretenciosa, plaza fuerte, puerto cosmopolita y campamento zíngaro, y donde los bohíos indígenas aprovechaban la sombra del Alcázar, y palacetes de piedra servían de apoyo a tinglados de madera y paja en los que los extremeños, andaluces o mallorquines, trataban de acostumbrarse a dormir en hamacas de palma.

Cerdos, perros y ratas les disputaban los desechos a los negros zamuros de pesado vuelo y fuerte pico, y en el calor del mediodía el hedor de las aguas fecales se entremezclaba con el denso olor a selva virgen y el dulzón aroma de la melaza de los primeros trapiches azucareros.

La caña, importada de oriente a Andalucía por los árabes, arraigaría con fuerza en aquella tierra caliente y fértil, y ya había quien comenzaba a darse cuenta de que más que en el oro de sus minas, las perlas de sus mares o las especies de sus bosques, era en el azúcar de esas cañas donde se escondía la auténtica riqueza futura de la isla.

Pero para que tal negocio prosperase, hacía falta espacio que arrebatarle a los «indios», e «indios» a los que arrebatarles su sudor y su esfuerzo, y como el Gobernador Don Francisco de Bobadilla era el único que podía disponer libremente del destino de esos «indios» y esas tierras, se había dedicado durante las últimas semanas de su agonizante mandato a distribuirlas pródiga e indiscriminadamente entre todos aquellos que estuviesen dispuestos a pagarle el favor en oro y perlas.

Durante la primavera de 1502 la corrupción administrativa en la colonia alcanzó por tanto cotas inimaginables, pues todos cuantos ocupaban un puesto de responsabilidad tenían plena conciencia de que sus días de poder se diluían como la última arena de un reloj, con lo que su única preocupación se centraba en amasar dinero e intentar borrar huellas por si llegaba el caso de que se les exigiesen responsabilidades.

Hubo incluso quien envió jinetes al extremo oriental de la isla con la orden expresa de regresar a uña de caballo en cuanto se avistasen en el horizonte las velas de una armada, pues no era cosa de perder un solo día de poder, ni de arriesgarse a ser sorprendido sin tiempo material de prenderle fuego a los más comprometedores documentos.

El nuevo Gobernador, Fray Nicolás de Ovando, Caballero de la Orden de Alcántara, se había ganado a través de una larga carrera de servicios a la Corona justificada fama de hombre de bien, e incluso el corrosivo Padre Las Casas, incitador por sus escritos de la tristemente célebre «Leyenda Negra Española», le describió como «Caballero prudentísimo y digno de gobernar mucha gente, pero no «indios», porque con su gobernación inestimables daños —como más abajo se verá— les hizo.» Era mediano de cuerpo, de espesa barba casi bermeja; de gran autoridad y amigo de justicia; honestísimo en su persona en obras y palabras; de codicia y avaricia muy grande enemigo, y no pareció faltarle humildad que es esmalte de todas las virtudes dejando que lo mostrara en sus actos exteriores; en su comer, vestir, vivienda y comportamiento; guardando siempre su gravedad, y sin permitir que aun siendo Gobernador le nombrase sin embargo nadie «Señoría».

Lógico resulta, por tanto, suponer que la llegada de tan temible y correoso personaje no fuese del agrado de quienes habían hecho de la colonia una especie de coto privado, y más de un par de ojos se alzaron en aquellos tiempos hacia las torres de la amazacotada «Fortaleza» temiendo que a no mucho tardar sus cuerpos pendieran de las ávidas horcas o desapareciesen para siempre en sus oscuras y húmedas mazmorras.

La capital entera era por tal razón un corre corre de escribanos, funcionarios y leguleyos que se apresuraban a cerrar tratos y sellar documentos de forma que no pudieran ser contestados por la nueva administración, por lo que con tanta ida y venida todos aquellos asuntos que no afectasen de modo muy directo a algún miembro del equipo saliente permanecían arrinconados, y en semejantes circunstancias no cabía sorprenderse por el hecho de que hombres como Vasco Núñez de Balboa, De la Cosa, y cuantos acompañaron a Rodrigo de Bastidas en su aciaga aventura, tuviesen que limitarse a vagabundear a la espera del día en que gobernantes más honrados decidieran hacer justicia devolviéndoles lo que sin lugar a dudas les pertenecía.

—Tan sólo con el contenido de esos tres cofres saldríamos de la miseria y tendríamos para sobrevivir decentemente hasta un próximo viaje —puntualizó el jerezano cuando a lo largo de la conversación surgió de nuevo el tema—. Pero empiezo a temer que Bobadilla no permitirá que volvamos a verlos. —Lanzó un hondo suspiro—. Ya sé que las minas no solucionan nada, ¿pero qué otra salida me queda si pretendo comer una vez al día?

—Tal vez podamos ayudarnos mutuamente —aventuró *Cienfuegos*.

—¿Cómo? —inquirió interesado de inmediato el otro mordiéndose la barba con más fruición que nunca—. ¿Tenéis algún trabajo para mí?

—Pudiera ser, si como «Maese» Juan asegura sois hombre valiente y decidido, capaz de liarse a estocadas con su sombra. ¿Lo sois?

—Lo sería si consiguiera desempeñar mi espada —fue la humorística respuesta—. ¿Acaso preparáis alguna expedición?

—Un asalto más bien.

—¿Asalto? —se sorprendió Balboa—. El término obliga a pensar en plaza, castillo o fortaleza, y dudo que abunden a este lado del mar tal tipo de construcciones. —Pareció tener una brillante idea—. ¿Se trata por ventura de alguna factoría portuguesa? —inquirió fascinado.

—¿Factoría portuguesa? —repitió el gomero sin entender muy bien a qué se estaba refiriendo—. ¿De qué portugueses habláis?

—De ninguno en particular, pero tengo entendido que su forma de actuar se basa en construir poderosas factorías en islotes cercanos a las costas desde donde comercian con los nativos, estableciendo así una serie de puestos avanzados que sirven de base de aprovisionamiento a sus navíos. —Se rascó ahora la barba con manifiesto nerviosismo—. Aseguran que tales factorías acostumbran a atesorar valiosísimas mercaderías, y siempre se me antojó que no sería mala idea atacarlas por sorpresa y hacerse con un jugoso botín.

—Pero eso es piratería... —exclamó el de Santoña sinceramente escandalizado.

—¿Piratería? —repitió el otro desconcertado—. ¿Estáis seguro?

—Completamente.

—Siempre creí que piratería significaba atacar un navío en alta mar. Y una factoría, ni navega, ni está en alta mar... —Hizo un gesto con las manos como si eso lo solucionase todo—. Y por si fuera poco, es portuguesa.

«Maese» Juan de la Cosa se limitó a señalarle de medio lado, como queriendo indicar que era ese tipo de personas de las que jamás se podrá sacar provecho, y volviéndose al gomero masculló:

—Ya os advertí que lo más probable es que acabe en el patíbulo, pero si estáis pensando en él para lo que imagino que estáis pensando, respondo de su valor, fidelidad y discreción.

—¡Os agradezco los cumplidos! —replicó el jerezano inclinándose interesado—. ¡Pero me tenéis en ascuas! Juro guardar el secreto, pero decidme: ¿De qué asalto se trata?

Cienfuegos le observó con fijeza, llegó a la conclusión de que en verdad era el tipo de hombre que su antiguo maestro había descrito, y girando apenas la cabeza, lanzó una larga mirada hacia las torres que sobresalían por encima de los tejados más cercanos.

—¿«La Fortaleza»...? —susurró Vasco Núñez de Balboa como si negara a darle crédito—. ¿Pretendéis asaltar «esa» fortaleza?

—¡Exactamente!

—¿Para liberar a Don Rodrigo de Bastidas?

—¡No exactamente!

—¿A quién entonces?

—Lo sabréis a su tiempo.

—Os advierto que si se trata de un criminal o un traidor a la Corona no contéis conmigo.

—Ni es un criminal, ni un traidor a la Corona. Se trata de una persona inocente por la que podríais poner la mano en el fuego. —Hizo una pausa—. Si os interesa la proposición podemos llegar a un acuerdo.

—Me interesa —fue la inmediata respuesta—. ¡Jamás asalté una prisión y puede resultar excitante! ¿Cuándo?

—Os mantendré informado.

—Necesitaré mi espada —señaló el otro—. Sólo sé pelear con ella.

—Os proveeré para que podáis recuperarla, pero conociendo vuestra afición al vino, el juego y las mujeres, no os proporcionaré de momento más que lo imprescindible para que podáis subsistir con decoro. Más tarde ajustaremos las condiciones económicas.

—Se me antoja un trato justo —fue la sincera respuesta—. ¡Contad conmigo!

—Yo no soy hombre de armas, sino de mapas —intervino con naturalidad De la Cosa—. Pero en lo que pueda servir de utilidad, estoy a vuestra entera disposición. ¡Ya somos tres!

—Cinco —puntualizó el cabrero—. Aunque uno es cojo —añadió sonriente.

—¿Bonifacio Cabrera? —quiso saber el piloto sin poder contener su alegría—. ¿El joven criado de *Doña Mariana Montenegro*?

—El mismo.

—Un muchacho estupendo y de fidelidad a toda prueba —admitió el otro divertido—. Pero me pregunto qué clase de ejército formaremos un viejo, un cojo, un inconsciente y dos más. ¿Tenéis alguna idea de cómo atacar esa maldita prisión con la más mínima esperanza de éxito?

—Ninguna —reconoció el gomero—. He conseguido visitarla en casi todas sus dependencias, e incluso he estado en la mazmorra que me interesa, pero si he de seros sincero, cuanto más lo pienso más difícil se me antoja.

—¿Queréis decir que no tenéis ni fuerzas suficientes, ni plan de acción? —inquirió Vasco Núñez de Balboa entusiasmado—. ¡Me encanta! Siempre he dicho que las aventuras improvisadas son las que suelen salir mejor.

—¿Comprendéis ahora por qué lo considero un inconsciente? —le hizo notar el piloto—. En Isla Verde apostó que mataba un tiburón sin más ayuda que un cuchillo.

—¡Diantres! ¿Y lo consiguió?

—¡Naturalmente! Se lanzó al mar y abrió en canal a un tiburón de más de tres metros.

—¡Pero eso es toda una hazaña!

—Sobre todo teniendo en cuenta que el muy bestia ni siquiera sabe nadar —apostilló el de Santoña—. Lo teníamos que mantener a flote con una cuerda amarrada a la cintura.

—¡Caray! —*Cienfuegos* se volvió admirado al jerezano—. ¿Cómo os atrevisteis a hacer una cosa así sin saber nadar?

—Porque llegué a la conclusión de que si el tiburón me devoraba, de poco me serviría saber nadar o no —fue la desconcertante respuesta.

Poco podía sorprender que semejante personaje

atravesara años más tarde las montañas del Istmo de Panamá cargando con unos pesados barcos en busca de un nuevo océano que sería el primero en avistar, por lo que el gomero llegó a la conclusión de que individuos como aquél era lo que estaba necesitando.

—Con media docena como él, no tendríamos el más mínimo problema a la hora de rescatar a *Doña Mariana*... —le comentó al cartógrafo mientras observaban cómo se alejaba con intención de recuperar su espada con el dinero que acababa de proporcionarle.

—¡Seguro! —admitió el otro—. Pero por suerte no existen media docena de Balboas.

—¿Por qué «por suerte»? —se sorprendió el canario—. Creí que os gustaba.

—¡Y me gusta! —fue la firme respuesta—. Le admiro y le aprecio, pero reconozco que es uno de esos individuos que lo mismo se hacen amigos que enemigos, y tanto sirven para apagar un incendio como para prenderle fuego a una ciudad. Jamás he conocido a nadie de reacciones más imprevisibles, y sabido es aquello de que «A marino viejo, vientos fijos»... —Rió como para sus adentros—. Y cuando a ese endiablado jerezano le da «la ventolera», o le abre las tripas a un tiburón o a un cocinero. —Bebió un último trago y se puso en pie pesadamente para concluir por aconsejar, seguro de lo que decía—: ¡Confiad en él, pero atadlo muy corto!

Como bandada de inmensas gaviotas, las blancas velas hicieron su aparición llegando por el Sudeste, y de inmediato corrió la voz de punta a punta de la isla; del palacio del Gobernador a la última choza; del púlpito al prostíbulo; del puerto a la montaña, y en cada garganta había tal vez un tono diferente: del miedo a la esperanza, y del entusiasmo a la más absoluta indiferencia al exclamar:

—¡Llega Ovando!

Era en verdad una conmoción como no se recordaba a este lado del océano, pues con Ovando llegaban más de dos mil nuevos habitantes para Santo Domingo, entre los que se incluían los más nobles caballeros y sus dignísimas esposas; soldados, curas, médicos, funcionarios, maestros, artesanos, campesinos, ganapanes, gañanes y prostitutas... toda la flora y fauna, en fin, de una ciudad que venía decidida a establecer sus reales para siempre en aquel lejano confín del Universo.

Tan sólo un pasajero de cuantos Ovando decidiera aceptar en su poderosa escuadra había faltado a la cita: un entusiasta muchachuelo llamado Hernán Cortés, que pocos días antes de la marcha, y ya con el equipaje a bordo, había cometido la estupidez de romperse una pierna al saltar un muro huyendo de un padre furibundo que pretendía molerle a palos por haberle arrebatado el honor a su hija.

Los demás estaban todos, y todos se acodaban en las bordas a contemplar el que sería de ahora en adelante su hogar, tierra distinta, húmeda y caliente, luminosa y deslumbrante con sus mil tonos de verde; de penetrante olor a selva y a guayaba; de salvajes desnudos y bestias asesinas; de misterios y leyendas que enardecían los sentidos.

Llegaba Don Nicolás de Ovando con sus huestes, y desde el instante mismo en que corrió el rumor, la población entera se concentró en las playas, a otear el horizonte, porque la suya era sin duda la más nutrida y poderosa escuadra que jamás se había visto, y pasarían muchos años antes de que treinta y dos inmensos navíos de alto bordo decidieran surcar de nuevo al unísono las aguas del mar de los Caribes.

—¡Llega Ovando!

Cienfuegos recibió la noticia de su hijo Haitiké, al que el cojo Bonifacio Cabrera había enviado al monte en su busca, y mientras descendían juntos hacia el puerto, el gomero se preguntaba de qué forma tan señalado acontecimiento podría influir sobre la comprometida y difícil situación de la mujer que amaba.

¿Hasta qué punto tendría Don Nicolás de Ovando poder sobre asuntos supuestamente reservados a la Iglesia, y hasta qué punto estaría dispuesto a interesarse por los destinos de una extranjera atrapada en las redes de la Santa Inquisición?

Eran dos preguntas claves a las que venía dándole vueltas desde que tuvo conocimiento de que el arrivo del nuevo Gobernador era inminente, y tras mucho analizarlas había llegado a la amarga conclusión de que por compasivo y justo que fuera su talante, habrían de transcurrir largos meses antes de que los infinitos problemas políticos a los que tendría que enfrentarse, le permitieran dedicar su atención a un asunto a la vez tan nimio y tan complejo.

Ovando no era en absoluto la solución, y lo sabía.

El cambio no contribuiría a simplificar las cosas, sino tal vez, por el contrario, ensombrecería de nuevo aquellas que comenzaba a tener claras, y cuando encontrándose a mitad de la colina distinguió recortándose contra el horizonte la impresionante hilera de navíos que se aproximaban, tuvo la desagradable sensación de que un hierro al rojo le atravesaba las entrañas.

Aquellos aún lejanos buques transportaban sin duda mucha gente, gente desconocida que transformaría de la noche a la mañana el ya familiar ritmo de vida de la pequeña villa de las orillas del Ozama; gentes que venían a sustituir a los antiguos funcionarios y guardianes; gentes a las que habría que comenzar a estudiar otra vez desde un principio buscándoles los fallos.

¡Dios Bendito!

Tanto tiempo como había necesitado para establecer una compleja relación con sus oficiales con el fin de hacerse una idea de cómo funcionaba internamente «La Fortaleza», cuáles eran sus turnos de guardia, sus jefes más estrictos y sus accesos más factibles, y ahora toda aquella labor amenazaba con venirse abajo, puesto que, al igual que hiciera Bobadilla en su momento, lo más probable sería que la nueva autoridad se apresurase a poner hombres de su absoluta confianza al frente de todas las guarniciones.

El Alcázar del Almirante, «La Fortaleza», el castillete de la desembocadura del río, y el polvorín constituían los cuatro puntos estratégicos para el control de la «ciudad», y por lo tanto no cabía hacerse ilusiones sobre el hecho de que el Alférez Pedraza, el sargento ronco, o cualquiera de los otros suboficiales que le debían dinero, consiguieran mantenerse mucho tiempo en sus cargos.

Y los que les remplazaran conservarían sin duda la adusta rigidez de unos militares mesetarios que aún no se habían dejado influenciar por un clima y un bochorno que invitaban a tomarse las cosas con excesiva calma dejando siempre los problemas para otro lugar y otro momento, sino que probablemente llegarían inflamados por ese fanatismo y ese entusiasmo que impulsa a cierto tipo de hombres a querer transformar el mundo en cuatro días.

Las naves ganaban en tamaño; el sol que se ocultaba extraía dorados reflejos de sus cañones y sus bornes, y ya incluso comenzaban a distinguirse los infinitos colores de las banderolas y gallardetes que engalanaban las crucetas y las jarcias.

Pero el veloz crepúsculo dominicano que apenas permitía transición entre el día y la noche, la luz y las tinieblas, aconsejó prudencia a la hora de aproximarse a oscuras a un puerto desconocido y sin capacidad para acoger en su interior a la totalidad de tan fantástica flota, por lo que los miles de curiosos que aguardaban impacientes el desembarco tuvieron que resignarse a regresar a sus hogares, al advertir cómo uno por uno los navíos iban arriando sus velas para lanzar al agua las anclas y fondear casi a tiro de piedra de la costa.

Aun así la noche fue una fiesta.

Las luces de más de treinta naves en las que sus pasajeros celebraban con risas y canciones el próximo final de tan larga y monótona travesía atrajo de nuevo a las playas a cuantos estaban deseando festejar a su vez el final de una dura e insoportable tiranía, por lo que muy pronto las más populares tonadillas vieron cómo se transformaban sus estrofas en otras que satirizaban abiertamente a Don Francisco de Bobadilla y sus secuaces.

De la sátira no se tardó mucho en pasar a las amenazas y a los clamores de venganza, y a solas en la sala de armas del Alcázar, a pocos metros de la estancia en la que se amontonaban las arcas con sus tesoros, el Gobernador saliente se vio obligado a escuchar cómo las voces que gritaban con odio su nombre aumentaban de tono por minutos, y cómo poco a poco los que antaño le rendían vergonzosa pleitesía le habían ido abandonando.

Hasta el último soldado y el más humilde siervo se escabulleron esa noche de Palacio, y como jamás tuvo parientes, ni amigos, ni aun amantes que pudieran consolarle, Don Francisco de Bobadilla, Caballero de la Orden de Calatrava, Comendador y ex hombre de confianza de sus Altezas, tuvo que sufrir en la más absoluta soledad el insoportable martirio que le infería un excitado populacho que casi de madrugada había osado acudir al pie mismo de sus ventanas, a echarle en cara con gritos y canciones la larga lista de sus inconcebibles ruindades.

«¡Se va el ladrón, se va el ladrón! Se marcha camino de la horca —aullaban desafinados—. Se va el ladrón, se va el ladrón. Se marcha a que lo entierren en monedas de oro. Se va el ladrón, se va el ladrón, y con sus perlas le harán una fría mortaja...»

Probablemente esa noche, Don Francisco de Bobadilla debió plantearse seriamente qué clase de diabólico maleficio había conseguido ejercer sobre su voluntad el oro de la isla, y cómo era posible que toda una vida de austeridad y bienhomía hubiera sido arrojada por la borda, pues había abandonado Sevilla sin más fortuna que tres mudas de ropa y su fama de honesto, y a los dos años escasos se veía obligado a regresar con la cabeza gacha, humillado por el peso de su vergüenza y de una fortuna valorada en cien mil castellanos en oro y doce sacos de perlas.

Se había convertido en poco tiempo en uno de los hombres más ricos de su tiempo, pero cabía preguntarse de qué podía servirle tal riqueza en una sociedad en la que quien no contaba con el favor de sus soberanos estaría considerado siempre poco menos que un paria.

La más estúpida avaricia le había transformado en un esclavo de sus propias riquezas, y el ansia de tener por tener, le condujeron a no tener nada teniéndolo ya todo.

Penetró en la estancia vecina, contempló la larga hilera de arcones que la llenaban por completo, y quizás en esos momentos le cruzó por la mente la absurda idea de si valdría la pena rescatar, con tan ingente tesoro, el ansiado bien de su propia estimación.

¿Qué le diría a la Reina?

¿Qué amarillento color ensombrecería sus mejillas, cuando se viera obligado a arrodillarse ante el trono y admitir en público que se había transformado en el más venal y desalmado de los súbditos?

¿Qué le respondería al severo Rey Fernando cuando con su adustez de siempre le pidiera cuentas por sus actos y le recriminara por el mal uso que había hecho de la confianza que en él depositara?

«¡Se va el ladrón, se va el ladrón! Se marcha camino de la horca...»

Los gritos llegaban incluso hasta la improvisada cueva de Alí Babá y aterrorizaba imaginar lo que podría ocurrir si tan enloquecida pandilla de energúmenos decidiera asaltar el desguarnecido Alcázar y apoderarse de todas sus riquezas.

Trató de imaginarse a sí mismo empleando el oro y las perlas en construirse en Valladolid el más hermoso palacio que jamás hubiera existido, pero no consiguió verse en tal empresa, por lo que le invadió el negro presentimiento de que tal vez Ovando trajera ya firmada la orden de colgarle.

El hecho de que algún día tendría que morir estuvo siempre presente en su existencia, pero también siempre aceptó que sería la suya una muerte digna, serena y respetada, con un fúnebre cortejo de monjes venerables que le acompañarían a su última morada cantando sus múltiples virtudes, y ahora empezaba a sospechar que se encontraba en vísperas de una muerte ignominiosa, ajusticiado en plena plaza, sufriendo las mofas de un sucio populacho, para que su cuerpo se exhibiese más tarde como ejemplo hasta que la cabeza se le separara por sí sola del tronco.

Terrible muerte desde luego, pero sería, ¡eso sí!, la muerte de uno de los hombres más ricos del planeta.

Fuera, entremezclado con las gentes que gritaban y arrojaban huevos podridos a las ventanas cantando desafinados el obsesivo estribillo del ladrón, el canario *Cienfuegos* reparó pronto en el hecho de que hasta sus más íntimos colaboradores habían dejado sólo al Gobernador, y llegó a la conclusión de que ni tan siquiera todo el oro de la isla bastaría para compensarle por las amargas horas que debía estar padeciendo.

Luego, faltando poco más de una hora para el amanecer, comprendió que había llegado el momento de ponerse en movimiento.

Con la primera claridad del alba, comenzó el desembarco.

Mediada la mañana, cuando la mayor parte de los habitantes de la ciudad aún se agolpaban en las playas observando cómo las inmensas naves iban penetrando en el río para arbolearse unas a otras componiendo un espectáculo en verdad fascinante, seis hombres fuertemente armados al frente de los cuales marchaba un altivo capitán de vistoso uniforme golpearon con firmeza la puerta de la temida «Fortaleza» para reclamar la inmediata presencia del oficial de guardia.

—¿Y bien...? —inquirió el pobre hombre visiblemente acoquinado.

—¡Por orden del Gobernador Don Nicolás de Ovando, os conmino a que entreguéis la plaza! —fue la brusca respuesta.

—¿Dónde está esa orden?

—Aquí.

Los términos del documento no admitían la más mínima duda, insistiendo en que «La Fortaleza» con todos sus efectivos humanos y hasta el último de sus prisioneros pasaran al instante a manos de las fuerzas recién desembarcadas, y amenazando con todo el peso de la justicia real a quien osara oponer cualquier tipo de obstáculo a tan perentorio requerimiento. Venía lacrado con un sello irreconocible, y rubricado por una firma en que podía leerse con bastante nitidez: «Ovando».

El recuerdo del asalto al poder en los aún no muy lejanos días en que los Colón trataron de enfrentarse al propio Bobadilla, y de cómo éste tomó luego cumplida venganza sobre cuantos dificultaron que tomara posesión de su cargo, permanecía aún demasiado fresco en la memoria de un hombre que había ocupado en su día un puesto destacado entre las huestes vencedoras, por lo que tras meditarlo tan sólo unos segundos, se cuadró marcialmente para replicar con la mayor firmeza de que se sintió capaz en tan difíciles momentos:

—Cumpliendo órdenes superiores os entrego la plaza y me considero relevado del servicio.

—Cumpliendo órdenes superiores, tomo el mando —le replicaron en idéntico tono.

—¿Qué debo hacer ahora?

—No tengo instrucciones al respecto —fue la honrada respuesta—. Pero yo en vuestro lugar, y si queréis seguir el consejo de un compañero de armas, procuraría internarme en el monte y permanecer en cualquier punto ignorado hasta que las aguas vuelvan a su cauce.

—¿Puedo marcharme ya?

—Tarde se me antoja.

Tras el oficial, y siguiendo un ejemplo que estaba ansiando seguir, se fueron los soldados, y cuando al fin se supo dueño de la situación y de la plaza, el rubio jerezano de descuidada barba lanzó un sonoro alarido de triunfo, arrojó al aire su chambergo y exclamó alborozado:

—¡Abrid todas las celdas! ¡Que hasta el último ladrón pueda correr hasta perder el culo!

Se volvió luego al canario *Cienfuegos* que por ser excesivamente conocido por la guardia se había mantenido a prudente distancia, pero que acababa de hacer su aparición en el portón de entrada en ese mismo momento.

—¡Misión cumplida! —exclamó sonriendo.

Se abrazaron, y al abrazo se unieron de inmediato el cojo Bonifacio, «Maese» Juan de la Cosa, e incluso *El Turco* Baltasar Garrote que no podía dar crédito a sus ojos al comprobar hasta qué punto el sencillo y audaz plan del astuto gomero estaba dando tan satisfactorios resultados.

Había bastado un simple documento hábilmente falsificado por la experta mano del mejor cartógrafo del mundo y media docena de hambrientos buscavidas capaces de hacerse pasar por aguerridos soldados del Gobernador Ovando a cambio de un puñado de monedas, para abrir todas las puertas de la más inaccesible fortaleza de la isla, sin derramar en la aventura ni una gota de sangre.

—¿Cómo podré agradeceros cuanto habéis hecho por mí? —quiso saber *El Turco*.

—No tenéis nada que agradecerme —fue la hipócrita respuesta—. Pero lo que sí deberíais hacer es correr al Convento, a notificar a Fray Bernardino de Sigüenza de que por órdenes superiores *Doña Mariana* ha sido puesta en libertad, y haría bien en olvidar hasta el santo de su nombre.

—¿Ahora?

—¡De inmediato! ¡Imaginaos lo que ocurriría si sospechara la verdad e insistiera en que la encerraran nuevamente!

—¿Pero y ella?

—Me ocuparé de buscarle un buen refugio hasta que encontremos la forma de sacarla de la isla —replicó el canario empujándole con una suavidad no exenta de firmeza—. ¡Apresuraos! Nos mantendremos en contacto.

Algunos prisioneros comenzaban ya a hacer su aparición en el patio, guiñando los ojos al violento sol del trópico, incapaces de aceptar aún que eran libres de poner tierra por medio, y la mayor parte de ellos no se hicieron repetir ni una sola vez la invitación de perderse de vista cuanto antes, por lo que en cuanto *El Turco* desapareció a su vez camino del Convento, *Cienfuegos* se apresuró a correr a la celda de su amada.

Apenas tuvieron tiempo de abrazarse, pues se limitó a tomarla en volandas para descender a toda prisa las empinadas escaleras e introducirla en el cerrado carromato que Bonifacio Cabrera acababa de situar a las puertas mismas de la cárcel.

Dos horas más tarde, cuando la patrulla enviada por el Gobernador Ovando se presentó ante «La Fortaleza» con órdenes expresas de ocuparla, tuvo que limitarse a tomar posesión de un amazacotado edificio de piedra habitado únicamente por las ratas.

Cienfuegos tenía muy claro que salir de «La Fortaleza» no significaba en absoluto estar a salvo de volver a ella a corto plazo, puesto que cualquiera que fuese el temperamento del nuevo Gobernador no resultaba lógico imaginar que aceptara sin más semejante burla a su suprema autoridad, ya que si bien la mayoría de los evadidos permanecían encerrados por enemistad personal con el caído Francisco de Bobadilla, otros «pertenecían» a la Corona e incluso en el particular caso de *Doña Mariana Montenegro*, a la poderosa y temida Inquisición.

Lo primero que hizo por tanto el gomero en cuanto recogió a Araya y Haitiké, fue poner rumbo al Oeste por los más intrincados senderos que permitían el paso al carruaje, hasta alcanzar un diminuto riachuelo en cuyas márgenes aguardaban una docena de guerreros de la princesa Anacaona, a la que el cojo Bonifacio había enviado un veloz mensajero solicitando ayuda.

Más de cuarenta leguas —casi doscientos kilómetros— de agreste territorio montañoso y selvático, separaban la ciudad de Santo Domingo del poderoso cacicazgo de Xaraguá, cuya situación y capitalidad correspondían con bastante aproximación a lo que hoy en día constituye la República de Haití, en la costa occidental de la isla.

Al canario le constaba que únicamente allí, y bajo la protección de su «reina», la Princesa *Flor de Oro*, Ingrid se encontraría a salvo, dado que aún faltaban por lo menos diez días para que el *Milagro* fondease frente a la desembocadura del Ozama en noche de luna llena.

Sabía que tenían que abandonar La Española cuanto antes, pero no parecía que existiese otra forma de hacerlo que aquel barco, y le preocupaba sobremanera el estado físico de una mujer que había pasado tres espantosos meses de avanzado estado de gestación en una húmeda mazmorra.

Doña Mariana era en aquellos momentos una especie de sombra de la fuerte y animosa mujer que siempre fuera, y podría creerse que el simple hecho de ver la luz del sol temiendo que en cualquier momento podían obligarla a volver a una celda, ejercía tal efecto sobre su ánimo, que toda la entereza que había sido capaz de demostrar ante Fray Bernardino de Sigüenza, se derrumbaba como un castillo de arena al que pequeñas olas estuviesen minando los cimientos.

—No permitas que vuelva a «La Fortaleza» —le había suplicado al cabrero apretando sus manos con fuerza—. No dejes que nuestro hijo nazca entre las ratas. Haz cualquier cosa —sollozó— «cualquier cosa», antes de consentir que me entierren en vida. ¡Tengo tanto miedo que prefiero la muerte!

Se lo prometió, convencido de que cumpliría tal promesa, y apresurándose a improvisar unas angarillas con parte del carromato y algunas ramas, reanudaron de inmediato la marcha por olvidadas sendas que tan sólo los nativos parecían conocer, evitando aquellos espacios abiertos en los que pudieran ser vistos.

Hicieron noche en una amplia gruta al pie de las montañas, y muy pronto tanto *Cienfuegos* como Bonifacio Cabrera se alarmaron ante el hecho de que Ingrid parecía ir debilitándose a ojos vista, lo que les obligó a temer que se encontrara en trance de abortar.

Ardía de fiebre, deliraba, y debían ser los suyos sueños de auténtica pesadilla en los que tal vez se veía ya rodeada por voraces llamas que consumían su cuerpo y el de su hijo, y tan sólo la pequeña y amorosa mano que Araya le colocaba de tanto en tanto en la frente parecía tener la virtud de calmarla unos instantes.

Haitiké aparecía nerviosa y excitada, pero la chiquilla afrontaba el difícil trance con la naturalidad de quien considera que la vida está hecha de situaciones semejantes, y la larga y agotadora caminata había sido para ella poco más que un paseo en el que su única preocupación parecía centrarse en el estado de salud de una mujer que ejercía en cierto modo las funciones de la madre que nunca había conocido.

Aun así, resultaba evidente que con quien más a gusto se encontraba seguía siendo *Cienfuegos* con el que le bastaba un simple intercambio de miradas para entenderse, y por su parte éste se sentía cada vez más orgulloso de ella, y de la prodigiosa sensibilidad y madurez de que daba muestras en los más delicados momentos.

La observaba, tan frágil y a la vez tan altiva como una auténtica reina a la espera de su corona, sentada junto a la cabecera de la enferma, atenta a sus más mínimos gestos, secarle el sudor o acariciarle la mano cuando advertía que le había asaltado un dolor súbito, y se preguntó una vez más quién sería en realidad, y por qué extraña razón Dios había consentido que un pueblo que daba criaturas semejantes, hubiera sido aniquilado.

Debía rondar los trece años, y su cuerpo empezaba a desarrollarse espléndidamente, pues sin ser alta, ofrecía no obstante tal equilibrio armónico entre su estatura y sus formas, que la hacían parecer mucho más espigada y atractiva de lo que a decir verdad pudiera serlo.

Su piel, muy clara, sus cabellos, negrísimos, y sus ojos de color miel, rasgados y expresivos, le conferían un aire al tiempo inquietante y exótico, y podía advertirse claramente que incluso los más valientes guerreros y los más nobles caballeros se cohibían en su presencia.

Fue aquélla una noche muy larga, en la que el gomero temió a cada instante perder definitivamente a la mujer que amaba; noche de insomnio y profunda amargura que le sirvió para plantearse por enésima vez las razones por las que el destino parecía empeñado en perseguirle con tan inusitada saña.

No pudo evitar preguntarse, angustiado, qué objetivo tendría su vida si Ingrid desaparecía de este mundo, y casi al amanecer se hizo la firme promesa de que si conseguía salvarla, acabaría de una vez por todas con aquel maldito Capitán León de Luna cuya maléfica sombra amenazaba con continuar amargándoles la existencia hasta el fin de los siglos.

Había sido él, sin lugar a dudas, quien incitara a Baltasar Garrote a promover el proceso por brujería, y estaba convencido de que por más que hubiese jurado olvidarse de su esposa, el odio que le corroía las entrañas le impedía respetar tal juramento.

Si nueve años no le habían bastado para olvidar, ya nunca olvidaría, y parecía estar muy claro que ni siquiera el Nuevo Mundo era, pese a su inmensidad, lo suficientemente grande como para acogerlos a todos.

El canario jamás se había planteado fríamente la posibilidad de matar a un ser humano, y cuantas veces se vio en la necesidad de hacerlo fue empujado por las más adversas circunstancias, pero durante aquella interminable noche de desesperanza llegó a la conclusión de que acabar con el Vizconde de Teguise no era ya en el fondo más que un lógico acto de legítima defensa.

Por otra parte ansiaba poder casarse con Ingrid

para que su hijo —si es que llegaba a nacer— no tuviera que avergonzarse el día de mañana de su origen, y le constaba que la muerte del Capitán era en aquellas circunstancias la única forma que existía de deshacer el vínculo que unía al noble aragonés con la alemana.

Cuando la primera claridad del día se presentó a la entrada de la cueva, la principal decisión que había tomado era la de permanecer en aquel lugar todo el tiempo que la enferma necesitase para recobrar parte de sus fuerzas, por lo que tras enviar al más joven de los guerreros a informar a la princesa Anacaona de dónde se encontraban y cuál era su comprometida situación, distribuyó a los restantes indígenas formando un amplio círculo, con órdenes expresas de avisarle a la menor señal de peligro.

Permanecieron tres días a la espera, y en ese tiempo Ingrid pareció regresar de un largo viaje a los infiernos, atendida por *Cienfuegos*, Araya, Haitiké y el omnipresente Bonifacio Cabrera con tanta dedicación y cariño, que no hubo un solo minuto del día o de la noche en que no se encontrase vigilada.

Los guerreros cazaban monos, iguanas y pequeños perros salvajes que proporcionaban una deliciosa sopa, y pescaban con rara habilidad hermosos peces en un fragoso riachuelo que descendía de las altas montañas, y como no se distinguía presencia humana alguna por los alrededores, la estancia fue tranquila, sin más sobresaltos que los que pudieran proporcionar los bruscos accesos de fiebre de la enferma.

Anacaona llegó un atardecer a hombros de una docena de porteadores, escoltada por más de treinta guerreros, y precedida de un meditabundo curandero, y de inmediato *Cienfuegos* comprendió que la princesa experimentaba un sincero aprecio por *Doña Mariana Montenegro*, a la que se mostró dispuesta a cuidar y proteger aun a costa de su vida.

—Regresa en cuanto puedas a la ciudad —le señaló al gomero—. Y pídele al capitán del barco que vaya a buscarla a Xaraguá dentro de tres meses. En estos momentos un viaje por mar no puede causarle más que daño.

—¿Se repondrá?

La altiva indígena, en la que el tiempo y la agitada vida habían dejado una huella indeleble en el rostro, pese a lo cual continuaba siendo una hermosa mujer en los límites ya de su atractivo físico, se limitó a volverse hacia el curandero que se había inclinado a examinar con detenimiento a la paciente, y que afirmó con un levísimo gesto de la cabeza a su muda pregunta.

—Yauco así lo cree, y confío mucho más en él que en esos médicos vuestros que sólo saben recetar sangrías y cataplasmas. Está en buenas manos y tu hijo nacerá sano y fuerte. Puedes irte tranquilo.

—¿Y las gentes del Gobernador?

—Mi reino es muy grande y sus bosques muy espesos. Ni todo el ejército de tus poderosos reyes conseguirían encontrarla. Ten por seguro que cuando ese barco fondee frente a Xaraguá, *Doña Mariana* y tu hijo subirán a bordo.

Se hacía muy difícil dudar de la palabra de una reina, por más que fuera una reina semidesnuda y emplumada, pese a lo cual el canario aún demoró cuatro días su vuelta, a la espera de asistir a una visible mejoría por parte de la enferma.

Lo peor de la crisis había pasado, y los cuidados de aquellos que la amaban y la seguridad de saber que se encontraba momentáneamente a salvo fueron de mayor utilidad que todos los brebajes que Yauco pudiera prepararle, hasta el punto que antes de partir, *Cienfuegos* pudo mantener con ella una tranquilizadora conversación sin sobresaltos.

—¿Por qué tienes que marcharte? —empezó lamentándose ella—. ¿Es que nunca nos van a permitir estar más de tres meses juntos?

El gomero no tenía la más mínima intención de confesarle que había tomado la decisión de acabar de una vez por todas con el problema que seguía significando el Capitán De Luna, por lo que prefirió desviar su atención hacia temas que de igual modo le inquietaban.

—Sabes que nunca estaremos seguros en La Española, y ha llegado el momento de plantearnos cuál va a ser nuestro futuro —puntualizó—. Por ello, lo primero que tengo que hacer es avisar al barco que, con la luna llena, estará esperando noticias.

—Eso puede hacerlo Bonifacio.

—Desde luego —admitió—. Pero lo que no puede hacer es convencer a Don Luis de Torres, al Capitán Salado y el resto de la tripulación, de que nos acompañen a fundar una colonia lejos del alcance de la Inquisición y de los Reyes.

—¿Crees que es lo mejor para nosotros? —quiso saber ella con la naturalidad de quien acepta sin discusión las decisiones del cabeza de familia.

—Lo creo si tú también lo crees —fue la sencilla respuesta—. ¿Qué otra opción nos queda? ¿Volver a Europa?

—No —admitió ella—. Europa nunca. Ni Haitiké, ni Araya, ni incluso el propio Bonifacio se adaptarían a vivir allí. —Volvió a negar con la cabeza—. Y tampoco es aquél el mundo que quiero para mi hijo. Sé que nuestro futuro está aquí, pero lo que me preocupa es «dónde».

—Eso dependerá de cuantos nos sigan, y de los medios con que contemos. —El cabrero hizo un amplio gesto con la mano, como si quisiera abarcar cuanto le rodeaba—: Este mar está plagado de islas maravillosas en las que un puñado de hombres y mujeres con ganas de luchar podrían vivir felices para siempre. Es cuestión de encontrarla.

—Quizá tengamos esos hombres —admitió ella—. Pero no las mujeres.

—Habrá que buscarlas.

—¿Cómo? ¿Comprándolas o raptándolas? —Se encogió de hombros fatalista—. Las dos fórmulas se me antojan igualmente condenables.

—Tal vez Anacaona nos proporcione algunas —aventuró *Cienfuegos* sin excesivo convencimiento.

—No seré yo quien se lo pida —replicó Ingrid molesta—. Hace unos años, cuando llegamos aquí, cientos de muchachas se hubiesen sentido orgullosas de lanzarse a una aventura semejante en compañía de «valiantes caballeros españoles». —Lanzó un hondo suspiro—. Pero las cosas han cambiado y las pocas que han logrado sobrevivir, no son esclavas o no están ejerciendo la prostitución en Santo Domingo, saben ya que no son en absoluto «valientes caballeros» sino unos seres especialmente malvados y egoístas que las consideran poco menos que monos.

—Quizá podamos convencerlas de que existe un cierto tipo de españoles capaces de amarlas y respetarlas tanto o más que a cualquier mujer europea.

—Demasiado tarde. Demasiado tarde en esta isla. Y después de la masacre que hemos causado con nuestras enfermedades y nuestras guerras, Anacaona necesita a todas las mujeres en capacidad de tener hijos para intentar que su pueblo vuelva a ser poderoso. —Se advertía que Doña Mariana se sentía cada vez más fatigada, y le costaba un supremo esfuerzo hilvanar las palabras—. Nó —repitió casi con un susurro—. No le pidas mujeres a Anacaona. Piensa en otra solución.

Cienfuegos buscó en efecto alguna otra solución, pero debía admitir que, tal como Ingrid había apuntado, no existían más caminos que el de comprar putas de saldo o entrar a sangre y fuego en algún poblado indígena de cualquier isla vecina y llevárselas por la fuerza, lo que le obligó a sonreír al imaginar la cara que pondrían los tripulantes del *Milagro*, si el pueblo elegido era caribe y arramblaban con una serie de caníbales de deformadas pantorrillas, puntiagudos dientes afilados como navajas de afeitar, e instintos asesinos.

—Cuando nos hayamos establecido tendrás que viajar a Europa y traer mujeres —le señaló esa misma noche a su buen amigo Bonifacio Cabrera—. Seguro que allí habrá docenas dispuestas a iniciar una nueva vida en un pequeño paraíso.

—¿Poniéndome como ejemplo? —rió el otro—. Si imaginan que todos son iguales no vendrán ni a rastras. ¿A quién le puede interesar un paraíso que tiene que compartir con un cojo canijo y casi enano?

—Hay muy buenos mozos entre la tripulación. Y lo que les ofreceremos será un mundo nuevo, lleno de alegría, lejos de los trabajos y las miserias que tienen que sufrir allí. ¿Cuántas chicas de La Gomera preferirían esto a continuar sirviendo hasta caerse de viejas a unos amos que siempre las consideran poco más que bestias de carga a las que llevarse de tanto en tanto a la cama?

—Mi hermana, por ejemplo —admitió el renco—. Pero quién sabe si a estas alturas estará ya casada y con cinco mocosos. —Le observó con fijeza—. Hablando en serio, considero que ese sueño tuyo tiene visos de absurda quimera. Fundar un pueblo donde todos sean como hermanos, trabajen juntos, y no exista el dinero sino tan sólo una propiedad común que se comparte, no se me antoja nada fácil.

—Los indígenas lo hacen. Lo vi en el continente. —El gomero hizo una corta pausa y añadió convencido—: Y aquí cuando llegamos.

—¡Cuando llegamos...! —repitió el otro—. Pero siempre será así: cuando lleguemos las cosas cambiarán porque está en nuestro espíritu cambiarlas. En cuanto se habla de oro, perlas, esmeraldas o el simple hecho de gobernar, todo se complica, porque la mayoría de los nuestros preferirá siempre un saco de oro, aunque no le sirva para nada, que un saco de trigo con el que hacer pan un mes entero.

—¿Por qué?

—Eso es algo que ni tú ni yo estamos en condiciones de averiguar —fue la franca respuesta—. No somos lo suficientemente cultos o inteligentes como para llegar al fondo de un problema tan complejo, pero sí lo somos como para aceptar que existe, y que no parece tener solución.

—Me niego a aceptar que si le ofreces a alguien la posibilidad de vivir feliz y en libertad, termine rechazándolo por el simple hecho de que no maneje el dinero —replicó pensativo *Cienfuegos*.

—Yo no soy más que un pobre gomero semianalfabeto —admitió el otro—. Pero siempre he creído que el poder y el dinero es lo que hace que cierto tipo de hombres se consideren superiores a los demás, y si les privas de ambas cosas les condenas a un ostracismo que aborrecen. ¿Qué contaría el avaro? ¿De qué presumiría el presuntuoso? ¿A quién humillarían los poderosos? Lo que propones es algo tan antinatural como intentar obligarles a sobrevivir bajo los mares.

—Jamás te imaginé tan pesimista.

—Quizá se deba a que no has vivido tan de cerca como yo todos estos años de «conquista» —fue la sencilla respuesta—. A mi edad he asistido ya a la fundación de dos ciudades, la casi aniquilación de una raza, y tal cantidad de intrigas, crímenes y barbaridades que el simple hecho de enumerarlas me llevaría la noche. Cuando adviertes cómo virreyes, obispos y gobernadores son capaces de matar por una pequeña parcela de poder, y mujeres con fama de decentes se prostituyen por una pepita de oro, no tienes más remedio que acabar pesimista. —Hizo un leve gesto hacia donde dormía

Ingrid—. Ella es la única en la que se puede confiar a ojos cerrados.

—Voy a matar al Capitán De Luna —señaló súbitamente y sin venir a cuento el gomero, pero pese a lo inesperado de tal aseveración, el cojo ni siquiera pareció inmutarse por la noticia.

—Tendríamos que haberlo hecho hace ya tiempo —se limitó a musitar.

—Es cosa mía.

—Me gustaría ayudarte.

—Cuando en una muerte intervienen dos, se convierte en asesinato —le hizo notar el cabrero—. Le mataré cara a cara y sin ayuda.

—Es bueno con las armas —le advirtió—. Mucho mejor que *El Turco*, y de lo que tú puedas llegar a serlo nunca.

—Lo sé.

—¿Entonces?

—Tengo que pensar en cómo hacerlo.

El otro no pudo por menos que sonreír socarronamente:

—Me asustas cuando piensas —dijo—. Y no me gustaría estar en el pellejo del Capitán. ¿Cuándo nos vamos?

Al alba. Antes de que Ingrid y los niños se despierten.

—¿Por qué?

—Odio las despedidas.

Santo Domingo había cambiado.

Lo advirtieron al primer golpe de vista y sin necesidad de intercambiar una palabra con nadie, pues no era tan sólo que hubiera aumentado el número de sus habitantes, sino que se diría que los recién llegados se esforzaban por hacer olvidar a marchas forzadas que hasta una semana antes aquel hediondo lugarejo no era más que una especie de campamento minero con ínfulas de pueblo.

Se levantaban casas de madera y piedra donde antes tan sólo se distinguían bohíos de paja, se delimitaban calles, se colgaban farolas en las esquinas, e incluso se abrían auténticos comercios en los que se podía obtener de un simple clavo a una bordada capa de seda.

Treinta y dos inmensos navíos habían vaciado sobre la isla sus bodegas, y casi medio centenar de mercaderes buscaban locales; docenas de familias, un hogar; una veintena de sacerdotes, nuevos fieles; casi un millar de aventureros, imperios que conquistar, y un enjambre de prostitutas, camas en las que acoger a sus generosos clientes.

La fiebre del oro parecía haber dejado paso a una momentánea fiebre de la construcción, y los más viejos del lugar, aquellos que llegaron en el segundo viaje de

Colón, se negaban a dar crédito a lo que estaban viendo.

Aunque a decir verdad apenas quedaban ya media docena de tales pioneros, pues aquellos a los que no habían matado las fiebres, los «salvajes» o las serpientes, cayeron en luchas fratricidas, fueron ahorcados por el Virrey o por su sucesor Francisco de Bobadilla, o simplemente optaron por regresar a casa asqueados de cuanto allí ocurría.

«Maese» Juan de la Cosa era uno de los pocos que podía presumir de haber asistido a la fundación de la ya desaparecida Isabela de tan amarga memoria, y cuando *Cienfuegos* y Bonifacio Cabrera lo descubrieron sentado a la puerta de «La Taberna de los Cuatro Vientos» observando cómo una cuadrilla de albañiles se afanaban, hizo un gesto señalando a los obreros al tiempo que comentaba sonriente:

—¿Qué os aparece? Hasta gallegos y catalanes hay, y si han venido, quiere decir que esto es negocio. De aquí ya no los mueve nadie.

—¿Qué otra cosa esperabais?

—No lo sé. Tenía la sensación de que ésta era una aventura que nos estaba reservada a un puñado de locos, pero al ver cómo trabajan me doy cuenta de que ya no se trata de una aventura: ahora es un hecho. Construyen esa casa como si tuviera que durar mil años.

—¿Y eso os disgusta?

—Es como si me robaran un sueño.

—De eso ya tenéis triste experiencia. ¿Qué ha sido de Bastidas y vuestro oro?

—Tal como predije, Rodrigo convenció a Bobadilla para que nos devolviera los cofres, aunque serán los Reyes los que decidan cómo ha de repartirse.

—¿Volvéis a España entonces?

—Cuando regrese la flota, aunque me molesta hacerlo en compañía del ex gobernador y toda su pandilla de ladrones.

—Los imaginaba ya en la cárcel —señaló el gomero—. En realidad fue una de las razones que tuve para dejar las celdas libres.

—Diez fortalezas harían falta para encerrar a tanto sinvergüenza —se lamentó el cántabro—. Y en vista de ello Ovando ha optado por enviarlos a Sevilla, y que sean los Reyes los que juzguen.

—No se me antoja mala la idea —admitió el renco Cabrera que había comenzado a comer con apetito las sabrosas lentejas que Justo Camejo se había apresurado a traer nada más verles—. Aquí son ya demasiados los odios concentrados en tan pequeño espacio, y con la llegada de tanta cara nueva lo que hace falta es que las cosas empiecen otra vez desde un principio.

—Cuentan que Doña Isabel ha perdonado a Colón y le ha permitido organizar un nuevo viaje en busca de un paso por el Noroeste hacia el Cipango con la condición de que no ponga los pies en Santo Domingo.

—¡No es posible! —se asombró *Cienfuegos*—. ¿Le impiden que haga escala en la ciudad que fundó y de la que ha sido Virrey?

—No la fundó él, sino su hermano —le recordó el piloto—. Pero para el caso es lo mismo. Santo Domingo es la única base que existe a este lado del océano y se lo debe todo al Almirante, pero a fuer de sincero he de admitir que mantenerle lejos es una inteligente medida de prudencia. Ese viejo león es demasiado conflictivo y ocasiona problemas por dondequiera que va.

—Será un duro golpe a su orgullo —sentenció el gomero—. Por Dios que en mi vida conocí un hombre con tan desproporcionada soberbia.

—¡Impedirle visitar su propia isla! —repitió el cojo como si no acabara de creerlo—. ¡«Su reino»! ¡Diantres! ¿Sabías que hubo un momento en que se comentó que estaba pensando en coronarse Rey de Haití?

—¡Paparruchadas! —protestó «Maese» Juan de la

Cosa—. Y tan falso como cuando se le acusó de querer entregar la isla a los genoveses. Le conozco bien; hicimos juntos los dos primeros viajes, y aunque admito que es un marino excelente, un capitán odioso y un avaro sin medida, estoy convencido de que nunca sería un traidor.

—¿Cómo reaccionó Ovando al encontrar vacía «La Fortaleza»? —quiso saber al poco el gomero.

—Por lo que tengo entendido no dijo una sola palabra. Lógico, puesto que montar en cólera hubiera significado tanto como admitir en público que le habían burlado a las dos horas de poner el pie en la isla, pero me temo que no es de los que dejan una ofensa sin castigo, y me alegrará estar lejos de aquí si llega a descubrir que fui yo quien falsificó aquella orden.

—Tan sólo nosotros tres lo sabemos, y podéis jugaros la vida a que no saldrá una palabra de nuestros labios.

—Ya me la juego —admitió el bravo piloto sonriente—. Y os recomiendo prudencia, y, sobre todo, que *Doña Mariana* abandone La Española cuanto antes.

—¿Conocéis alguna isla en la que podamos establecer una colonia? —quiso saber Bonifacio Cabrera.

El hombre que junto a Cristóbal Colón más había navegado por el desconocido «Mar de los Caribes», meditó largo rato, y por último, señaló seguro de sí mismo:

—En el «Jardín de la Reina» al sur de Cuba, existen docenas de islas preciosas. También Margarita sería un refugio perfecto, aunque pronto los buscadores de perlas la convertirán en un inmenso burdel.

—¿Y *Borinquen*?

—Demasiado cerca de las islas de los caníbales, para mi gusto. Llegan fácilmente con sus grandes piraguas.

—No me gustan los caníbales —intervino *Cienfue-*

gos—. Tan sólo de pensar que pueden rondar por los alrededores me ponen los pelos de punta. Buscaremos al sur de Cuba. ¿Os apetecería acompañarnos?

El hombre que había dibujado el primer mapa del nuevo continente negó con un leve gesto de la cabeza:

—Con veinte años menos lo habría hecho —señaló—. Buscaría una mujer joven, fuerte y animosa y emprendería una nueva vida que significase un equilibrio justo entre lo que aprendí en Santoña de niño, y lo que he aprendido en estas tierras de viejo. Pero ya es demasiado tarde, y en el fondo creo que me divierte convertirme en testigo de tantos prodigios como están ocurriendo.

—¿En verdad creéis que son prodigios? —quiso saber el renco—. ¿Tan importante os parece haber cruzado el océano y encontrar lugares como éste?

—Supongo que sí —fue la sencilla respuesta, no exenta de una cierta vacilación—. Pronto hará diez años que zarpamos del puerto de Palos rumbo a lo desconocido, y cuanto tengo visto supera en mucho mis mayores espectativas de aquel tiempo. —Se arrancó un vello de la nariz, como si ese simple gesto le ayudara a pensar, y tras lanzar un levísimo quejido, añadió en idéntico tono—: Acabo de terminar un mapa en el que por primera vez reflejo lo que a mi modo de ver es un continente que nos cierra el paso hacia el Oeste, y justo es aceptar que el descubrimiento de todo un continente es algo que tan sólo se presenta una vez en la Historia. Sí —concluyó—. A los diez años, empiezo a estar convencido de que estamos siendo actores y testigos de prodigiosos acontecimientos.

—¿Qué papel tiene Colón en ellos?

—El mejor y el peor —señaló el otro sin dudar—. Pero no debe resultar extraño, puesto que es, al propio tiempo, el hombre más grande y más mezquino que haya existido nunca. —Lanzó un suspiro—. O tal vez se deba, simplemente, a que en los grandes hombres la mezquindad llega a parecernos que cobra colosales proporciones. Su avaricia en cualquier otro individuo tan sólo sería avaricia. En él se convierte en un defecto abominable.

—¿Luego estáis convencido de que pasará a ser un personaje importante de la Historia. —Ante la muda aceptación, el cabrero añadió—: Según eso, Vos mismo figuraréis a su lado como el primer cartógrafo del Nuevo Mundo.

—¿Quién se acordará el día de mañana de que fui yo quien dibujó una carta que probablemente se encuentra plagada de errores? —se lamentó De la Cosa—. Viajar a las órdenes de un capitán tan atrabiliario como Colón confundiría al mejor cartógrafo, puesto que sus derroteros responden más a súbitos cambios de opinión en su búsqueda de un camino al Cipango, que a los metódicos planteamientos que exige mi oficio.

—¿Y cómo creéis que es de grande ese Continente? —quiso saber Bonifacio Cabrera.

—Lo ignoro —admitió el otro con absoluta honradez—. Probablemente cuantos aquí estamos ahora moriremos sin saberlo, y quizás incluso nuestros hijos lo hagan en la ignorancia. Estos años no nos han proporcionado más que una ligerísima idea de las costas, pero salvo *Cienfuegos*, nadie ha penetrado más de treinta leguas tierra adentro. —Se volvió al gomero—. ¿En verdad son tan altas las montañas que encontrasteis?

—Mayores que el Teide. Y se perdían de vista en la distancia en interminables hileras de cumbres eternamente nevadas.

—¿Os imagináis lo que significa cumbres eternamente nevadas en estas latitudes? ¿Y os imagináis los ríos que provocarán tales masas de hielo? —Agitó la cabeza como si le costara un gran esfuerzo admitirlo—. ¿A dónde irán a parar? ¿Qué longitud tendrán, y qué clase de tierras regarán? Marea tan sólo de pensarlo.

—Un indígena de Maracaibo que me merece el mayor crédito, aseguraba que en una ocasión tardó casi un año en ir y venir al «Gran Río del que nacen los Mares», jurando que en ciertas partes no se conseguía distinguir la otra orilla —señaló *Cienfuegos*—. ¿Existe algún río semejante en Europa?

—¿En Europa? —se escandalizó el santanderino—. ¡Ni en sueños! Pero poco antes de salir hacia aquí, Vicente Yáñez Pinzón me aseguró que al venir a las Indias, una tormenta le desvió hacia el Sur, y de pronto se encontró inmerso en un mar de agua dulce que resultó ser la desembocadura de un gigantesco río pese a que no veían tierra.

—¿Un río capaz de endulzar el mar hasta perderse de vista? —repitió el cojo incrédulo—. ¡Eso es absurdo! Un caudal de agua semejante no debe existir en ningún lugar.

—Es lo que yo le dije, pero insistió en que lo había visto, y en mi opinión decía la verdad.

—Según eso puede que nos encontremos a las puertas de un continente mayor que Europa.

—Tal vez —admitió el piloto—. Pero un científico que es lo que pretendo ser, no debe arriesgarse a opinar sin datos suficientes, y las descripciones de que dispongo hasta el presente, no me bastan. —Negó convencido—. Ni aun creyendo a *Cienfuegos* y a Pinzón.

—¿Y cómo se llamaría? —quiso saber el renco—. Si existiese un cuarto continente, lógicamente debería tener un nombre. Europa, Asia, África... ¿Cómo se llamaría este último?

—¡Curiosa pregunta! —admitió el cartógrafo—. Y no creáis que no me la planteé mientras dibujaba el «Mapamundi». En algunos momentos me asaltó la tentación de bautizarlo, ya que al fin y al cabo era el primero en delimitar sus contornos, pero por un lado me resistía a llamarla «Tierra de Colón», ya que no es suya sino de España entera, y por otro llegué a la conclusión de que no era mi oficio el de bautizar, y deben ser los Reyes los que decidan al respecto.

—¿Por qué no Nueva España?

—Porque se corre el riesgo de que, con el tiempo, y si es tan grande como sospecho, acabará el nombre de la hija ensombreciendo el de la madre, lo cual no es justo.

—Cualquier otro menos escrupuloso le hubiera puesto su nombre —le hizo notar *Cienfuegos*.

—¿Mi nombre? —rió divertido el de Santoña—. ¿Qué nombre? ¿«Tierra de De la Cosa»? ¿De qué «cosa»? —negó convencido—. Hubiera resultado en verdad grotesco, aparte de que no tengo el más mínimo derecho a ello.

—Pero fuisteis Vos y Don Alonso de Ojeada los primeros en plantear la posibilidad de que esto fuera algo más que un puñado de islas a las puertas del Cipango —puntualizó Bonifacio Cabrera—. Lo recuerdo muy bien.

—En efecto —reconoció su interlocutor—. Y también recuerdo que muchos, y en especial el Almirante, nos tacharon de locos y farsantes, pero aun así me resisto a arrebatarle una gloria que en justicia le corresponde.

—¿Aunque se empecine en renunciar a ella, insistiendo en que tal continente no existe?

—Por mucho que lo niegue. No he llevado una vida honrada y trabajosa para pasar a la Historia como ladrón de glorias ajenas. Si por algo se me ha de recordar el día de mañana, que sea por mis escasos méritos, no por apropiarme de los de otro.

—Poco habéis cambiado —le hizo notar el gomero—. Siempre os consideré mi primer maestro, y me enorgullece comprobar que nadie pudo tener jamás otro más digno.

—Cada cual es como nace —fue la sencilla respuesta—. Y su comportamiento poco depende de que la vida le coloque o no en una encrucijada histórica. La conciencia no distingue sobre la importancia de las malas acciones en relación con los demás, sino tan sólo en relación consigo mismo.

Fray Nicolás de Ovando demostró desde el primer momento ser un hombre justo, honrado y eficaz, pero demostró también, de inmediato, ser un racista visceral que experimentaba un instintivo rechazo, y una casi enfermiza aversión, ante la presencia de cualquier «salvaje desnudo».

Habiendo acertado en su elección al tratarse de uno de los pocos palaciegos capaces de poner orden en los confusos negocios de la colonia, sus soberanos se equivocaron sin embargo radicalmente en dicha elección al no tener en cuenta que alguien que habría de detentar el supremo poder al otro lado del océano, quedaba descalificado desde el momento mismo en que tan nefastos prejuicios enturbiaban su capacidad de discernir de un modo sensato.

Cabe puntualizar en defensa de quienes le nombraron, que probablemente desconocían —tal vez al igual que el propio Ovando— cuál habría de ser su reacción al enfrentarse a los nativos de la isla, pero resulta evidente —contemplado desde el prisma del tiempo y la distancia— que el daño que causó y permitió que se causara por culpa de tan irracional comportamiento, constituiría una pesada losa y una mancha indeleble que marcaría para siempre el marco de las futuras relaciones entre españoles y aborígenes.

Hasta aquella inolvidable primavera de 1502, y aun sin aceptar que dichas relaciones fueran todo lo correctas que hubiera sido de desear, y que incluso los propios Reyes propugnaban, la mayoría de quienes se establecieron en la isla —con excepción quizá de los hermanos Colón— habían respetado hasta cierto punto la dignidad de los nativos, pero a partir del momento en que el nuevo Gobernador dio muestras de su abominable desprecio hacia cuanto no fuera auténticamente «español», esos mismos españoles cambiaron de actitud de una forma casi obligada.

Aquellos —pocos— que se habían casado con indígenas, o que mantenían una actitud claramente favorable hacia los de su raza, fueron considerados poco menos que indeseables, indignos de detentar un cargo público o recibir tratos de favor por parte de la administración, e incluso los caciques más fieles y que con más ardor habían contribuido al asentamiento de los invasores en el suelo de la isla, se vieron rechazados de inmediato perdiendo en pocos días todo tipo de poder y de influencia.

Una «ciudad» que aún no había definido sus auténticas señas de identidad, puesto que constituía por el momento una especie de confusa amalgama entre la tradicional forma de vida local y pintorescas aportaciones foráneas, pasó a convertirse de la noche a la mañana, y por orden superior, en una típica urbe europea transplantada al trópico, sin que nadie se molestase en recordar que la Naturaleza tenía aún mucho que decir a ese respecto.

Pronto, muy pronto, esa misma Naturaleza se encargaría de poner las cosas en su sitio.

De momento, se construía como si la isla fuese un trozo de Castilla, Andalucía o Extremadura, sentando las bases de la «indiscutible» supremacía del recién llegado sobre el «indio», y aunque los más antiguos del lugar no dudasen en advertir que tal comportamiento podría acarrear terribles consecuencias, Fray Nicolás de Ovando se sentía tan seguro de sus fuerzas y del respaldo de los Reyes, que despreciaba olímpicamente cualquier tipo de críticas a su forma de gobernar.

Cienfuegos, agobiado por problemas para él mucho más acuciantes que el racismo, y consciente de que el futuro de la colonia no le concernía, puesto que lo único que pretendía era abandonarla cuanto antes, se limitaba a opinar —siempre en privado— que semejante política era una locura que ponía en peligro el futuro de la labor que más adelante habría de llevarse a cabo en todo el continente.

—Los nativos optarán por huir a Cuba, Jamaica, *Borinquen* e incluso «Tierra Firme», llevando consigo noticias del trato que les damos, lo cual impedirá que, cuando el día de mañana pretendamos de asentarnos en otros lugares, nos reciban tan amistosamente como aquí nos recibieron.

—¿Y lo dices tú, el único sobreviviente de la destrucción del «Fuerte de La Natividad»? —se sorprendió Bonifacio Cabrera—. ¿Qué clase de trato amistoso fue aquella masacre?

—El que nos merecíamos —puntualizó el cabrero—. Aquélla era gente pacífica, a la que el Gobernador Diego de Arana, de tan triste memoria, se empeñó en tratar tal como ahora pretende hacer Ovando, y a nadie debe extrañarle si acaban pasándonos también a cuchillo.

El gomero era, sin lugar a dudas, uno de los seres humanos que con más conocimiento de causa podía opinar sobre las dificultades con que los españoles tropezarían cuando decidieran dar nuevos pasos en la «conquista» de los territorios que se abrían hacia el Sur, el Norte y el Oeste, pero como tenía plena conciencia de que ni el Gobernador ni cuantos le rodeaban le prestarían la más mínima atención en el caso de que tratara de convencerles de lo equivocado de su política, ni siquiera se preocupó de exponer «oficialmente» su punto de vista, limitándose a continuar siendo mero testigo de cuanto estaba sucediendo.

—Con librarme del Capitán De Luna y conseguir un puñado de valientes me basta —le hizo notar a su inseparable amigo—. Cuando estemos en nuestra isla ya tendremos ocasión de poner en práctica un sistema de convivencia y buena voluntad al estilo de Bastidas.

Cienfuegos había aprendido mucho del audaz sevillano —ya en libertad y en vísperas de emprender viaje de regreso a España a bordo de la flota de Ovando—, pues le maravilló comprobar que todo cuanto «Maese» Juan de la Cosa le contara sobre la simpatía, inteligencia y humanidad del escribano de Triana era absolutamente cierto.

Desgarbado y sonriente, incapaz de sostener una espada, mal jinete y peor marino, podría considerarse que Rodrigo de Bastidas era el ser humano menos dotado de este mundo para comandar una expedición a tierras ignotas, pero, aun así, su fugaz paso por la Historia dejó claramente demostrado que la razón y la concordia pueden ganar a menudo más batallas que el más belicoso ejército.

Muchos Rodrigo de Bastidas y pocos Ovando, Pizarro o Lope de Aguirre, hubiesen configurado un mapa totalmente diferente de lo que resultaría a la larga el descubrimiento y la «conquista» del «Nuevo Mundo», y las relaciones que a lo largo de los siglos hubiesen podido llegar a mantener la metrópoli y sus diferentes colonias.

En el transcurso de un único, aunque accidentado y completísimo viaje, el trianero había tenido oportunidad de captar la esencia del carácter de los indígenas de la cuenca del Caribe, llegando a la conclusión de que en lo más íntimo de su ser anidaba la convicción de que algún día habrían de llegar volando sobre las olas seres supremos que les conducirían con mano firme por los senderos de la gloria.

Esa idea de unos dioses magnánimos parecía estar no sólo en sus corazones, sino también en su memoria, y resultaba evidente que en tiempos muy remotos hombres sabios y bondadosos llegaron desde el Este dejando una profunda huella en el ánimo de tan sencillas criaturas.

—Para ellos, lo lejano es siempre mágico —aseguraba Bastidas—. Deberíamos aprovechar que la distancia aumenta el valor del misterio, pues incluso a nosotros nos merece más confianza una echadora de cartas turca, que una de Écija. Los dioses han de habitar en el Olimpo para que se les pueda seguir considerando dioses auténticos.

—¿Pretendéis decir con eso que deberíamos hacernos pasar por semidioses?

—Una cosa es «hacerse pasar», y otra muy distinta «comportarse»... —fue la sencilla aclaración—. Cuando nos comportamos con ellos con bondad, respeto y comprensión, nos consideran poco menos que semidioses sin necesidad de que finjamos serlo, porque sin duda ése debió ser el trato que recibieron de quienes pasaron por aquí hace ya mucho tiempo. Mi expedición no ha necesitado alzar la voz o exhibir un arma para alcanzar sus objetivos —añadió—. Y si lo que pretendemos es comerciar en paz y difundir nuestra fe deberíamos seguir el ejemplo de Cristo, puesto que él jamás necesitó de la violencia para llegar al corazón de sus seguidores.

—Sin embargo —le hizo notar el canario—, otros viajeros que han visitado los mismos lugares que Vos, no han recibido idéntico trato, e incluso algunos han tropezado con una actitud francamente hostil.

—Lo sé y lo entiendo —admitió con naturalidad Rodrigo de Bastidas—. Pero lo achaco a que el hombre primitivo, al igual que ciertos animales, capta de inmediato la amistad el miedo o la agresividad de los desconocidos. Mis perros muerden o se dejan acariciar por un instinto natural del que estos aborígenes no deben estar desprovistos.

—¿Los consideráis entonces poco más que animales? —quiso saber el cojo Bonifacio.

—Sólo en aquello en que su parte animal es mucho más noble que nuestra parte «racional» —replicó el trianero—. La «civilización» nos hace perder virtudes «primitivas» que ellos conservan.

Al canario *Cienfuegos* le fascinaba escuchar al sevillano Bastidas, puesto que en el fondo de su alma compartía su forma de ver el mundo, pero por desgracia no eran aquellos tiempos propicios a la disertación filosófica, sino más bien a la acción un tanto irreflexiva, pues de lo que en verdad se trataba en su caso, era de conseguir poner a salvo a toda una familia que se encontraba en evidente peligro.

Aguardó por tanto con impaciencia la llegada de aquella noche de luna llena que permitiría al *Milagro* aproximarse sin grave riesgo a la desembocadura del río, y en cuanto oscureció se encaminó, siempre en compañía de Bonifacio Cabrera, al punto de la playa en que habían ocultado una ligera canoa indígena.

La primera claridad de la luna asomando por entre espesas nubes les sorprendió bogando ya por un mar que semejaba una balsa de aceite, en una travesía que hubiera resultado perfecta a no ser por el hecho de que pronto descubrieron las amenazantes aletas de dos enormes tiburones que les seguían a pocos metros de la popa, y que parecían muy capaces de partir de un mordisco la fragilísima embarcación.

—¡Éstos pretenden cenar gomero! —exclamó al

poco el renco tratando de vencer con un desangelado sentido del humor el casi irresistible pánico que estaba a punto de invadirle—. ¿Y si regresáramos?

—Demasiado tarde, pero si supiéramos que se iban a conformar, podrías dejar que te comieran la pata mala —replicó *Cienfuegos* sonriente—. ¡Para lo que te sirve!

—En ese caso tendríamos que echarles también tus cojones —masculló el otro molesto—. Me están poniendo nervioso.

—Tú disimula.

—Ya disimulo —fue la amarga respuesta—. Me estoy cagando vivo y finjo que eructo.

Poco más tarde un tercer tiburón se unió a la comitiva, y luego un cuarto, y al poco el viaje semejó una especie de procesión de Viernes Santo, con un «paso» en el que dos figuras temblorosas apenas se atrevían a introducir en el agua el canalete por miedo a que les arrancaran el brazo de un mordisco, seguido por una serie de aletas triangulares que jugaban a convertirse en penitentes a los que tan sólo parecía faltar una vela en la mano.

—¡Volvamos! —susurró el renco sin osar siquiera inclinarse hacia delante—. Las nubes se espesan y no se ve un carajo...

—¡Tranquilo! Ya llegamos.

—¿Cómo lo sabes?

—Huele a sentina.

—He sido yo.

El cabrero se volvió apenas, pues hacerlo por completo hubiera puesto en peligro la estabilidad de la embarcación e inquirió indignado:

—¿Te lo has hecho encima?

—Más bien debajo —fue la humilde respuesta—. ¡Y como hay agua en el fondo...!

—Lo sé. También yo estoy sentado en ella. ¡Si serás guarro!

Continuaron bogando sin poder evitar sentirse los seres más miserables del planeta, perdidos en un mar plagado de hambrientos tiburones, sin rumbo, sin luna que alumbrara, y sin distinguir siquiera las mortecinas luces de las miserables cabañas de la playa que ya habían desaparecido a sus espaldas.

Por último se detuvieron manteniéndose al pairo con todos los sentidos alerta, atentos a captar la presencia de tierra o de un navío, advirtiendo cómo los escualos abandonaban su posición a popa para comenzar a girar mansamente en torno a ellos, cada vez más próximos, y cada vez más dispuestos a destrozar a dentelladas la diminuta embarcación.

Pasó un largo rato de angustia.

Alguien cantaba.

Lo hacía horrendamente, acompañado de algún tipo de desafinado instrumento de cuerda, pero la vieja y conocida melodía se deslizaba sobre la superficie del mar como si estuviera entonada por un coro de ángeles, y nunca nada se les antojó tan hermoso y reconfortante como aquella especie de graznido gangoso que llegaba del Oeste:

No importa el rumbo,
ni tampoco el destino.

No importa el puerto,
ni tampoco el peligro.

Importa el mar
e importa el horizonte.

Importa el sabor a sal,
y me importa tu nombre...

...Trinidad, a proa se abre el mar,
y el mar se cierra a popa...

—¡Ah del barco! —gritaron de inmediato.

—¿Quién vive? —replicó a poco el gangoso acallando su instrumento.

—¡*Cienfuegos* y Bonifacio Cabrera! Pero poco.

—¿Qué diantres queréis decir con eso?

—Que hacemos agua y estamos rodeados de tiburones. ¡Enciende una luz!

—¡Al instante! ¡Capitán, capitán...! Gente en peligro.

Cinco minutos después se encontraban a bordo, y antes de aceptar abrazos y bienvenidas solicitaron ropa seca y un lugar en que desprenderse del insoportable hedor a miedo que despedían.

Bebieron luego con ansia un fuerte licor amargo que al parecer preparaba la gorda Zoraida con hierbas silvestres, y tras poner al corriente a Don Luis de Torres, el Capitán Salado y el resto de la tripulación de cuanto había sucedido en los últimos tiempos en La Española se aprestaron a escuchar cuanto los otros tenían que decirles.

—¡No es mucho! —se apresuró a puntualizar el judío converso—. Nos limitamos a ocultar el barco y esperar acontecimientos. La vida en Jamaica es muy tranquila, aunque lo cierto es que empezamos a carecer de muchas cosas. La precipitación de la huida hizo que nos fuéramos con lo puesto, y pronto pareceremos auténticos salvajes.

Sus ropas podían considerarse en verdad poco menos que andrajos, y presentaban un aspecto tan desaliñado, que en nada recordaban a la orgullosa tripulación que *Doña Mariana Montenegro* contratara año y medio atrás, pese a lo cual resultaba evidente que la disciplina no se había relajado en exceso, y el eficaz Capitán Moisés Salado había sabido sostener con mano firme las riendas de su barco.

—Tenía entendido que Zoraida os llevó bastimentos —señaló el cabrero.

—Únicamente lo más imprescindible, puesto que en esos momentos no había gran cosa en la ciudad.

—Ahora sí que hay. Los barcos de Ovando han llegado cargados hasta la cofa, aunque los precios son en verdad abusivos. Un simple jubón cuesta cuatro veces más que en Sevilla, y una buena espada, diez.

—El precio no importa —fue la tranquila respuesta de Don Luis de Torres—. En los ríos de Jamaica también abunda el oro, y los indígenas no se oponen a que lo recojamos... —Abrió un pesado arcón que aparecía repleto de pequeños sacos tejidos en fibra de palma—. Traemos esto y queremos llevarnos a cambio todo cuanto pueda hacer más cómoda nuestra vida allí.

—Sobre todo mujeres —recalcó el cocinero.

—¿Y las nativas?

—Poco a poco nos han ido abandonando. Tan sólo se han quedado un par de ellas, y eso es aún peor, pues provoca conflictos.

—Las mujeres que se puedan conseguir con ese oro también provocarán conflictos —señaló *Cienfuegos.*

—Es posible, pero sin ellas no contéis con nosotros —insistió el cocinero—. Necesitamos mozas fuertes capaces de ayudar a levantar una casa, lanzar las redes y parir muchos hijos.

—Pues dudo que en Santo Domingo las encontréis —sentenció el gomero—. Las que no están casadas, es que son furcias.

—No tengo nada contra las furcias —argumentó un gaviero murciano—. Zoraida lo era y no creo que pueda existir mejor compañera para una aventura como la que estáis proponiendo.

—Zoraidas hay pocas —puntualizó Bonifacio Cabrera—. Al menos en Santo Domingo.

—Pues habrá que ir a buscarlas —musitó *Cienfuegos*, y volviéndose al Capitán Salado, inquirió—: ¿Cuánto tiempo emplearíais en ir y volver a España?

—Un par de meses. Tres como máximo —replicó el silencioso marino tras meditar unos instantes.

El cabrero observó ahora al resto de los hombres que le observaban a su vez, y por último comentó sonriente:

—Supongo que aquel de vosotros que no sea capaz de conseguir una «novia» en un mes, es que nunca será capaz de conseguirla... —Sonrió con intención—. ¿Os gustaría intentarlo?

Un entusiasta murmullo de aprobación se extendió por la amplia camareta, y *Cienfuegos* se dirigió ahora al converso Luis de Torres:

—¿Qué opináis? —quiso saber—. Quizá la solución estaría en ir a España, comprar cuanto necesitamos, traer un puñado de mozas fuertes y sanas, y buscar luego una hermosa isla en la que fundar una pacífica colonia.

—Suena tentador —sentenció el otro al tiempo que recababa la opinión del Capitán Moisés Salado—: ¿Qué os parece?

—Que habría que salir de inmediato, porque el primer ciclón puede presentarse en cualquier momento.

—Me preocupa *Doña Mariana* —señaló el converso—. Al fin y al cabo, el barco es suyo.

—Cuatro meses es lo que necesita para dar a luz y reponerse —le hizo notar el gomero—. Bonifacio y yo la cuidaríamos, y a mediados de agosto os estaríamos esperando en Xaraguá.

—No me gusta la idea de marcharnos sin ella —musitó en voz baja el judío—. El brazo de la Inquisición suele ser muy largo, y si la atrapan acabará en la hoguera.

—Anacaona nos ha brindado su protección.

—¿Y quién protegerá a Anacaona? —quiso saber el De Torres—. Por lo que habéis contado soplan vientos racistas, y ella es sin lugar a dudas la autoridad nativa más representativa de la isla.

—No creo que Ovando se atreva a tocarla. Es la única que realmente podría provocar una auténtica rebelión indígena.

—Por esa misma razón corre peligro —le hizo notar el otro—. Tal vez Ovando sea de los que opinan que La Española no estará conquistada hasta que haya desaparecido hasta el último de sus caciques. ¿Qué ocurriría en ese caso?

—Lo ignoro —admitió *Cienfuegos* con naturalidad—. Pero lo que sí puedo asegurar, es que ni Ovando, ni nadie, conseguiría apoderarse de Xaraguá en cuatro meses. Necesitaría un ejército del que de momento carece.

—«De momento»... —puntualizó el converso—. Pero tened por seguro que en cuanto reúna la gente necesaria caerá sobre ella. Santo Domingo es la base desde la que se iniciará el gran salto hacia el resto del continente, Ovando sabe que necesita ser dueño absoluto de esa base, y no puede arriesgarse a un ataque desde el interior. Ya las rebeliones de Francisco Roldán dieron una clara muestra de lo que tal hostilidad puede ocasionar, por lo que los días de Anacaona como princesa están contados.

—Lo admito —le hizo notar *Cienfuegos*—. Me consta que tenéis razón, pero también me consta que contamos con tiempo más que sobrado, puesto que hay más de treinta leguas de altas montañas y selvas impracticables entre Santo Domingo y Xaraguá, con ciénagas en las que los caballos se hunden y los cañones desaparecen. Allí, y pese a su mejor armamento, los soldados españoles son muy inferiores a los guerreros nativos.

—¡Bien! —se resignó el De Torres—. Imagino que habiéndose sobrevivido tanto tiempo en la selva, nadie mejor que Vos para cuidar en ella a *Doña Mariana*. —Se volvió a la marinería—. Los que estén de acuerdo en ir y volver a España que levanten la mano —pidió.

Una inmensa mayoría obedeció, aunque el Contramaestre, un hombretón eficiente y solitario que solía mantenerse al margen de cuanto se discutía, advirtió:

—Yo no volveré. Estoy cansado y quiero pasar lo que me queda de vida con mis nietos.

—Quedarse o no quedarse, será cuestión de cada cual, a su libre albedrío —sentenció Don Luis de Torres—. El que lo advierta por anticipado se llevará la parte de oro que le corresponde, y en paz. Pero al igual que ha hecho el Contramaestre, sería conveniente que supiéramos desde ahora quiénes tienen intención de regresar y quiénes no.

—Yo, si me lo permite, preferiría desembarcar ahora y quedarme aquí, en Santo Domingo —señaló un hombrecillo escuálido al que llamaban *La Coruja*, ya que tenía todo el aspecto de una diminuta lechuza siempre acechante—. Si por lo visto el peligro de la Inquisición ha pasado, no tengo por qué continuar huyendo.

—Conociéndote sé que lo que pretendes es ir a contarle al Gobernador dónde se esconde *Doña Mariana*. —El Capitán Salado parecía haber olvidado por una sola vez su escasa afición a pronunciar más de media docena de palabras—. Eres el único miembro de la tripulación al que no permitiré regresar, y suerte tendrás si a mitad de travesía no te tiro por la borda para evitar que nos denuncies.

—¡Pero Capitán! —intentó protestar el otro.

—¡Ni Capitán, ni gaitas! ¡Lárgate o esta noche los tiburones se envenenan contigo!

La Coruja pareció comprender que la amenaza iba en serio, y que la mayoría de los presentes la secundaban, por lo que se apresuró a escabullirse como una rata apaleada hacia el castillo de proa.

—¡Vigílale! —ordenó de inmediato el Contramaestre a un marinero—. El Capitán tiene razón y le creo muy capaz de robar un bote y correr a vendernos. Si Judas tuviera que reencarnarse, sin duda lo haría en el cuerpo de ese hijo de la gran puta.

El resto de la velada lo dedicaron a la tarea de planear el viaje, la forma de actuar una vez en España y el punto de encuentro idóneo, al norte de Xaraguá, por lo que faltando apenas una hora para el amanecer, el Capitán ordenó echar al agua la falta para que llevase a tierra a las visitantes sin miedo a los tiburones, mientras el resto de la tripulación comenzaba a preparar la nave para la larga travesía.

—Haremos aguada en *Borinquen*, de allí al Nordeste, y empopados, a Vigo —fue lo último que dijo el fiel Moisés Salado—. Y en agosto, o estamos muertos, o en Xaraguá.

En cuanto los más urgentes problemas de toma de posesión le dejaron un minuto libre, el flamante Gobernador, Fray Nicolás de Ovando, se apresuró a invitar a cenar a su antiguo condiscípulo Fray Bernardino de Sigüenza, con quien había coincidido en Salamanca, y aunque tenía plena conciencia de que su mugrienta presencia y su insoportable hedor conseguirían amargarle la velada, también le constaba que era uno de los pocos hombres de la isla en cuyo criterio y honradez podía depositar una absoluta confianza.

Le suplicó por tanto que le hiciera una detallada exposición de sus puntos de vista sobre la situación de la colonia, así como que le pusiera al corriente de las conclusiones a que había llegado con respecto al posible proceso por presunta brujería que se estaba siguiendo contra «una tal *Mariana Montenegro*».

Escuchó en un silencio tan respetuoso que casi no hacía gesto alguno para llevarse el tenedor a la boca, sin interrumpir a su interlocutor más que para demandar aclaraciones muy precisas, y tras los postres, cuando se acomodaron en los inmensos sillones de la biblioteca a saborear un delicioso licor de guindas que constituía su único vicio en este mundo, inquirió pensativo:

—¿Hasta qué punto puede estar implicado el Capitán De Luna en la evasión de su esposa?

—Lo ignoro —fue la sincera respuesta—. Es evidente que la odia como pocas veces he visto odiar a nadie, pero también es evidente que le horroriza la idea de que acabe en la hoguera, lo cual podría acarrearle el total deshonor y la ruina.

—¿Dónde se encuentra ahora?

—En paradero desconocido, aunque resulta difícil averiguar si su desaparición se debe a que ha huido con su esposa, o al temor que pueda sentir hacia Vos, pues no hay que olvidar que en un tiempo fue hombre de confianza y brazo ejecutor de Don Francisco de Bobadilla. —El piojoso frailuco hizo una corta pausa y añadió con parsimonia—: Debo reconocer, no obstante, que se alejó de él en cuanto comenzó a abusar de su autoridad, y es de los pocos que jamás participaron en sus sucias intrigas.

—¿No se le puede considerar por tanto uno de esos malditos «Trescientos Sesenta» que pretenden amargarme la vida?

—En absoluto. Carece de tierras, jamás solicitó «indios» ni prebendas, que yo sepa no trafica en oro o perlas, y se ha mantenido al margen de cuestiones políticas.

—¿Y su lugarteniente? ¿Ése al que llaman *El Turco?*

—Su caso es muy distinto. También está desaparecido y tuvo la desfachatez de venir a decirme que erais Vos quien había ordenado la inmediata liberación de *Doña Mariana.*

—Haré que lo busquen, pero por desgracia aquellos en quienes en verdad confío aún no conocen la isla, y mucho menos la selva, y aquellos que sí la conocen no me merecen la más mínima confianza —sentenció el Gobernador, observando al trasluz el rojizo licor que tan feliz le hacía—. Como bien sabéis, Santo Domingo se encuentra en estos momentos dividida en dos bandos: el de los partidarios de Bobadilla y el mío.

—Bobadilla nunca tuvo partidarios —puntualizó el religioso—. Sólo secuaces. Pero admito que no estén dispuestos a perder sus privilegios. ¿Qué pensáis hacer con ellos?

—Los cabecillas saldrán pasado mañana para España, pero aun así quedarán muchos de esos «Trescientos Sesenta» cuyo poder se me antoja irritante. Me consta que mi primera tarea ha de centrarse en desbaratar su incipiente organización «semifeudal» si es que pretendo que la autoridad real resulte efectiva. Y para ello cuento con vuestra inestimable ayuda.

—¿Qué puede hacer un pobre fransciscano como yo que jamás se ha mezclado en política? —quiso saber Fray Bernardino, en verdad, sorprendido.

—Aconsejarme —fue la sincera respuesta—. Me consta que la conducta de los hombres es siempre la misma, pero aquí es distinto el paisaje, y en este caso ese «paisaje» influye de forma decisiva sobre esas conductas. Hay demasiadas tierras vírgenes, demasiados salvajes y demasiadas riquezas ocultas, y no resulta fácil distribuir todo ello con estricta justicia, recordando, ante todo, que Dios y la Corona deben ser siempre los más beneficiados.

—De momento, los únicos beneficiados han sido esos «Trescientos Sesenta» que tanto os preocupan.

—Lo sé. Y lo repruebo. La mayoría han olvidado incluso sus principios morales amancebándose con nativas y echando al mundo docenas de bastardos mestizos. —Ovando bebió despacio, como dando tiempo a su interlocutor para que pudiese prepararse a lo que iba a decir, y por último, añadió—: Voy a promulgar un bando por el cual todo aquel que tenga hijos con una «india» deberá casarse con ella de inmediato.

—¿Casarse? —repitió Fray Bernardino de Sigüenza escandalizado—. ¿Os dais cuenta de que eso significará elevar a la categoría de damas españolas a una serie de barraganas que en su inmensa mayoría ni siquiera han sido bautizadas?

—No tal —fue la seca respuesta—. No es ésa la interpretación que debe dársele a tal orden.

—¿Cuál entonces? ¿Qué otra condición pueden tener las esposas de «ciudadanos» españoles?

—La que yo decida —le hizo notar Fray Nicolás de Ovando con imperturbable calma—. Confío por completo en vuestra discreción, y por tanto puedo adelantaros que una vez consumadas tales uniones, las esposas no pasarán a la condición de «damas españolas», sino que serán sus esposos los que descenderán a la categoría de simples «indios».

—¿«Indios»? —repitió sonándose los mocos el frailuco—. ¿Qué conseguiréis con eso, aparte de ofenderlos?

—Tener las manos libres a la hora de despojarles de todos los privilegios que han obtenido en connivencia con Bobadilla.

—Astuta maniobra —reconoció el franciscano.

—Escuso deciros que necesito de toda mi astucia para resolver los complejos asuntos que se me plantean.

—¿Pero tal discriminación no podría considerarse en cierto modo «ilegal»?

—La «legalidad» o «ilegalidad» de un acto depende de las leyes que se dicten al respecto, y como en este caso no existen precedentes, seré yo quien siente jurisprudencia. —Sonrió el Gobernador con retorcida intención—. Y a quien se atreva a discutir mi derecho a hacerlo, lo colgaré en mitad de la Plaza de Armas, lo cual contribuirá a aliviar mis múltiples quebraderos de cabeza.

—Me cuesta reconocer en Vos al tímido estudiante de teología de Salamanca —musitó Fray Bernardino temiendo ofenderle.

—Incluso a mí me cuesta hacerlo —admitió el Gobernador con naturalidad—. Pero tampoco esperaba veros un día como Pesquisidor oficial de la Santa Inquisición.

—Tan sólo lo soy, y a disgusto, por mandato de Bobadilla, y profundamente agradecido os quedaría si me despojarais de una carga que en verdad me desazona y me fatiga.

—¿Albergáis alguna duda con respecto a la culpabilidad de la acusada?

—Muchas. Quizá demasiadas. —El tono de voz obligó a Ovando a prestar una mayor atención—. Y me debato en una feroz lucha interna porque no consigo dilucidar si acepto su inocencia porque en verdad es inocente, o porque me obliga a ello «El Maligno».

—¡Por Dios, Fray Bernardino...! ¿Vos con ésas? Nunca os consideré simpatizante de Tomás de Aquino o Raimundo de Peñafort.

—Ni nunca lo fui. Pero si he de adoptar el papel de Inquisidor o tan sólo de simple Pesquisidor, me veo obligado a aceptar las reglas del juego y actuar como podrían haber actuado cualquiera de ellos.

—¿Y lo consideráis conveniente?

—¿Qué pretendéis decir con eso de «conveniente»?

—Que si os parece oportuno contaminar este mundo virgen con comportamientos que han demostrado que por dondequiera que pasan no llevan más que horror, muerte y confusión.

—¿Os estáis refiriendo por ventura a la Santa Inquisición?

—Me estoy refiriendo a algo que prefiero no mencionar pese a que me conste que esta conversación quedará entre nosotros. Desearía que comprendieseis que si pretendo imponer mi criterio, mejor lo haré si no tengo sobre mi cabeza una espada de doble filo que nunca sabemos cuándo puede desprenderse. —De nuevo Fray Nicolás de Ovando bebió despacio, y más que deleitarse con el licor de guindas, lo que hacía era darse tiempo para encontrar palabras que expusiesen sin ningún tipo de dudas, y sin comprometerle, la esencia de su pensamiento—. Gobernar ya es de por sí una empresa difícil, pero «cogobernar» se me antoja imposible. ¿Me explico con suficiente claridad?

—Entiendo que pretendéis tener las manos libres y que un tribunal que viniera a cohartar dicha libertad tan sólo significaría un engorro.

—¿Qué se os ocurre, por tanto, al respecto?

—Haceros entrega de un documento, que ya ofrecí en su día a Don Francisco de Bobadilla, declarando que no encuentro motivos para procesar a *Doña Mariana*, pero en conciencia no estoy del todo seguro de si debería hacerlo —replicó Fray Bernardino meditabundo—. Hay demasiadas cosas que me confunden en todo este asunto, pues ni resulta lógico que un lago arda sin razón aparente, ni menos aún que un hombre como Baltasar Garrote se retracte impulsado por un terror incontrolable. No duermo tratando de entender qué puede hacer que alguien como él se arriesgue a morir en la hoguera por salvar a quien con anterioridad deseaba ver condenada.

—Tal vez le ofrecieron dinero.

—Hay cosas que no se hacen por todo el oro de esta isla, y una de ellas es enfrentarse a la Inquisición —fue la reflexiva respuesta—. ¿Pero qué pudo impulsarle a hacerlo?

—Difícil pregunta, a fe mía, y tened por seguro que no pretendo presionaros ni atentar contra vuestra libertad de conciencia, pero os suplico que reflexionéis sobre la necesidad de mantener lejos de Santo Domingo un poder paralelo que tantas dificultades podría acarrearnos.

De regreso a su humilde y bochornosa celda, tumbado en un duro camastro en el que chinches, pulgas y piojos consentían a regañadientes cederle un minúsculo espacio en el que acurrucarse, Fray Bernardino de Sigüenza dedicó largas horas de insomnio a meditar sobre cuanto su ex condiscípulo le había expuesto y sus posibles consecuencias.

Odiaba sinceramente su papel en toda aquella absurda comedia de humanas pasiones, mezquinas intrigas palaciegas y confusas teologías, y durante largo rato acarició con delectación la idea de solicitar una plaza en alguno de aquellos navíos que estaban a punto de emprender el regreso a España para refugiarse de nuevo en los tranquilos claustros universitarios, a enseñar y aprender hasta el día en que el Señor se dignara acogerle en su seno.

Lo que estaba viviendo no era la aventura misionera que soñara cuando por primera vez oyó hablar del Nuevo Mundo, ni aquél el tipo de fe que anidaba en su corazón, y de igual modo rechazaba el papel de improvisado Pesquisidor, que le obligaron a aceptar, que el que pretendían asignarle ahora de consejero de un hombre que poco tenía que ver con el amable muchacho que conociera años atrás.

En un tiempo se había visto a sí mismo recorriendo a solas los senderos de la selva, a la búsqueda de almas que recolectar para mayor gloria del Altísimo, o en procura de una muerte gloriosa que le condujera directamente al Paraíso, pero jamás se imaginó confabulando en torno a una mesa de vajilla de plata y manteles de hilo, o repantigado en un enorme butacón con una copa de licor en la mano.

Siempre había sabido que los caminos del Señor podían llegar a resultar inexcrutables, pero se preguntaba por qué razón se le hacía tan difícil alcanzar el corazón de los hombres sin tener que pasar por tantas miserias ajenas a la auténtica fe de Cristo.

Se negaba a tener que formar parte de una sociedad en la que en lugar de dignificar al «salvaje» elevándolo a la categoría de «civilizado», oscuras razones de estado pretendían rebajar al «civilizado» a la categoría de «salvaje», y por más que se esforzó, le resultó imposible comprender qué motivos podía haber tenido Fray Nicolás de Ovando para cambiar su antaño indiscutible espiritualidad por un plato de lentejas, por mucho que dicho plato fuera de plata.

Al día siguiente, desmoralizado, aturdido y fatigado, bajó al puerto a contemplar con una cierta envidia cómo se iban embarcando los equipajes de cuantos se veían obligados a regresar a España, y no pudo evitar una visceral sensación de repugnancia al advertir cómo toda una compañía de soldados fuertemente armados vigilaban el medio centenar de pesados cofres que contenían las ingentes riquezas que el ex Gobernador y su indigna camarilla de esbirros habían conseguido arrebatarle a aquella tierra tan nueva y generosa.

La mitad estaban en apariencia destinados a revitalizar las escuálidas arcas reales y con suerte una pequeña parte repercutiría en beneficio de la comunidad, pero la otra mitad constituía tan sólo el espléndido botín que una docena escasa de desaprensivos sin escrúpulos había expoliado a expensas de incontables sufrimientos ajenos.

—¡Así os cuelguen! —oyó que mascullaba una mujeruca al advertir la dedicación con que tres emperingotados «pisaverdes» se cercioraban de que sus pertenencias eran izadas a los navíos que les habían sido asignados, y cuanto parecían sufrir mientras los cofres realizaban la corta travesía que separaba la orilla de las naves.

Al poco llegó un nuevo grupo de soldados escoltando la inmensa pepita de oro que descubriera meses atrás el afortunado salmantino, y a Fray Bernardino de Sigüenza le intrigó sobremanera el destino de semejante joya irrepetible, ya que resultaba ilógico que decidieran fundirla con el propósito de hacer anillos o cadenas.

Por un instante el maloliente franciscano captó la verdadera esencia de lo que aquella escena representaba, pues por su mente pasó, como una fascinante visión, el futuro que aguardaba a un mundo que sería despojado de forma ignominiosa de todas sus riquezas por una interminable legión de personajes de los que aquellos tres «lechuguinos» no constituían más que una miserable pero muy representativa avanzadilla.

Los conocía bien, puesto que habían llegado juntos en la expedición de Bobadilla y recordaba a dos de ellos famélicos, sucios y con las capas raídas, rogando que aquella hermosa isla que se alzaba ante la proa fuese lo suficientemente generosa como para matar su hambre de años brindándoles un hogar y un trabajo que consiguiera dignificarles.

Dos años más tarde se pavoneaban con sus ropajes de seda, sus emplumados chambergos y sus ostentosos anillos, aunque tal vez tal exhibicionismo no fuera más que una forma de ocultar el terror que sentían.

—¡Así os cuelguen! —susurró para sus adentros aun a sabiendas de que no constituía aquél un pensamiento muy cristiano, para alejarse luego hacia el cercano mar que bañaba una inmensa playa de arena muy blanca que se extendía a todo lo largo de la costa sur, hacia poniente.

Le gustaba recorrerla despacio, siempre a la sombra de las estilizadas palmeras, perdiéndose de vista en la distancia, rezando y meditando, para sentarse por último a la orilla del agua, refrescarse con el jugo de uno de aquellos hermosos cocos verdes que sembraban la arena, y aguardar paciente el fastuoso espectáculo que significaban las puestas de sol dominicanas.

Ese día algo le obligó, sin embargo, a cambiar su

rutina, pues en el instante en que se disponía a agujerear el coco con ayuda de una afilada navaja, su vista quedó prendida en unos puntos que comenzaban a tomar cuerpo en el horizonte, llegando del Sudeste.

Pronto se cercioró de que eran cuatro navíos de mediano tamaño, no superando ninguno de ellos las sesenta toneladas, mucho menores por tanto que los que compusieron la majestuosa escuadra del Gobernador Ovando, por lo que el franciscano, sabedor de que no estaba prevista la arrivada de ninguna otra flota aparejada por los Reyes, no pudo por menos que exclamar para sí mismo:

—¡Dios Santo! ¡El Almirante!

Había oído el rumor de que el Almirante de la Mar Océana y Virrey de las Indias, su Excelencia Don Cristóbal Colón, preparaba desde meses atrás un cuarto y definitivo viaje en busca del «Paso del Noroeste» que le llevaría a los palacios de oro del Gran Kan, pero también tenía entendido que los Reyes le habían ordenado no poner el pie, bajo ninguna circunstancia, en La Española.

No obstante, los colores de sus enseñas eran demasiado conocidos como para llamarse a engaño, y cuando los cuatro oscuros navíos arriaron velas dejando caer sus anclas a media legua de la costa, abrigó la absoluta certeza de que Don Cristóbal Colón se encontraba a bordo de uno de ellos.

Las naos respondían a los sonoros nombres de *Capitana, Santiago, Vizcaína* y *Gallega*, y con los postreros rayos del sol una falúa se desprendió de esta última y cuatro hombres bogaron lentamente para conducir a tierra a su Capitán, Pedro Terreros, quien solicitó de inmediato audiencia a un furibundo Ovando que a punto estaba de ordenar que los cañones y bombardas del fortín comenzasen a disparar sobre los intrusos.

—Los Reyes me indicaron que bajo ninguna circunstancia permitiera al Almirante poner el pie en la isla —fue lo primero que dijo en cuanto Pedro Terreros se cuadró ante él—. ¿A qué viene semejante acto de rebeldía por parte de quien sabe perfectamente que éste es el único lugar del mundo en el que no puede recalar?

—A circunstancias que están incluso por encima de los deseos o las órdenes reales, Excelencia.

—¿Y son?

—En primer lugar, que el navío que comando, la *Gallega*, es sin lugar a dudas la cáscara de nuez más ingobernable, desvencijada, mugrienta y peligrosa que haya salido jamás de astillero alguno, motivo por el cual el resto de la flota marcha con retraso, a trancas y barrancas. No existe forma humana de que de esta guisa encontremos ese dichoso «Paso del Noroeste» y tengamos la más mínima oportunidad de culminar con éxito nuestra difícil travesía hasta el Cipango.

—¿Y cómo es que un marino tan experimentado como el Virrey, «Almirante de todos los Almirantes», no lo advirtió antes de zarpar?

—Porque no había donde escoger, se le eligió como único remedio, y sus graves problemas tan sólo se pusieron de manifiesto cuando llegó el momento de equipararlo a los demás. Los fuertes vientos no sólo no aumentan su andadura, sino que está tan pésimamente concebido que lo desplazan de costado, y os juro, Excelencia, que me las veo y me las deseo para conseguir que se mantenga a flote.

—¿Y qué pretendéis que yo le haga?

—Cambiarlo por uno de los vuestros —fue la sencilla respuesta—. El Almirante ofrece pagar la diferencia de su propio pecunio, pues con un buen capitán la *Gallega* puede hacer la travesía de regreso siempre que no tenga que seguir la andadura de otros navíos.

—Mi escuadra vino en bloque, y en bloque debe regresar. Carga tantos tesoros, que sería una locura permitir que una sola nave quedase a merced de piratas y portugueses.

—Pero se trata de un importantísimo servicio a la causa de la Corona —protestó Terreros—. Son los Reyes los que nos envían a la búsqueda de ese paso, y no auxiliarnos en algo tan fundamental podría considerarse casi un acto de traición.

—¡Contened vuestra lengua o tened por seguro que en este mismo punto concluye vuestro viaje! —puntualizó Fray Nicolás de Ovando que no parecía dispuesto a dar su brazo a torcer ni un ápice—. Traición sería en mi caso desoír una orden muy concreta de sus Altezas. Si una nave del Almirante se pone al alcance de mis cañones, mi obligación es hundirla, y así lo haré si continúa ahí cuando amanezca. ¿Me he explicado con claridad?

—Desde luego, pero aun así me permito la libertad de solicitar con toda humildad que os toméis al menos unos días para reconsiderar vuestra actitud.

—No tengo nada que reconsiderar. —Le señaló la puerta—. ¡Marchaos!

—¿Nos permitiréis al menos ponernos al abrigo de la tormenta?

—¿A qué tormenta os referís? —se asombró el Gobernador, observando por el amplio ventanal un cielo casi en los límites de la oscuridad, pero en el que no se distinguía ni la más pequeña nube—. No veo que se esté preparando ninguna tormenta.

—El Almirante así lo asegura —replicó el otro con una cierta timidez—. Conoce mejor que nadie estos parajes y está convencido de que muy pronto llegará un «Hur-ha-cán».

—¿Un qué?

—Un «Hur-ha-cán». Así le llaman los nativos, y por lo visto quiere decir «El Espíritu del Mal», que trae vientos de tal violencia que derriban las casas y hunden las naves.

—¡Pero bueno...! —La paciencia del Gobernador parecía estar llegando al límite—. El Almirante debe creer que está tratando con un imbécil. Primero me habláis de un barco que no navega pese a haber llegado hasta aquí, y luego de una terrible tormenta cuando reina la más absoluta calma. —Agitó la cabeza como si en realidad todo aquello le causara un profundo pesar—. Entiendo que el hombre que descubrió esta isla y la consideró su reino, desee volver a ella e incluso habitar de nuevo en el Alcázar que él mismo levantó, pero se me antoja absurdo que se humille con tan pueriles argumentos. —Lanzó un hondo suspiro—. Id y rogadle que zarpe en buena hora, ya que le deseo el mayor de los éxitos en su difícil empresa, pero que se aleje de esta isla cuanto antes.

—¿Cuándo tenéis previsto que se haga a la mar vuestra flota?

—Mañana al mediodía.

—Don Cristóbal no os lo aconseja. Más bien recomienda que los barcos sean remolcados río arriba e incluso varados en la orilla hasta que pase el «Hur-ha-cán».

—Marchaos, capitán.

—¡Pero Señor...!

—¡Fuera he dicho! —fue la perentoria orden que ya no admitía réplica—. Y que al amanecer no vea esos barcos, o mandaré hundirlos a cañonazos.

Al amanecer del jueves treinta de junio de 1502, los barcos de Colón no estaban ya frente al río.

Cumplido lo que constituía su principal objetivo: demostrar a los vecinos de Santo Domingo que habían sido testigos de su marcha encadenado, que volvía triunfante y al mando de una nueva escuadrada, levó anclas, no por miedo a los cañones del Gobernador, ineficaces en cuanto se hubiera apartado de la costa, sino porque su experimentado olfato de marino le empujó a buscar seguro refugio en una cerrada cala a unas quince leguas de la capital.

Ésta, por su parte, bullía de actividad desde que la primera claridad del día se pronunció en el horizonte, pues las severas órdenes del Gobernador Ovando establecían que la escuadra debía hacerse a la mar sin dilación alguna, por lo que contramaestres y capitanes se desgañitaban dando órdenes para que las falúas fuesen transportando a bordo a los últimos pasajeros y lo que aún restaba de equipaje.

Olía a yodo.

Una extraña brisa del Sudeste, desacostumbrada en aquella época del año parecía haber extraído del mar todo su aroma, venciendo incluso los agresivos perfumes de la selva o el hedor de albañales, y más de un pasajero se preguntó a qué se debía el hecho de que apenas pisaran la cubierta de las naves les invadiera la desagradable sensación de que el océano se había adueñado por completo de sus vidas.

En la playa, aquellos que en cierto modo envidiaban a cuantos emprendían el regreso a la «civilización», se sentían ahora felices de permanecer en tierra, pues sin que nadie fuese capaz de dar explicación a tan curioso fenómeno, un impalpable desasosiego parecía haberse apoderado del ánimo de todos los presentes.

Cienfuegos, que había acudido a despedir a «Maese» Juan de la Cosa y Rodrigo de Bastidas, no necesitó más que unos minutos de estudiar el mar, el rojizo borde de las lejanas nubes, y el metálico color del cielo, captando el exceso de electricidad que se palpaba en el ambiente, para aconsejar a sus amigos seguro de sí mismo:

—Si de mí dependiera, retrasaría este viaje.

El piloto de Santoña, que permanecía atento de igual modo a las señales que sus muchos años de navegación por el Caribe le permitían desentrañar, asintió con un leve ademán de cabeza.

—Estoy de acuerdo. Si alguna vez hubo un mal día para navegar, sin duda es éste.

—¿Por qué? —quiso saber el cojo Bonifacio—. El mar está en calma y no hay viento.

—Lo habrá.

—¿Cómo podéis estar tan seguro?

—Porque era el viento el que mecía mi cuna, y ha sido el viento el que me ha llevado a ser lo que soy. El día que no me sienta capaz de predecir cuándo va a desmelenarse, no será que esté ciego, será que estoy muerto. —Giró sobre sí mismo—. Hablaré con el Gobernador.

Pero Fray Nicolás de Ovando, hombre de tierra adentro que no accedía a entender más que aquello que estuviera en los libros o que su propia experiencia le dictara, se negó a escuchar «Las monsergas de un secuaz del Almirante que se empeñaba en intentar hacerle ver fantasmas y peligros donde no había más que sol radiante y cielos despejados».

—La escuadra zarpará, estéis o no estéis Vos a bordo —sentenció—. Es mi última palabra.

—Quedaos en tierra —fue el consejo del gomero al conocer semejante respuesta—. Empiezo a sospechar que lo que se está preparando es un «Hur-ha-cán» como el que arrasó el «Fuerte de la Natividad» poco antes de que nos atacaran los hombres de Canoabó. Fue como si el mundo se hubiese vuelto loco, pues el viento arrancaba los árboles de cuajo, y las olas parecían montañas.

—En ese barco va todo cuanto tenemos —le hizo notar Rodrigo de Bastidas.

—Pues nada tendréis si es que se hace a la mar —sentenció *Cienfuegos* pesimista—. Dejad que se pierdan vuestros tesoros, pero salvad al menos el pellejo.

—En mi caso es imposible —replicó resignado el trianero—. Debo embarcar de grado o por la fuerza, y no me gustaría que me obligaran a subir a bordo cargado de grilletes.

—Aún estáis a tiempo de adentraros en la selva. Mañana será otra día.

—Huir no es mi estilo. —Bastidas se encogió de hombros—. Si Dios ha dispuesto que tras pasar tantas vicisitudes mi destino sea acabar en el fondo del océano, allí bajará a buscarme. —Se volvió a su compañero de fatigas—. ¿Qué pensáis hacer Vos? —quiso saber.

—Convencer al capitán de que se haga de inmediato a la mar para buscar el abrigo de Isla Saona antes de que se nos venga encima la tormenta —replicó meditabundo «Maese» Juan de la Cosa—. Si en realidad se trata de un «Hur-ha-cán», tan sólo una costa que nos proteja por el Sur, nos puede dar una mínima esperanza de salvación.

Se despidieron con la angustia de imaginar que jamás volverían a verse, y el canario tuvo la sensación de estar abrazando a dos reos que se encaminaban al patíbulo.

Sin embargo, al poco la carabela a la que habían trepado, *La Guquía*, largaba el trapo enfilando decidida hacia el Sudeste, lo que le obligó a lanzar un ligero suspiro de alivio al tiempo que comentaba pasando el brazo por encima del hombro de Bonifacio Cabrera:

—Si alcanzan Saona, un marino de la categoría de «Maese» Juan, puede salvar el barco, pero te juro que daría diez años de vida por no estar en el mar en un día como éste... —Agitó la cabeza y acabó sonriendo casi de medio lado—. Y añadiría que ni aun en tierra.

El renco fue a decir algo pero se interrumpió al advertir cómo hacía su aparición el ex Gobernador Don Francisco de Bobadilla flanqueado por media docena de soldados de los que no se podría asegurar si constituían una guardia de honor o le llevaban preso.

Semejaba un sonámbulo que no tuviera ya ni siquiera conciencia de los abucheos del populacho que se había concentrado en la orilla, y que tal vez incluso le hubiese apedreado de no ser por la escolta, observando el altivo navío que le aguardaba con la fijeza de un borracho que avanzaba hacia un objetivo muy concreto, pero que dudara en alcanzarlo a pesar de intentarlo con todas sus fuerzas.

Y es que lo más patético de la desconcertante historia del Gobernador Don Francisco de Bobadilla se centraba en el hecho de que siendo un hombre intrínsecamente honrado, se dejó seducir y perdió todos sus valores morales por algo que para él ni siquiera le merecía la pena.

Labró día a día su ruina a base de acumular riquezas, tal vez porque comprendió muy pronto que el puesto en que le habían colocado le quedaba grande, y viéndose como se vio enfrentado a hombres de incontestable personalidad, la única forma que encontró de considerarse de igual modo importante fue la de amasar más oro y perlas que ningún otro.

El castigo que hubiera podido infligirle su sucesor, Ovando, o el que a buen seguro le impondrían los Reyes a su regreso a España, nada significaban frente al que se estaba infligiendo personalmente al comprender que el destino había tenido el capricho de encumbrarle a lo más alto, llamándole incluso a desempeñar un hermoso y significativo papel en la Historia, y únicamente su propia estupidez le había empujado a lo más profundo del abismo del deshonor y la vergüenza.

¿A quién achacar sus infinitos errores?

¿Cómo disculparse ante sí mismo de cuanto no admitía más disculpa que su propia falta de sentido común?

La soledad, que tanto ayuda a encontrar el buen camino al inteligente, suele convertirse en la peor consejera de los simples, y resultaba evidente que pese a su amplia camarilla de aduladores, Don Francisco de Bobadilla había sido siempre un hombre solitario, al que alcanzar la cima no le sirvió para ver más lejos, sino únicamente para aumentar su ancestral miopía.

El ejercicio del poder engrandece a los grandes y empequeñece aún más a los pequeños, y la Historia ha demostrado en un millar de ocasiones que cuando el azar sitúa a un hombre mezquino en un puesto de máxima responsabilidad, raramente se realzan sus virtudes, sino que más bien se suelen acentuar sus más íntimos defectos.

Y es que, quizá, ni aun en el momento de poner pie en el navío que tal vez le conducía al cadalso, el pobre ex Gobernador conseguía entender en qué momento dado había comenzado a equivocarse de forma tan rotunda.

Llorar a nada conducía, y aunque sintiera la tentación de postrarse a pedir perdón a toda aquella chusma que tanta animadversión le demostraba, una última reserva de orgullo le obligó a mantenerse firme, pretendiendo hacer creer que seguía convencido de haber actuado rectamente.

Tras él subió a bordo aquel Francisco Roldán de triste memoria; rebelde entre los rebeldes; eterno descontento que tan sólo se hubiera sentido feliz creando su propio reino de opereta, precursor de los mil dictadorzuelos que se convertirían con el paso de los siglos en la peor plaga de aquel Nuevo Continente, y por fin, cargado de cadenas, lo hizo también el orgulloso Guarionex, el último de los caciques que trataron de impedir que los feroces invasores destrozaran lo que había constituido durante siglos un hermoso rincón del paraíso.

Se inició la desbandada.

Una tras otra las naves lanzaron amarras haciéndose a la vela, pues pese a que la mayoría de sus capitanes fuesen gente nueva en aquellas aguas y no tuviesen ni siquiera noticias de la terrible violencia que podía llegar a alcanzar un huracán, su olfato comenzaba a advertirles que «algo» verdaderamente amenazador se avecinaba.

El viento silbaba ya una estremecedora melodía hecha de llanto, las nubes del horizonte se disfrazaban de coágulos de sangre, y el azul del mar se transformaba en un gris metálico y fosforescente con miríadas de blancos mechones de espuma fugitiva.

Alcatraces y gaviotas buscaban refugio tierra adentro, aullaban los perros, se les erizaban los lomos a los gatos, y las loras del bosque discutían acaloradamente sobre la mejor forma de evitar el desastre.

El Gobernador Fray Nicolás de Ovando, que observaba desde el balcón del Alcázar la partida de la orgullosa flota que los reyes le habían confiado, comenzaba a sentir de igual modo una insufrible opresión en el pecho, sospechando que tal vez las previsiones del odiado Virrey estuvieran a punto de cumplirse, y es que ni siquiera a un hombre tan genuinamente mesetario y ortodoxo podía pasarle desapercibido el hecho de que la caprichosa Naturaleza de aquel mundo diferente estaba a punto de sufrir una radical transformación, por lo que a punto estuvo de ordenar que las naves regresasen para buscar refugio río arriba.

Su indecisión de aquel momento marcaría su vida para siempre.

Admitir ante Colón, Terreros, y De la Cosa, que se había equivocado, pesó sin embargo en su ánimo mucho más que las posibles consecuencias de su empecinamiento, y pese a que desde la orilla varios rostros ansiosos le observaban a la espera de una simple señal que tan poco esfuerzo le habría costado, consideró —con ese vicio tan español y tan nefasto— que un hombre de carácter jamás debe rebajarse a aceptar que se equivoca, permitiendo que la última de las hermosas carabelas levara anclas y se hiciera a la mar.

El pueblo en pleno asistía, ahora en silencio, a la partida.

Ningún pañuelo se agitaba y los saludos, los gritos e incluso los abucheos al ex Gobernador habían dado paso a un silencio agobiante, pues se diría que hasta el más indiferente espectador había caído ya en la cuenta de que estaba siendo testigo de una estúpida tragedia tanto más trágica cuanto más fácilmente hubiera podido ser evitada.

Cientos de hombres, mujeres y niños se arrojaban en brazos de una muerte que sin embargo avisaba su presencia con mil señas que hasta un imbécil captaría, y los pocos nativos que aún no habían corrido a buscar refugio a las cuevas del centro de la isla, asistían estupefactos al suicidio de unos locos que osaban desafiar «Al Espíritu del Mal» pese a que éste hubiera lanzado ya sus amenazadores rugidos de advertencia.

En popa de la *Capitana*, Don Francisco de Bodabilla

lla observaba con mirada perdida cómo aquella ciudad que había sido suya iba quedando atrás, mientras bajo sus pies la cubierta comenzaba a temblar como un ser vivo que presintiera la catástrofe, y las jarcias chillaban como chillaba el mundo, negándose a aceptar que la voluntad de un inconsciente las estuviera condenando a una segura destrucción tan estúpidamente.

¿Cómo es que nadie se rebeló contra una suprema autoridad incompetente?

¿Cómo es que ninguno de los veintiocho capitanes, indiscutibles dueños de sus naves, fue capaz de anteponer la vida de su tripulación a los designios de un gobernador de tierra adentro cuyo poder terminaba justamente en la playa?

Hubiera bastado con que uno de ellos, ¡uno solo!, recordase que no existe mejor marino que quien rehúye la batalla con un enemigo que será siempre infinitamente superior, para que el resto hubiera seguido su ejemplo, pero el maldito orgullo, el miedo, o la simple negativa a que se le señalase como el primero en demostrar cordura, les obligó a contenerse a la hora de dar la difícil orden.

Grandes olas comenzaban a precipitarse sobre la playa lamiendo incluso el tronco de las altas palmeras que agitaban sus copas como si se hubieran lanzado a una danza macabra, y las rojizas nubes, ahora casi moradas, llegaban desde el Sur empeñadas en una loca carrera en la que podría creerse que igualmente pugnaban por escapar del diabólico monstruo que se estaba formando a sus espaldas.

Constituían sin embargo los primeros heraldos de la muerte, ya que convertían el luminoso mediodía en tétrico crepúsculo, barriendo la superficie del mar con una cortina de una agua densa y caliente que avanzaba una milla ante ellas de tan violenta como era la fuerza con que la empujaba el viento.

Incluso las gentes de tierra adentro cayeron pronto en la cuenta de que no era momento de continuar lamentándose por el triste destino de quienes se habían hecho a la mar, sino de empezar a preocuparse por su propio destino, amenazado como estaba por un desconocido fenómeno atmosférico de incalculables proporciones.

Las naves volaban hacia el Este mientras los dominicanos corrían a esconderse en unas casas donde los pesados techos se alzaban ya como impalpables plumones de paloma.

Una mujeruca de anchas faldas lanzó un grito de espanto al ser arrastrada por el viento, y el entarimado de un edificio en construcción voló calle abajo lanzando astillas.

Llegaba el huracán; el primero de los muchos que habría de sufrir a lo largo de su historia aquella ciudad fundada en plena ruta de los temibles ciclones tropicales, y llegaba anunciando que no era tan sólo la vida de las gentes que se habían hecho a la mar las que pensaba cobrarse, pues su sed de sangre iba mucho más lejos; tan lejos, que ni aun en el último de los rincones podían los dominicanos sentirse a salvo.

El capitán de la *Santa Marta* comprendió al fin que había puesto proa al desastre y fue el primero en dar la orden de regreso.

Los hombres treparon a las velas y el timonel viró en redondo, pero el viento quebró los gruesos mástiles como si se tratara de resecos mondadientes, y desarbolada y sin gobierno la nave hizo un extraño y mostró su quilla al aire para precipitarse al fondo del Caribe sin ofrecer apenas resistencia.

Cuarenta y siete tripulantes y catorce pasajeros dejaron de existir ante la atónita mirada de los últimos testigos de la playa.

Fray Nicolás de Ovando corrió a encerrarse en su recámara.

A la *Santa Marta* siguió muy pronto una pesada carraca de torpes movimientos, con lo que cincuenta y seis vidas más engrosaron una lista que no había hecho más que iniciarse.

Los primeros bohíos indígenas y media docena de chozas de barro se hundieron con estrépito.

El pánico se apoderó del mundo.

El viento consiguió arrancar de raíz una vieja ceiba que corrió por la Plaza de Armas como un matojo por el desierto.

La torre norte de la temida «Fortaleza» desapareció como tragada por un invisible dragón y el cuerpo del centinela fue a parar a media legua de distancia.

Una gigantesca ola partió en dos al *Indomable*, y la siguiente fue la tumba de cincuenta y tres marineros. Las pesadas campanas de la iglesia tocaban solas el más espeluznante de los conciertos de difunto.

El morado de las nubes se hizo negro.

Apretujados en el sótano del Alcázar, hombres, mujeres y niños no tenían fuerzas más que para llorar y taparse los oídos para no seguir escuchando tanto estruendo de muerte.

El mar le iba ganando metros a la tierra y su espuma bañaba las copas de la primera fila de palmeras.

Dos navíos sin gobierno se abordaron con violencia para hundirse fundidos en un postrer abrazo.

El *San Patricio* vio cómo una ola de quince metros lo alzaba en volandas durante más de cuatro leguas para acabar depositándolo, despanzurrado, sobre un cañaveral de tierra adentro. Sobrevivieron trece hombres.

El *Buensuceso* no tuvo tanta suerte.

El ex Gobernador Don Francisco de Bobadilla, abrigó la certeza de que su vida, su honor y sus riquezas, seguirían muy pronto idéntico destino, preguntándose una vez más de qué le había servido cometer tantas y tan absurdas iniquidades.

La mayoría de los pasajeros rezaba.

Algunos maldecían.

Fray Nicolás de Ovando se esforzaba inútilmente por convencerse de que no le cabía aceptar culpa alguna en un desastre del todo punto imprevisible, y nadie podría nunca responsabilizarse por el hecho de que más de ciento cincuenta mil castellanos de oro, tantos barcos, y tantas vidas se hubieran perdido irremisiblemente.

En aquellos momentos llegó a la conclusión de que para gobernar no bastaba con ser honrado, justo y decidido. Se hacía necesario aliarse con Dios, y resultaba evidente que Dios se había puesto en contra suya.

La Guquía, a la que un sensato capitán había dejado en las expertas manos de «Maese» Juan de la Cosa, avistaba las costas de Isla Saona cuando «El Espíritu del Mal» hacía gala ya de toda su potencia.

El resto de las naves no eran más que juguetes de un monstruo apocalíptico con las velas en jirones, los timones inútiles y sus tripulantes resignados a la muerte.

Nadie pensaba ya más que en sí mismo.

La lluvia, transformada en una cortina espesa y cálida, impedía la visión a más de cincuenta metros, y anegaba las cubiertas precipitándose en cascada al fondo de las bodegas de los navíos que aún conseguían mantenerse a flote.

Los arroyos se convertían en ríos y los ríos en mares que descendían arrasándolo todo.

Las olas lanzaban cuerpos humanos a tierra y las turbulentas aguas de tierra adentro cadáveres al mar.

En la desembocadura del Ozama el agua dulce que bajaba en cascadas y las enormes olas que llegaban furiosas libraban una cruel batalla sin vencedores ni vencidos.

Era el caos.

La *Capitana* naufragaba lentamente, como si el destino quisiera regodearse en permitir que Don Francisco de Bobadilla sufriese una larga agonía viendo cómo los cofres con sus ingentes tesoros iban desapareciendo uno tras otro bajo las aguas.

Francisco Roldán se ató a un grueso madero para lanzarse al mar con la vana esperanza de que le empujara hacia la playa.

Encadenado en su calabozo, Guarionex agradeció una muerte que le igualaba a sus enemigos librándole de tanta humillación como sufría. Seguía el mismo destino que aquel otro mítico cacique: el feroz Canoabó, que también naufragara años atrás rumbo al exilio.

Cienfuegos y Bonifacio Cabrera se acurrucaban en el fondo de una mina abandonada conscientes de que nada podían hacer contra las furias de la Naturaleza desatada.

Juan de la Cosa consiguió colocar su carabela a sotavento de Isla Saona.

El resto de las naves se perdieron, y con ellas novecientas veinticuatro vidas y el mayor tesoro que se había extraído hasta el momento del Nuevo Continente.

De la orgullosa «ciudad» de Santo Domingo quedaba ya en pie muy poca cosa.

Luego llegó la calma del ojo del huracán, y en ese intervalo los tiburónes dieron buena cuenta de los escasos náufragos que, como Francisco Roldán, pugnaban por alcanzar la costa.

La engañosa calma hizo que muchos se decidieran a abandonar sus escondites para contemplar, horrorizados, lo que quedaba de lo que habían sido sus hogares.

Fray Nicolás de Ovando hizo su aparición en el balcón sólo un instante, para volver a ocultarse en su recámara.

Fray Bernardino de Sigüenza corrió a impartir la extremaunción a los moribundos.

Poco después aulló de nuevo el viento que continuó arrasando la isla hasta bien entrada la noche.

Cienfuegos comprendió de inmediato que el ciclón había cruzado directamente sobre Santo Domingo alejándose hacia el Norte, por lo que toda la parte oeste de la isla, en especial Xaraguá, había quedado a salvo del desastre y, tanto Ingrid como los niños no tenían por qué haber corrido peligro alguno.

Como también el *Milagro* se había alejado una semana atrás rumbo al Noroeste, dedicó los días que siguieron a la ardua labor de ayudar a una población que aún temblaba al recordar el cataclismo que se les había venido encima, y que no parecía tener siquiera las fuerzas necesarias como para enterrar a sus muertos y curar a sus heridos.

Algunos desaprensivos se dedicaban a saquear lo poco que quedaba en pie, mientras otros preferían recorrer las playas con la esperanza de recuperar una mínima parte de los tesoros que iban a bordo de los barcos, pero cuanto encontraron fueron cuerpos mutilados y restos de naufragio sin valor, pese a que resultaba evidente que allí, a menos de dos millas de distancia, descansaban las fortunas del malogrado Bobadilla y sus secuaces.

Existía la duda sobre si alguna de las naves había logrado mantenerse a flote, pero como no sería sino hasta cuatro meses más tarde cuando se confirmase que la carabela de Juan de la Cosa y Rodrigo de Bastidas había conseguido arribar al puerto de Cádiz, el gomero no pudo evitar dedicar en aquellos momentos un dolido recuerdo a unos hombres que tanto le habían enseñado y tan sincera amistad le demostraran siempre.

Bonifacio Cabrera era no obstante mucho más optimista sobre el futuro de *La Guquía*, ya que parecía íntimamente convencido de que ni tan siquiera aquel terrorífico huracán había conseguido acabar con el bravo piloto de Santoña.

Por su parte, Fray Nicolás de Ovando, tan errado en su juicio anteriormente, mostró de inmediato una encomiable capacidad de reacción al promulgar un bando por el que se concedía una amnistía total a cuantos no fueran culpables de saqueo, y otro por el que se ordenaba que la nueva ciudad se trasladara a la orilla opuesta del río buscando un mayor abrigo ante la eventualidad de sucesivos huracanes.

Abrió de par en par las despensas y las arcas reales, poniendo todos sus hombres y sus medios al servicio de la comunidad, y dando tal ejemplo de abnegación y capacidad de sacrificio, que consiguió hacer olvidar en parte que era el mismo hombre al que todos culpaban del desastre de la flota.

Una semana más tarde las naves del Almirante Colón cruzaron a lo lejos para perderse de vista hacia el Oeste, y como ya el mar estaba en calma, brillaba un sol radiante y las empujaba una suave brisa, nadie alcanzó a sospechar que corrían a enfrentarse a uno de los más increíbles temporales de que se tiene memoria; una interminable tormenta que los mantendría siete meses vagando sin rumbo ni descanso para concluir por arrojarlos a las costas de la vecina isla de Jamaica.

Pero para los dominicanos Colón era ya cosa del pasado; un capítulo de su historia que deseaban olvidar, al igual que ansiaban dejar atrás el recuerdo del terrorífico huracán que les había diezmado.

La vida comenzaba una vez más.

Nueva ciudad, nuevas calles y nuevas plazas. Casas ahora de piedra con profundos cimientos y tejados tan firmes que los más violentos vendavales no conseguirían desplazar, por lo que en los días que siguieron no hubo ni un minuto de reposo para quien no estuviera poco menos que al borde de la tumba.

Uno por uno, los «enemigos» de Fray Nicolás de Ovando comenzaron a hacer tímidamente su aparición surgiendo de lo más profundo de la floresta, pero cuando resultó evidente que no se tomaba represalia alguna contra ellos cualquiera que fuesen sus delitos, acudieron en tropel a reintegrarse a la enfebrecida actividad de una ciudad que florecía con ímpetu imparable.

Diez días más tarde *Cienfuegos* pidió audiencia al Gobernador en su afán de determinar si la amnistía beneficiaba también a los reos de la temida Inquisición.

—Difícil pregunta es ésa —fue la honrada respuesta de un Ovando consciente de que su poder alcanzaba justo hasta los límites del poder de la Santa Madre Iglesia—. Por lo que a mí respecta, *Doña Mariana Montenegro* es muy dueña de andar libremente por donde más le plazca, pero si en un determinado momento un fanático dominico me exigiese encarcelarla, me vería en un delicado compromiso.

—¿Por qué?

—Porque Fray Bernardino de Sigüenza aún no se ha pronunciado respecto a la necesidad o no de procesarla, y por tanto pesa sobre ella una acusación sobre la que no puedo, ni quiero, arrogarme atribuciones.

—En ese caso, pedidle a Fray Bernardino que emita su veredicto para que *Doña Mariana* sepa de una vez a qué atenerse.

—En justicia no puedo presionarle. Debe ser su conciencia la que le indique cómo debe actuar, y aunque me gustaría que olvidara definitivamente este enojoso asunto, me libraré muy bien de entrometerme.

—¿Me permitís que intente convencerle?

—¿Convencerle? —se asombró Fray Nicolás de Ovando—. Por lo que tengo oído, sois capaz de matar una mula a puñetazos, por lo que bien ganado tenéis el apodo de *Brazofuerte*, pero de eso a abrirle la cabeza a Fray Bernardino y obligarle a cambiar de modo de pensar, media un abismo.

—Aun así me gustaría intentarlo.

—Vuestro es el tiempo y el esfuerzo —señaló el otro dando por concluida la entrevista—. Ignoro qué relación tenéis con la procesada, y a fe que prefiero no saberlo, pero si por ventura lográis que Fray Bernardino me traiga por escrito que no procede la acusación de brujería, me sentiré mucho más feliz de lo que nunca conseguiríais imaginar.

El gomero necesitó tres largos días para analizar su plan de acción, pero cuando al fin se arrodilló humildemente ante el hediondo franciscano tenía muy bien estudiado qué era cuanto tenía que decir.

En primer lugar, admitió bajo secreto de confesión ser el autor del incendio del lago, para conseguir lo cual había utilizado un producto natural llamado «mene» del que los nativos del lugar le habían mostrado tiempo atrás las propiedades, y aceptó a continuación ser el padre del hijo de *Doña Mariana*, así como el culpable directo de que *El Turco* Baltasar Garrote se hubiese retractado ante la posibilidad de que fuese el mismísimo demonio quien estuviera robándole la sangre.

El pobre frailuco no daba crédito a sus oídos, convencido de que era aquélla la confesión más absurda que hubiese escuchado jamás persona alguna, por lo que se negó a aceptar que semejante sarta de disparates pudieran tener el más mínimo fundamento.

—Comprendo tus buenas intenciones si tal como aseguras amas a esa mujer y eres el padre de la criatura que lleva en su seno —dijo—. Pero no debes esperar que crea que tienes poderes para incendiar un lago, y convencer a un hombre como Baltasar Garrote. Y si así fuera, es que en verdad hiciste un pacto con Lucifer consiguiendo que le asaltara por las noches.

—¿Si os demuestro que le engañé sin que mediara para nada Satanás, admitiríais también lo de ese líquido que arde? —quiso saber el cabrero lanzando sibilinamente sus redes.

—Es posible... —aceptó a regañadientes Fray Bernadino de Sigüenza—. ¡Sólo posible!

—Pues fijaos en esto —rogó al instante *Cienfuegos* extrayendo de un cesto de mimbre una pequeña bestia de terrorífico aspecto.

—¡Qué bicho tan repugnante! —exclamó el otro echándose al instante hacia atrás con gesto de asco—. ¿Qué diantres es eso?

—Un «murciélago-vampiro» de las selvas del interior. Se alimenta únicamente de la sangre de sus víctimas.

—¡No es posible!

—¡Sí que lo es! Encerré tres de ellos en la cabaña de *El Turco*, y no me costó trabajo convencerle de que le estaban desangrando unos invisibles servidores del demonio.

Aquello era ciertamente excesivo para un sencillo religioso que no estaba al corriente de la capacidad de engaño de semejante pícaro, por lo que cuando el isleño obligó a abrir la boca al repelente animalejo para dejar al aire sus afiladísimos colmillos, el franciscano se rascó con más violencia que nunca los sarnosos sobacos, permitiendo que la gota que eternamente colgaba de la punta de su nariz fuera a mojar el piso.

—¡Virgen Santa! —exclamó impresionado.

—¿Me creéis ahora?

¿Qué respuesta cabía darle a quien aportaba pruebas que hubieran hecho palidecer al más convencido inquisidor, y qué reacción cabía esperar de alguien que no había sospechado siquiera la existencia de tamaños prodigios de la Naturaleza?

—¡Dios me proteja! —musitó.

—¿Y bien?

El frailuco se santiguó por tres veces.

—¡San Francisco me ayude!

—¡Parad de una vez con tanta jaculatoria y responded a mi pregunta o haré que os muerda! —se impacientó el gomero—. ¿Qué decidís? ¿Me creéis o no me creéis?

—Aparta de mi vista esa bestia y dame tiempo para reflexionar —fue la casi histérica respuesta—. ¿De dónde has sacado tal engendro?

—De la selva, ya os lo dije.

—¿Y andan sueltos?

—Como los monos y los pájaros.

—¿Hay muchos?

—En «Tierra Firme» se encuentran a millares. Aquí es preciso buscarlos en las montañas.

El desgraciado piojoso se santiguó de nuevo.

—¡País de mierda! —exclamó sin poder contenerse—. Mosquitos, serpientes, tiburones, huracanes y ahora «esto»... ¿En verdad chupan la sangre?

—En cuatro días pueden matar a un hombre.

—¡Jesús!

—Y aún os diré más —añadió *Cienfuegos* consciente de que estaba a punto de vencer la tenaz resistencia de su víctima—. Bajo secreto de confesión puedo revelaros igualmente cómo acabé con aquella famosa mula. No fue de un puñetazo: le clavé las uñas introduciéndole en la sangre esta pasta que fabrican los indígenas y que mata al instante. —Le mostró las manos en ademán amenazante—. Me bastaría con arañaros y seríais hombre muerto.

—¡Rayos! —exclamó el otro dando un salto—. ¡Jamás vi nada igual! Si no estuviéramos en el confesionario le pediría al Gobernador que te mandara encarcelar.

—Lo sé —sonrió el cabrero—. Por eso estoy aquí.

—Eres un peligro público —mascullló Fray Bernardino secándose la nariz en un supremo esfuerzo por calmar sus desatados nervios—. Márchate, y llévate de una vez esa sucia alimaña.

—No, sin que antes admitáis que creéis cuanto os he dicho y me déis la absolución.

—¿La absolución? —repitió el religioso estupefacto—. ¿Has venido a la casa de Dios amenazándome con una bestia del averno y un veneno propio de brujas, y aún pretendes que te dé la absolución? ¡Una patada en los cojones es lo que te daré como no te largues al instante!

La justa indignación del buen franciscano le duró hasta bien entrada la noche, hora en que a solas en su humilde celda del maltrecho convento, meditó largamente sobre cuanto le había sido revelado en un aciago día que sin duda conservaría para siempre en la memoria.

Necesitó tiempo y toda su serenidad de hombre inteligente, ecuánime y entregado al servicio de Dios, para acabar aceptando las razones de aquel desconcertante personaje capaz de convertir un santo sacramento en una tragicomedia, y es que en el fondo de su alma, Fray Bernardino de Sigüenza no podía por menos que admirar a quien había sabido ingeniárselas de tal forma en un meritorio esfuerzo por salvar a la mujer que amaba.

Aún se resistía a admitir que existiese un «agua negra y maloliente» capaz de arder como la yesca, aunque trató de compararlo al efecto que pudiera producir una especie de aceite mezclado con alcohol que se encontrase en algún lugar del mundo en tan ingentes cantidades que consiguiese formar una gruesa capa que flotase sobre las aguas con un altísimo poder de combustión que acabara por inflamarse convirtiendo el lago en un infierno.

Todo se le antojaba posible e imposible a la vez en un mundo que tan sólo en cuestión de horas transformaba una mañana radiante en el apocalipsis, y donde una suave brisa hundía al poco tiempo una flota arrasando una ciudad hasta sus mismísimos cimientos.

Todo se le antojaba posible e imposible a la vez allí donde un inofensivo murciélago se alimentaba de sangre, y donde se podía matar a una mula de un sencillo arañazo.

Todo se le antojaba posible e imposible a la vez al otro lado de un «Océano Tenebroso» que durante miles de años había marcado la frontera entre lo conocido y lo desconocido, lo cierto y lo falso, lo real y lo fantástico.

Fray Bernardino de Sigüenza era capaz de admitirlo así, y era capaz de aceptar de igual modo que aquella absurda historia sobre *Doña Mariana Montenegro* no contribuiría en absoluto a aclarar sus ideas con respecto a las relaciones entre Dios, hombres y demonios, sino más bien a confundir lo poco que alguna vez creyó haber entendido.

Durante un cierto tiempo imaginó haber encontrado un claro indicio de que fuerzas innegablemente satánicas estaban ejerciendo su maléfico poder sobre un aterrorizado Baltasar Garrote que parecía incluso dispuesto a morir en la hoguera por escapar a su influencia, pero he aquí que todo quedaba de pronto reducido a los hábitos alimenticios de una alimaña a la que la Naturaleza había dotado del curioso poder de chupar sangre sin alarmar a sus víctimas.

Aquélla constituía una tremenda decepción para quien buscaba «La verdad» en la más amplia extensión de la palabra, y tan sólo encontraba «La realidad» en una de sus más curiosas manifestaciones, sin que en ello intervinieran en absoluto ni «El Bien» ni «El Mal» que tanto le inquietaban.

La analítica y en cierto modo implacable inteligencia de Fray Bernardino de Sigüenza le habían empujado a sospechar que tal vez existía una respuesta lógica incluso para los misterios más tradicionalmente ligados a lo sobrenatural, y era tan sólo cuestión de tiempo, estudio y dedicación, conseguir que tales prodigios se fuesen desvelando uno tras otro.

Ahora, todo aquel estrambótico enredo en apariencia inexplicable en un principio se decantaba por derroteros que venían a corroborar sus anteriores apreciaciones, y aunque cupiera imaginar que ello habría de producirle una íntima satisfacción, lo único que conseguía era desasosegarle, sumiéndole en un profundo desconcierto que le impedía conciliar el sueño ni siquiera un segundo.

Una vez más Satanás se le había escurrido entre los dedos; una vez más, la casi absoluta certeza de la existencia de Lucifer quedaba en entredicho.

Al amanecer cayó en la cuenta de hasta qué punto se había mostrado soberbio al imaginar que hubo un momento en que creyó haber llegado más lejos que los más grandes teólogos y los hombres más santos, por lo que desnudándose de cintura para arriba, buscó el pequeño látigo que guardaba bajo el camastro y se flageló las espaldas hasta que la sangre le humedeció las sandalias.

Luego, mediada la mañana, se cubrió de nuevo y se encaminó, cabizbajo, al Alcázar del Gobernador Ovando.

—Anoche vieron al Capitán De Luna en casa de Leonor Banderas.

—Creía que seguía liado con esa tal Fermina Constante.

—Y lo está, pero por lo visto acaba de parir.

—¿Le acompañaba Baltasar Garrote? —quiso saber *Cienfuegos*.

—«El Turco» continua oculto en la selva —se apresuró a contestar Bonifacio Cabrera—. Por lo que me han contado el Capitán se limitó a «ocuparse» con una de las chicas, tomarse una jarra de vino y marcharse.

—¿Dónde vive ahora?

—¿Por qué no lo olvidas? —suplicó el renco—. Han pasado demasiadas cosas y los pocos que quedamos deberíamos ser capaces de empezar en paz una nueva vida.

—Es lo único que pretendo —admitió el gomero con un cierto aire de fatiga—. ¿Pero qué posibilidades de vivir en paz existen cuando sabes que hay alguien dispuesto a hacerle daño a los seres que amas? Dentro de un mes se cumplirán diez años del día en que el Capitán me persiguió con sus perros por las montañas de La Gomera, y aún temo internarme en un callejón oscuro por si me está acechando. —Agitó la cabeza pesimista—. Es hora de acabar con eso —sentenció—. De una vez por todas.

—¿Matándole?

—¡Si no queda otro remedio...!

—¿Cómo? —ironizó el cojo—. ¿Siendo tú el que le asesine en un callejón? Me consta que nunca lo harías y cara a cara no tienes la más mínima oportunidad de conseguirlo.

—¿Por qué?

—Lo sabes mejor que nadie. Es un espadachín entrenado por los mejores maestros de la Corte, y tú un simple pastor de cabras.

—Caín mató a Abel con ayuda de su honda, y por lo visto el tal Abel era un gigante enorme.

—Ésos no eran Caín y Abel, sino David y Goliat —le hizo notar el otro—. Aunque para el caso es lo mismo. Seguro que él también conoce esa historia y no va a dejar que le tires piedras, así que piensa en otra solución.

—No es tan fácil —reconoció el gomero rascándose la cabeza—. No se me ocurre nada y todo cuanto sea capaz de ingeniar pierde su eficacia cuando se trata de enfrentarte a un solo enemigo sin más ayuda que una espada.

—Olvídalo entonces.

—¿Es lo único que se te ocurre cuando no sabes hacerle frente a un problema? ¿Olvidarlo? —*Cienfuegos* hizo un ademán con la mano como desechando la idea—. No —añadió—. Ésa no es mi forma de hacer las cosas.

—Muéstrame otra.

—Pedirle a alguien que me enseñe esgrima —aventuró el cabrero—. Si otros han aprendido, ¿por qué no puedo hacerlo yo?

—Porque te llevaría meses. ¡Tal vez años! Y si al final te mata, dejarías a *Doña Mariana*, Haitiké, Araya y el niño que va a nacer, en el más absoluto desamparo. —El cojo colocó con afecto una mano sobre la de su amigo—. ¡Vámonos a Xaraguá! —rogó—. Estaremos a salvo, y cuando llegue el barco buscaremos esa maravillosa isla en la que iniciar una nueva vida. Una vez allí, ni el Capitán De Luna ni el mismísimo Rey Fernando podrán hacernos daño.

Era aquél, sin duda alguna, un buen consejo, lógico y práctico, pese a lo cual el canario *Cienfuegos* continuó aferrado a la idea de que alguien que había sido capaz de atravesar por tres veces el océano para buscarles en el corazón del lago Maracaibo, de igual modo sería capaz de averiguar dónde se ocultaban, persiguiéndoles hasta las mismas puertas del infierno, por lo que se negaba a seguir viviendo con aquella temible espada de Damocles sobre sus cabezas.

Debido a ello, el día en que se tropezó al hambriento Vasco Núñez de Balboa en la ahora semiderruida «Taberna de los Cuatro Vientos» le espetó sin más preámbulos:

—¿Cuánto me costarían unas cuantas lecciones de esgrima?

—La vida —fue la desconcertante respuesta.

—¿La vida? —repitió estupefacto—. ¿Qué diablos pretendéis decir con eso?

—Que en cuestión de esgrima, o aprendéis seriamente, o el primer rival os ensartará como a un lechón. «Unas cuantas lecciones» sólo servirían para haceros creer que sabéis manejar una espada y permitir que os mataran. —Aceptó encantado el vaso de vino que el gomero le ofrecía, y añadió—. ¡Hacedme caso! No luzcáis un arma si no tenéis la absoluta seguridad de que podéis hacer buen uso de ella. De otro modo no es que no os defienda: es que se vuelve en contra vuestra.

—Sabio consejo.

—Siempre fui experto en darlos e inexperto en aceptarlos —admitió el jerezano—. De ahí que me encuentre en tan precaria situación que me atreva incluso a intentar enseñaros algo que estoy convencido de que no os conviene.

—¿Luego aceptáis?
—Con una condición.
—¿Y es?
—Que no os colguéis una espada al cinto hasta que yo considere que podéis hacerlo.
—Trato hecho.
—Me dolerá que os rajen, pero más sablazos da el hambre. ¿Pensión completa, vino incluido? —aventuró.
—De acuerdo. ¿Cuándo empezamos?
—¿Por qué no ahora?
Tuvieron que recuperar nuevamente el arma de Núñez de Balboa de manos de Justo Camejo, que aceptó además cederles a buen precio el sable de un desgraciado al que el pasado huracán se había tragado, y en un claro del manglar, no lejos del agua, iniciaron esa misma tarde la difícil labor de convertir a un ex cabrero de la isla de La Gomera en un experimentado matachín.
Al concluir la primera hora de esfuerzos se dejaron caer en la arena totalmente agotados.
—¿Y bien? —quiso saber *Cienfuegos*?
—¿Y bien? —repitió el otro jadeante—. Jamás vi a nadie tan negado para esto. Manejáis la espada como si se tratara de un palo de azotar alfombras.
—Soy bueno con un palo —admitió el canario—. Allá en La Gomera «el juego del palo» es una especie de deporte nacional, y yo era de los mejores. Toda mi vida la pasé con una pértiga en la mano.
—Pero esto no es «el juego del palo» —se lamentó el jerezano—. Esto es esgrima, y la espada no es una pértiga, sino algo que hay que manejar con delicada firmeza. Si la apretáis demasiado, la ahogáis; si demasiado poco, os la arrebatan. Y tenéis menos juego de muñeca que un manco.
—¡Aprenderé!
—Lo dudo —replicó Núñez de Balboa en un gesto de sincera honradez—. Sé que estoy tirando piedras

contra mi tejado y me juego la pitanza de las próximas semanas, pero os aprecio y me consideraría un hipócrita si no dijera lo que opino al respecto.

—Y yo os lo agradezco, pero ello no me fuerza a cambiar de idea —puntualizó el canario—. Estoy dispuesto a practicar hasta que se me caiga el brazo.

—¿Por qué no probáis a romperle la cabeza de un puñetazo? —inquirió socarrón el jerezano—. Más frágil que la de un mulo ya la tendrá.

—¡No conocéis al Capitán De Luna! ¿Seguimos?

—Sigamos.

Pero resultaba un empeño tan inútil como intentar enseñar alpinismo a un ciego, puesto que el gomero se emperraba en atacar a su enemigo como si tratara de partirlo a estacazos, lo que traía aparejado que su espada pasase más tiempo por los aires que en su mano.

—Con suerte, en una de esas piruetas le cae encima y le atraviesa —le ridiculizó su improvisado maestro—. Pero por la misma razón os puede cercenar una pierna.

El canario *Cienfuegos* tardó cinco días en llegar a la conclusión de que en efecto, y pese a su magnífica condición atlética y su innegable rapidez de reflejos, Dios no le llamaba a convertirse en un espadachín mínimamente aceptable, por lo que dedicó una larga noche a reflexionar sobre la forma de encarar el difícil reto que significaba enfrentarse a un hombre tan experimentado con las armas como el Vizconde de Teguise.

Las lecciones que Núñez de Balboa continuaba impartiéndole no le servían para aprender a manejar una espada, pero sí le estaban sirviendo para hacerse una idea de en qué consistía el arte de la esgrima, y de qué forma acostumbraba a atacar o defenderse alguien que, como el jerezano, en nada tendría que envidiar la habilidad del Capitán De Luna, ya que las fintas y las estocadas parecían ofrecer un determinado número de variantes que solían encadenarse de una forma lógica, dependiendo casi siempre su efectividad de la agilidad y reflejos del ejecutante.

—Por lo que me habéis contado sobre el Vizconde —puntualizó una tarde Vasco Núñez de Balboa—, se trata de un militar acostumbrado a luchar contra guanches y salvajes, lo cual significa que estará más habituado al sable pesado, el tajo y el mandoble, que a la esgrima de taberna y salón, donde se tiende a buscar la finta y ensartar limpiamente al enemigo. Eso quiere decir que debéis esperar golpes directos, de arriba abajo o por los costados, más que de frente. ¿Es alto?

—Bastante.

—¿Más que Vos?

—No.

—¿Fuerte?

—Sí.

—¿Ágil de cintura?

—Supongo que no. Debe rondar la cuarentena y no creo que haya hecho mucho ejercicio últimamente. Le gusta comer bien, el vino y las mujeres.

—¡Como a todos! —rió el otro—. ¿Diestro o zurdo?

—Diestro.

—Con semejantes características, apostaría a que la mayor parte de sus ataques irán destinados a vuestro hombro izquierdo en su unión con el cuello. Os distraerá con fintas, florituras y amagos a las piernas, pero en el fondo sabe que ése es su golpe mortal.

—Entiendo... ¿Os importaría atacarme como si fuerais él?

—No es mi estilo, pero lo intentaré.

Practicaron durante dos agotadores días más, y cuando al fin el gomero se consideró suficientemente preparado se aclaró el cabello permitiendo que recuperara su llamativo color rojizo, y a primera hora de la mañana siguiente aguardó al Vizconde en un claro del bosque.

Se había informado de que solía pasar por allí en

sus diarios paseos ecuestres siempre antes de que el pesado bochorno tropical agotase a la bestia, por lo que apenas lo vio llegar se plantó en mitad del camino cortándole el paso.

Sorprendido, el Capitán De Luna detuvo su cabalgadura a poco más de cinco metros de distancia, para estudiarle de arriba abajo y acabar comentando:

—¿De modo que tú eres el famoso *Cienfuegos*, el que se esconde bajo las faldas de las mujeres? ¿A qué viene este cambio de actitud?

—Tenemos que hablar.

—¿Hablar? —se sorprendió el otro—. ¿Hablar de qué? Yo no hablo con gente de tu clase y tu calaña. Los aplasto si es que no corren. Y tú, correr, corres mucho.

—Pues aquí estoy, yo no pienso moverme —fue la tranquila respuesta—. Ya no sois el todopoderoso Señor de La Gomera que lanzaba a la isla contra mí, ni yo el asustado chiquillo que no sabía qué era lo que estaba ocurriendo. —Le observó de hito en hito—. ¿Os atreveríais a bajar de ese caballo?

—¡Desde luego! —replicó el Capitán De Luna echando pie a tierra y dando una afectuosa palmada al animal para que se alejara unos metros—. ¿Por ventura intentas desafiarme?

—Únicamente en el caso de que no os avengáis a regresar a España para no volver nunca.

—¿Marcharme? —se asombró el de Teguise—. ¡Diantre! En verdad que además de impertinente eres estúpido. Llevo años intentando ponerte la mano encima, y cuando al fin te tengo delante pretendes que sea yo el que huya.

—No pretendo que huyáis, sino que aceptéis regresar a vuestro mundo, y nos dejéis vivir en paz en éste. Ingrid espera un hijo, y nuestro sueño es criarlo sin sabernos acosados. Lo que ocurrió nadie pudo evitarlo, y hace ya tanto tiempo que matarse por ello se me antoja ridículo.

—¿Ridículo? —repitió su interlocutor como si le costara trabajo aceptar lo que acababa de oír—. No me extraña que a un bastardo cabrero de La Gomera vengar su honor se le antoje ridículo, pero para un caballero aragonés, su honor está por encima de todo aunque pasen mil años. Al fin estamos frente a frente, y a fe que uno de los dos deberá quedarse para siempre en este bosque.

—Os suplico que lo penséis por última vez —insistió *Cienfuegos*—. Ya nos hemos hecho demasiado daño, y lo más triste es que han muerto muchos que nada tenían que ver con este caso. ¡Dejémoslo estar!

—¡Jamás! —exclamó el otro echando mano a la empuñadura de su arma—. Acaba de una vez con tanta cháchara y desenvaina.

—No tengo espada.

Fue entonces cuando el Vizconde de Teguise reparó en el hecho de que, efectivamente, su enemigo se encontraba desarmado, y más que un duelista dispuesto a luchar, parecía un inofensivo peregrino apoyado en su báculo.

—¿Qué broma es ésta? —quiso saber—. ¿Una nueva burla? ¿Tan cobarde eres como para retarme sabiendo que soy incapaz de matar a un hombre indefenso?

—No estoy indefenso.

—¿Ah, no...? ¿Y con qué piensas luchar? ¿Con ese palo?

El cabrero se limitó a asentir en silencio, lo cual tuvo la virtud de exacerbar aún más a su oponente, que concluyó de desenvainar dispuesto a abalanzarse sobre él cegado por la ira.

—¡Un palo, hijo de puta! ¿En verdad crees que puedes apalear a un hidalgo español como si fuera un perro?

—Mis antepasados mataron a muchos «hidalgos españoles» sin más arma que un palo como éste —le hizo notar el canario con naturalidad—. Así que, por lo que a mí respecta, no tenéis por qué considerarme desarmado.

El Capitán León de Luna, que tan crueles batallas

había librado contra unos irreductibles guanches, que no solían emplear más que palos, mazas y hachas de piedra, pareció rememorar por unos instantes aquellos lejanos recuerdos, hasta que al fin blandió su arma con gesto decidido:

—¡De acuerdo! —dijo—. A los salvajes, como a salvajes. ¡Reza si sabes!

Sobraban las palabras, y no quedaba ya más que estar atento a cada gesto, conscientes de que la más mínima distracción podía acarrear la muerte, puesto que ambos hombres abrigaban el firme convencimiento de que de aquel solitario bosque tan sólo uno de ellos podría salir con vida y por su propio pie.

El Vizconde de Teguise usaba una ancha y afilada espada toledana de trabajada cazoleta, y aunque resultaba evidente que debía ser muy pesada, la manejaba con sorprendente soltura, haciendo gala de un hábil juego de muñeca que en nada tenía que envidiar al del jerezano Vasco Núñez de Balboa, pese a que el arma de este último fuese sin duda considerablemente más liviana.

Cienfuegos se limitaba a permanecer a la expectativa, empuñando el grueso palo de casi seis centímetros de diametro y dos metros de largo con ambas manos, dejando entre una y otra poco más de un metro de distancia, con el puño izquierdo hacia arriba y el derecho hacia abajo, según la clásica actitud defensiva de los «Jugadores de Palo» de las islas Canarias.

Varios cortos amagos hicieron comprender al Capitán De Luna que no iba a constituir en absoluto una tarea sencilla alcanzar de lleno al escurridizo rival que tenía enfrente, puesto que una y otra vez éste desviaba el ataque con un seco golpe que mostraba a las claras, tanto una increíble rapidez de reflejos, como un perfecto conocimiento del arte de la esgrima.

No era aquél, desde luego, un salvaje de los que se precipitaban montaña abajo atacando sin orden ni con-cierto, y al que se les podía rebanar el pescuezo de un solo tajo.

No era tampoco el nieto de un guanche furibundo y aullador al que la ira por ver ocupada su isla impulsaba a lanzarse ciegamente hacia la muerte sin medir las consecuencias de sus actos, y no era, por último, un duelista ansioso de sangre, decidido por tanto a acabar con su enemigo a cualquier precio.

Era, por el contrario, un maldito cerdo, frío, sereno y calculador, cuyos verdes ojos ahora entrecerrados parecían captarlo todo, y cuyo hercúleo cuerpo amenazaba con catapultarse violentamente hacia delante en décimas de segundo.

Al Vizconde de Teguise podía considerársele un hombre fuerte incluso para una época de hombres increíblemente recios, pero en esta ocasión su oponente le superaba tanto en peso como en envergadura, y cuando tras un nuevo y fallido ataque retrocedió unos pasos para replantear su estrategia, le asaltó de improviso una sospecha que le obligó a inquirir sin poder contenerse:

—¿Acaso eres tú ese que llaman *Brazofuerte*?

—El mismo.

—¿El que convenció a Baltasar Garrote de que le atacaban los demonios?

—Exactamente.

—¿Cómo lo hiciste?

—Es una larga historia que por desgracia no viene al caso. ¿Cansado?

—¡En absoluto!

Pero no era cierto. El Capitán De Luna comenzaba a fatigarse, puesto que ya no era un niño, llevaba años sin poner el pie en un campo de batalla, y el hecho de tener que ser quien se lanzara una y otra vez al ataque cargando con un arma tan pesada empezaba a dormirle el antebrazo.

Resultaba evidente que el ritmo de su respiración ya no era el mismo.

Pareció considerar que había llegado el momento de lanzar un golpe definitivo, por lo que aspiró profundamente, alzó el arma con las dos manos y dio un paso adelante para descargarla con todas sus fuerzas temiendo que el gomero tratase de esquivar un mandoble que de cogerle de lleno podría partir en dos el palo y su cabeza.

Pero lo que ocurrió a continuación le dejó estupefacto, pues su enemigo se limitó a colocar el báculo horizontal, permitiendo que el terrorífico tajo le alcanzara de lleno.

Contra todo pronóstico, el grueso bastón no se quebró como era de esperar, sino que la espada rebotó con tan tremenda fuerza que a punto estuvo de escapar volando de las manos de su dueño, de modo que el bestial impacto hizo que todo su cuerpo vibrara como atacado por una súbita descarga que tuvo la virtud de atontarle.

—¿Cómo es posible? —exclamó, cuando al cabo de unos segundos consiguió recuperarse—. ¿De qué está hecho ese palo?

—Tiene el alma de acero.

—¿El alma de acero? —se alarmó—. ¿Qué quieres decir con eso?

—Que no es un simple palo, sino dos abiertos por la mitad y vueltos a unir en torno a una barra de acero del grueso de mi dedo —señaló el canario con naturalidad—. Si le propináis otro golpe como ése, lo más probable es que sea vuestra espada la que se quiebre.

—¡Hijo de puta...!

—¿En verdad imaginabais que soy un estúpido salvaje dispuesto a permitir que le corten en pedazos? —inquirió el cabrero—. Mi abuelo era guanche, en efecto, pero yo he aprendido mucho en estos años. —Hizo una corta pausa y añadió con calma—: Aún estáis a tiempo. Aún aceptaré vuestra palabra de que abandonaréis la isla.

—¡Nunca!

—¡Pensadlo bien!

—¡No hay nada que pensar! ¡Voy a matarte!

Se abalanzó de nuevo sobre su enemigo, pero resultó evidente que ahora lo hacía sin la misma convicción, fatigado, y temeroso ante la terrible arma en que parecía haberse convertido de improviso un inocente báculo de humilde peregrino.

Cienfuegos, más joven, más fuerte y más sereno, se limitó a permitir que se agotara en sus vanos intentos de alcanzarle, y cuando al fin tomó la iniciativa lanzó un golpe que le alzó en vilo tumbándole de espaldas con un crujir de huesos.

—¡Por favor! —suplicó—. Matar a un hombre a palos no es nada que me honre. ¡Rendíos!

Ensangrentado, tambaleante, con tres costillas rotas y la vista nublada por el dolor y la ira, el Capitán León de Luna se puso trabajosamente en pie, aferró con fuerza su arma y se precipitó una vez más hacia delante seguro de ir a la muerte.

Un latigazo en el cuello le dejó sin respiración obligándole a rodar como un saco sin vida.

—¡Maldito! —mascullló escupiendo sangre y dientes—. ¡Mil veces maldito!

Fue una masacre, pues el siguiente golpe le partió la mandíbula, otro le saltó un ojo, y por último, con el rostro convertido en una masa sanguinolenta, asistió, impotente, al hecho de que la barra de acero rodeada de dura madera se alzara lentamente sobre su cabeza, para que un asqueado *Cienfuegos* la abatiera con todas sus fuerzas partiéndole el cráneo y permitiendo que la masa encefálica se esparciera en todas direcciones.

Entristecido y humillado, el gomero arrojó a un lado el arma homicida y abandonó el bosque cabizbajo y tembloroso.

No se sentía en absoluto orgulloso por tan horrenda victoria.

Fray Nicolás de Ovando mandó llamar a Guzmán Galeón, más conocido por el sobrenombre de *Brazofuerte,* y cuando lo tuvo ante su presencia le espetó sin más preámbulos:

—Ignoro cómo lo habéis conseguido, pero Fray Bernardino de Sigüenza ha decidido retirar los cargos contra *Doña Mariana Montenegro*.

—¿Significa eso que puede regresar a Santo Domingo con entera libertad?

—No —fue la seca respuesta—. La acusación de brujería ha sido sobreseída, pero quedan puntos oscuros que aconsejan manteneros lejos de la ciudad y de la isla. —El severo Gobernador hizo una corta pausa como si necesitara tomar aliento y por último añadió—: He decidido deportaros de La Española por un período de cinco años.

—¿Pero por qué? —quiso saber el cabrero—. ¿Si no se nos acusa de nada concreto, qué razón existe para deportarnos?

—Mis razones, mías son, y no tengo la más mínima obligación de dar explicaciones. —El tono resultaba inapelable—. Tenéis un mes para marcharos con la seguridad de que, pasado ese tiempo, se os ahorcará sin dilación alguna.

—Se me antoja injusto.

—Yo soy el único que puede decidir lo que es justo o injusto a este lado del océano, y aunque Fray Bernardino no ha querido aclarar las razones de su decisión, está de acuerdo conmigo en que vuestra presencia no puede acarrear más que problemas. —Lanzó un sonoro suspiro—. Y os garantizo que problemas es lo único que me sobra en estos momentos.

Alargó la mano haciendo sonar una campanilla, lo que equivalía a indicar que un secretario debía hacer su aparición dando por concluida la entrevista, y el canario *Cienfuegos* no tuvo más remedio que optar por encaminarse a la salida consciente de que toda oposición resultaba por completo inútil.

Al fin y al cabo había tomado ya la decisión de abandonar la ciudad, pues estaba convencido de que la aparición del cadáver del Capitán León de Luna podía acarrearle graves perjuicios, y era sólo cuestión de tiempo que la parturienta Fermina Constante se recuperase y diese la voz de alarma sobre la extraña ausencia del padre de su hijo.

Se encaminó por tanto al astillero de Sixto Vizcaíno rogándole a Bonifacio Cabrera que lo dispusiera todo para poner cuanto antes tierra por medio.

—¿Aún sigues convencido de que buscar una isla desierta es lo más conveniente? —quiso saber el renco, apenas tuvo conocimiento de cómo estaban las cosas.

—Más que nunca —fue la segura respuesta—. Aquí no nos quieren y en España nada se nos ha perdido. Lo mejor será encaminarnos a Xaraguá y esperar el regreso del *Milagro*.

—No volverá antes de que se cumpla ese mes.

—Lo sé, pero dudo que allí nos encuentren. El brazo de Ovando es muy largo, pero tú y yo sabemos que aún no llega tan lejos.

No quedaba más que despedirse del fiel carpintero

de ribera y el estrambótico Balboa, por lo que a la mañana siguiente, y tras recoger el resto del dinero que *Doña Mariana* escondía en su casa, se pusieron rápidamente en camino.

En principio fue un viaje tranquilo, aunque se vieran obligados a permanecer siempre atentos a la posible presencia de los innumerables desertores y bandoleros que vagaban por los bosques y en el que apenas hablaron debido al hecho de que *Cienfuegos* aún se encontraba impresionado por el terrible fin del Capitán De Luna, ya que era la primera vez que se había visto obligado a matar a un ser humano de una forma tan fría, brutal y degradante.

Abandonar el cadáver en mitad del bosque, expuesto a que las alimañas se cebaran en él, le había producido de igual modo una agobiante sensación de amargura, al tiempo que continuamente se preguntaba hasta qué punto podía considerarse a sí mismo el auténtico causante de los innumerables sufrimientos de aquel pobre desgraciado.

Sin proponérselo le había robado la esposa, el honor y la vida, y el cabrero seguía teniendo la suficiente honradez y sensibilidad como para aceptar su parte de culpa en tales hechos.

Cuando cerraba los ojos le venía aún a la mente la imagen de un cráneo que se hendía esparciendo blandos y ensangrentados sesos en todas direcciones, y era aquél un recuerdo obsesionante que le obligaba a permanecer despierto, imaginando que acabaría persiguiéndole hasta el fin de sus días.

—Yo no quería matarle —murmuró de improviso una mañana como si el hecho de contarlo pudiera servir de algo—. Nunca quise llegar a ese extremo, y hasta el último instante confié en que cedería. En el fondo, le admiraba.

—¿Cómo es posible? —se sorprendió el renco que

parecía ser capaz de comprenderlo todo menos eso—. Te odiaba a muerte, y casi consiguió que condenaran a Ingrid... ¿Cómo puedes asegurar que le admirabas?

—Fue un hombre íntegro —replicó el gomero—. Y debió amarla tan profundamente, que perderla le trastornó. Y eso es algo que únicamente yo puedo entender en todo su significado. Perder a Ingrid es aún peor que perder la vida, puedes estar seguro.

—Lo suyo ya no era amor. Era frustración, odio y orgullo herido. —El cojo se mostraba inmisericorde con aquel a quien culpaba de que hubiesen perdido la hermosa vida que tenían en Santo Domingo—. Te pedí que lo olvidaras cuando estaba con vida, y ahora insisto en que lo olvides muerto. Si alguna vez hubo alguien que corrió tras su propia destrucción, ése fue él, y de nada vale compadecerle.

—Se nota que tú no le abriste la cabeza como si fuera un coco.

—Porque no tuve ocasión —admitió el otro sin recato—. Pero de haberla tenido lo habría hecho, y puedes estar seguro de que nunca me remordería la conciencia. Vivimos tiempos difíciles —añadió—. Tiempos en los que el mar se traga en un instante a un millar de hombres, o en que las guerras, las fiebres o las serpientes matan a diario a nuestros amigos. —Chasqueó la lengua con aire de fastidio—. Y si dentro de un mes no te has largado, te ahorcan. Deja pues de preocuparte por quien buscó con tanto ahínco acabar como lo hizo.

A *Cienfuegos* le hubiera gustado obedecerle para borrar así de su memoria aquella aciaga mañana en que tuvo que apalear a un hombre hasta matarle, pero a pesar de las increíbles vicisitudes que la vida le había obligado a soportar durante aquellos terribles años de penurias y amarguras su corazón continuaba siendo el del inocente muchacho al que Ingrid sorprendiera bañándose desnudo en una laguna de los bosques de La

Gomera, y dijera el renco lo que dijera, nada borraba el hecho de que había matado a alguien al que con anterioridad se lo quitara todo.

Poco después reanudaron la marcha y nunca más volvieron a tocar el tema, ya que en los días que siguieron, altas montañas primero y una profunda selva pantanosa más tarde, convirtieron el viaje en un auténtico suplicio, en especial para un Bonifacio Cabrera que no estaba habituado a semejantes caminatas, y que cuando al atardecer se derrumbaba bajo un árbol, cerraba los ojos de inmediato para no volver a abrirlos hasta que una tímida claridad glauca se insinuaba apenas entre las ramas y las hojas.

Una lluvia densa, caliente y sucia transformó la impenetrable jungla en una enfangada sauna irrespirable de la que muy pronto desapareció todo rastro de los retorcidos senderos que tan solo los «salvajes» transitaban, dificultando a tal punto la penosa andadura del renco, que *Cienfuegos* comenzó a preocuparse seriamente por el estado físico y mental de su fiel amigo de la infancia.

Y es que la lluvia degeneró poco a poco en diluvio y nada hay que agote y aturda tanto como el violento golpar de billones de gruesas gotas de agua contra millones de anchas hojas húmedas, en un estruendo que llega a embotar los sentidos y obliga a imaginar que la cabeza no es ya más que un monstruoso tambor que nos golpea.

Xaraguá se encontraba al Oeste, pero los altos árboles y la densa capa de nubes impedían adivinar por dónde salía o se ocultaba el sol, lo que trajo aparejado el hecho de que incluso alguien tan habituado a desenvolverse en la selva como el cabrero llegara a perder por completo todo sentido de la orientación.

Se habían extraviado.

Resultaba absurdo y casi ridículo admitirlo, pero

más absurdo hubiera sido no aceptar que un universo hecho de fango, miles de árboles idénticos, y un cielo que no era más que una lejana mancha oscura, hasta las palomas mensajeras hubieran errado el rumbo.

Bonifacio Cabrera deliraba.

El calor continuaba siendo agobiante pero aun así el cojo tiritaba castañeteando los dientes presa de un acceso de fiebre que le sumió muy pronto en la inconsciencia, incapaz ya de dar un paso por sí mismo al extremo de que el maltrecho *Cienfuegos* tuvo que optar por cargárselo a la espalda.

El peso hizo entonces que el gomero se hundiera en el barro hasta el tobillo convirtiendo el simple hecho de avanzar un centenar de metros en un esfuerzo agotador e insoportable.

Poco a poco comenzaba a perder también el sentido de la realidad e incluso del tiempo.

Cuando encontraba un árbol caído o un pedazo de terreno aún no encharcado pasaba largas horas tumbado junto al inconsciente Bonifacio Cabrera masticando con fruición largos pedazos de carne seca, pero ni aun en tales momentos de reposo se sentía capaz de fijar sus ideas, como si el calor y el insoportable rumor de la lluvia tuvieran la virtud de impedirle concentrarse en las cosas más simples.

Al tercer día distinguió un objeto que brillaba a lo lejos, corrió en su busca y le horrorizó descubrir que se trataba de una daga que había perdido, lo que le obligó a comprender que todo ese tiempo habían estado dando vueltas sin destino.

Norte, Sur, Este y Oeste se entremezclaban en su mente, y hubiera sido incapaz de asegurar en qué dirección avanzaba ni durante cuánto tiempo lo hacía en línea recta, echando de menos una de aquellas extrañas «agujas de marear» que llevaban los barcos, y que «Maese» Juan de la Cosa aseguró en una ocasión que tenían la misteriosa propiedad de señalar siempre hacia el Norte.

Con una de ellas tal vez hubiera podido encontrar la salida en aquel complicado laberinto, pero allá abajo, al pie de árboles de más de cincuenta metros de altura y espesas copas sobre las que flotaba una ancha capa de algodón, no había forma humana de adivinar los puntos cardinales, ni aun de intentar aventurarse en una dirección concreta.

A media noche dejó de llover y un silencio de muerte sucedió al anterior estruendo, pero el alba llegó de forma igualmente imprecisa, pues el filtro de las nubes impedía averiguar por dónde podría haber salido el sol exactamente.

El renco no era más que un peso muerto que aún alentaba, aunque *Cienfuegos* abrigó la amarga impresión de que si no salían pronto de allí continuaría alentando tal vez por poco tiempo.

Pronto llegó a la amarga conclusión de que resultaba inútil reemprender un camino que a ninguna parte conducía, sin un punto de referencia que le marcase el rumbo, arriesgándose con ello a continuar dando las mismas vueltas hasta caer vencido y agotado.

Tomó conciencia de que lo más importante en aquellos momentos era conservar la calma a toda costa, sin permitir que le invadiera una desesperación que acabaría desembocando en locura, y que constituía sin lugar a dudas el principal enemigo de cuantos se extraviaban en la selva. Disponiendo como disponía de alimentos y agua suficientes, no había razón alguna para permitir que el terror se apoderara de su ánimo.

Recordó a su viejo maestro Papepac, el indígena que mejor conocía la jungla, y trató de imaginar cómo se hubiera planteado tan difícil problema, aunque resultaba evidente que él jamás habría tenido necesidad de planteárselo, dado que siempre sabía en qué lugar se encontraba exactamente y hacia dónde tenía que encaminar sus pasos.

El gomero buscó a su alrededor algún detalle, por nimio que fuera, del que pudiese obtener cualquier tipo de información que le ayudara, pero lo único que distinguió fue una espesa masa de vegetación y allá, muy altos, pintarrajeados loros, verdosos lagartos, y oscuros monos que jugaban a saltar de rama en rama.

Los primeros parloteaban o emprendían cortos vuelos sin destino y los monos tan sólo se preocupaban de alborotar y buscarse las pulgas, mientras los inmensos lagartos permanecían inmóviles, aferrados a los rugosos y anchos troncos, a más de treinta metros sobre el nivel del suelo.

Y en tierra tan sólo sapos y alguna que otra serpiente, mientras la luz seguía siendo la misma: filtrada, sin relieves y sin propiciar ningún tipo de sombra que permitiera determinar en qué punto se encontraba el sol a primera hora del día o de la tarde.

Bonifacio Cabrera abrió un instante los ojos y le miró sin verle.

La fiebre iba en aumento.

Pasaban las horas.

Los loros charlaban, los monos comían y los lagartos continuaban aferrados a la corteza de los árboles aguardando un rayo de sol que nunca llegaría.

Inmóvil como una roca en mitad del pantano, *Cienfuegos* meditaba.

Sus ojos no perdían detalle de cuanto ocurría a su alrededor.

Dejó pasar la noche, y, aunque al amanecer nada en su entorno pareció haber cambiado, abrigó la absoluta seguridad de haber encontrado una respuesta, alzó el cuerpo de su amigo como si fuera un fardo. Se lo echó al hombro, y emprendió la marcha convencido que se dirigía directamente al Oeste.

Durante toda la mañana avanzó procurando distinguir árboles en los que los lagartos se le presentaran siempre de frente.

Cuando calculó que debía ser ya mediodía se preocupó de ir dejando los lagartos a su derecha, y cuando al fin comprendió que empezaba a caer la tarde, se cercioró muy bien de que quedaban a sus espaldas.

En circunstancias normales tal actitud le habría impulsado a trazar un inmenso círculo para volver indefectiblemente al lugar de partida, pero el concienzudo observador de la Naturaleza que había sido siempre el cabrero había advertido el día anterior que los lagartos no permanecían siempre en el mismo punto de los árboles, sino que con el transcurso de las horas iban girando muy lentamente alrededor del tronco.

Y lo hacían casi al unísono pese a que estuviesen los unos muy alejados de los otros, lo cual le dio a entender que tal acto debía responder a una razón muy concreta; razón que no podía ser otra que la de procurar estar en cada momento del día en un lugar en el que los rayos del sol les calentasen de pleno.

Debido quizás a un instinto ancestral, o a una simple costumbre practicada casi desde el día en que nacieron, los pacientes reptiles buscaban por la mañana el lado del tronco que daba al Este, para moverse luego muy lentamente hacia el Sur y terminar en el punto en que les alcanzarían los últimos destellos de poniente, sin que al parecer les afectara el hecho de que el cielo estuviese encapotado, tal vez porque incluso a través de las nubes les llegaba un poco de calor, o tal vez porque así se encontraban siempre preparados en caso de que se abriera un diminuto claro.

De ese modo, dejándose guiar por unas repugnantes lagartijas a las que jamás consiguió sin embargo aproximarse unos metros, el canario *Cienfuegos* encontró un rumbo que al atardecer del día siguiente le permitiría distinguir en la distancia la inmensidad de un mar azul en el que un rojo sol acababa de ocultarse.

Había llegado a Xaraguá.

Había alcanzado al fin las costas del mítico reino de la hermosa princesa Anacaona: el último reducto de oposición a la penetración española en la isla; el lugar en el que muy pronto tendría lugar una de las más sucias traiciones de la Historia, y donde la mujer que tanto amaba debía estar a punto ya de darle un hijo.

Bonifacio Cabrera aún respiraba.

Libro sexto: *XARAGUÁ*

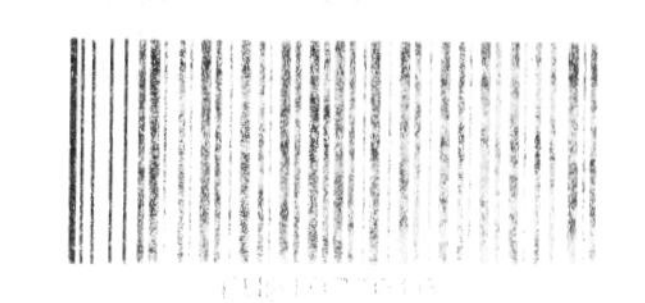

PETER

Gymnast Gilly The Expert

Illustrated by Annette Olney

ARMADA

Gymnast Gilly the Expert was first published
in UK by Armada in 1988

Armada is an imprint of the Children's Division,
part of the Collins Publishing Group,
8 Grafton Street, London W1X 3LA

Printed in Great Britain by
William Collins Sons & Co. Ltd, Glasgow

Chapter 1

Gilly Denham sat under the sail of the small yellow dinghy peering out into the darkness. Ahead she could see nothing but the outline of Ben Ardron, the huge mountain which towered above Loch

Skian, the lake on which she and her friends were sailing in silence.

It's late, I'm frozen, and I'm in a flap, she thought. Once again, I've found myself doing something which could be risky. It's too late now, but we were loopy – really loopy to sail off in the pitch black because we thought someone needed rescuing.

Beside her, shaking with cold or fear, or both, sat Marcia Cherry, her best friend. At the tiller steering them was Claudia Roberton, the dinghy's owner, whom they had met only that afternoon, a day after they had arrived in Scotland. To Gilly, Claud seemed to be pretty calm about the whole situation, as if she always went sailing at this time of night.

Under Gilly's life-jacket and heavy pullover, the skin between her shoulder blades began to itch. She wriggled to relieve the tickling, and then stared out again into the blackness. If only I had the eyes of a cat, she reflected, then I could at least see where we were going.

In the daylight, where they were going was very obvious indeed. It was a little island about a mile out from the village of Calbuchan which stood on the north shore of Loch Skian. The main feature of the island, a gaunt old building, was perched on top of its rocky base.

'It looks like a prison,' Gilly had said earlier with a shiver to Claud. 'What's it called?'

'Hardie House,' replied Claud. 'People rent it for summer holidays.'

'Well,' declared Marcia, watching the island disappear behind a cloud of heavy rain, 'I reckon you got to be really hardy yourself to stay in a grim place like that. Even if you wanted to escape from the world. Holidays? You must be joking.'

Afterwards, all three girls were to remember Gilly's description of Hardie House as a prison. It was nearer to the truth than any of them realized at the time.

But now they were going to try and reach the island in darkness on what could be a wasted, if not dangerous, journey.

The dinghy lurched in a light gust of wind and Gilly sighed, hoping her patience would last. She and Marcia were in the Scottish Highlands to do gymnastics, not to sail dinghies in the dead of night . . .

Their trip had been organized in a last-minute rush before the summer holidays by Christine Nesbitt, their coach at Lynx, their gymnastics club in their home town of Lincston.

Lynx, with its club badge of a snarling head of a lynx, was on its way to becoming one of the top clubs in Britain. Lynx girls, in their yellow leotards, were beginning to make themselves known in competitions up and down the country.

A few months ago, Gilly had become the club's first national champion. She had won the title of Junior Champion Girl Gymnast of all Britain, an achievement which had thrilled and delighted the club, her friends and her family. By gaining the title after an exciting competition at Wembley Arena, she was awarded with a large grant which would enable Christine and her to go abroad for a month to train with experts.

However, Christine believed that Gilly needed some form of rest from serious gymnastics work before they travelled on the grant either to the Soviet Union or to the United States. So when a Scottish friend put an idea to her which would combine a holiday for Gilly with some light training, Christine asked both the Denham and Cherry families what they thought of it. The proposal could involve Marcia, too, which would make the scheme even more fun for Gilly.

'You see,' said Christine to the Denham and Cherry parents after supper one evening at the Cherrys, 'Gilly and Marcia would become gymnastics demonstrators for two weeks. I've been invited to instruct a class of selected club gymnasts at an adventure centre in Scotland. I've also been asked to bring two top gymnasts who know how to do some advanced moves. These two would fit the bill exactly, as well as being sensible girls.'

Mr Denham and Mr Cherry raised their eyebrows – and then grinned. Gilly and Marcia blushed, and settled down on bean-bags to hear more.

Christine explained that Malcolm Barry, who had been one of her instructors when she was a student at college, had started an outdoor adventure sports centre two years ago. The centre was set up in a disused army camp by a lake in the Scottish Highlands. There, he and his wife Jeanie ran courses for about 50 youngsters on a wide range of outdoor pursuits. These included rock climbing, canoeing, riding, orienteering, camping, sailing and adventure rambling.

One of the buildings in the camp was a gymnasium. Malcolm and Jeanie let the gym be used for a few indoor sports in the evening such as badminton and basketball if anyone wanted to play them. But during the day, the gym was unused.

The Barrys then had the thought that the gym could be used for gymnastics which was now a highly popular sport everywhere. Malcolm, who had been aware of the success of Christine and Gilly, decided to ask his former student whether she would like to take a summer class. Depending on how well the class was liked, gymnastics could become one of the centre's full-time courses next year.

'It's a wonderful spot,' said Christine. 'I went there last year for a brief visit. The centre's called the Dalreggan Adventure Sports Centre. It's on the shore of a big lake – or loch as the Scots say – Loch Skian. Across the loch, you can see a huge mountain, Ben Ardron. The nearby village is Calbuchan which has a shop and a pub.'

Mr Cherry said, 'I know that some of these outdoor centres are really tough places. What do the kids do in the evening when they've finished their training?'

Christine smiled. 'Dalreggan's got huts for recreation and sleeping which are perfectly comfortable. It's also got horses, canoes and dinghies which everyone can use if they want to. And in the evening, the Barrys put on discos, barbecues and video films.'

She paused. She looked first at Gilly and Marcia and then at their parents. 'I haven't yet said "yes, I'm coming" to Malcolm, but he has already got approval for the course from the Scottish Amateur Gymnastics Association. What do you think?'

Gilly was the first to reply. 'I think it's a smashing idea. I'd love to come.' She glanced at her friend who was trying not to look excited.

'Count me in, too,' said Marcia. 'Doesn't sound like the most luxurious place on earth, but for two weeks I'll give it a whirl.'

Mrs Denham asked anxiously, 'What about other staff? The Barrys can't run the centre single-handed.'

'Right,' said Christine. 'They've got a gang of qualified instructors and safety standards are high. For example, everyone has to be able to swim. Girls, you can swim, of course?'

Gilly and Marcia nodded. As if she didn't know, thought Gilly.

Christine continued: 'And the campkeeper is a wonderful old soldier called Alexander Alexander. He stands no nonsense from anyone.'

'Well,' said Mrs Cherry. 'I think the girls would like the experience. It seems to me that the centre would give them a mixture of fun, learning and adventure which they would never come across down here in the south.'

'I agree,' nodded Mr Denham. 'And the Highlands – it's a really beautiful region. I've half a mind to come, too.'

Everyone laughed when they saw the looks of mock horror on the girls' faces.

'Great!' said Christine. 'So that's settled. I'm delighted, and I'm sure the girls will enjoy the whole trip. They'll be able to pass on a great deal of expert knowledge to the gymnasts on the course. By the way, the Centre will pay our fares up to Scotland. So that's quite a saving, too. Now, girls, apart from helping me, there's just one other thing – an important thing – which I want you to do in Scotland.'

The girls' heads turned sharply to look at their coach.

Christine laughed. 'Don't worry, it's nothing to get alarmed about. There's an important open competition being held in Scotland during our stay and I would like both of you to enter. Why? First, because several first-class gymnasts from all over the country are going to take part. It will be an excellent test for you both to compete against them. Second, I'm told that shortly afterwards a team of schoolgirls of your age group will be announced for an international match against Holland in the autumn. Obviously, anyone doing well in the Scottish competition will be considered.'

Mr Cherry said, 'That's what's called combining business with pleasure.' Everyone laughed again.

The more Gilly thought about it, the more she realized that going to Scotland was something that she would enjoy very much. She would be away from home for two weeks, the second time that year that she had been on a long trip. Earlier, she and Marcia had spent a week in Austria with their club at the Heldenstadt gymnaestrada, a big international festival of gymnastics. It was a wonderful event for them both and she would always remember the dramatic adventure she had there.

She did not think that Scotland would match Austria in excitement but she was looking forward to seeing a lovely part of the world she had heard about so often.

During the last few days of term, she and her mother dashed around to find suitable clothes to take north.

Her brother Richard remarked gloomily, 'It always rains in Scotland.'

While there was no certainty that he was going to be right, Gilly and Mrs Denham knew that they should take no chances on the weather being good. So they bought her a new anorak with a hood at the Lincston Department Store.

At first, Gilly had wanted a light orange one which did not have too much of an outdoor look. She could then wear it on other occasions in Lincston without looking as if she was going to join a mountain-climbing expedition.

But her mother persuaded her that a thick anorak, a green one, would be far more sensible to take if the weather in Scotland turned out to be bad. Later, Gilly was to thank her mother for making her buy that particular anorak, both for colour and for weather protection.

She and Marcia took, of course, their yellow leotards, tracksuits, gymnastics slippers and hand-guards, all of which they would need for their competition during their stay. They also decided to take thick pullovers and jeans.

Finally, the evening arrived when Christine, Gilly and Marcia took a night sleeper train to Inverness.

It was the first time that the girls had ever been on such a long train journey and both were very excited.

Mr Denham drove them to London to catch the train. 'I know you'll have a super time,' he said. 'Be good – and stay out of mischief.'

'We will – don't even think about it,' said Gilly giving him a kiss. 'Where we're going, there's no way we can get into trouble.'

The big train bore them off into the night. When it was time to go to bed, both girls could not relax at first. But finally they snuggled down in their berths and dropped off to sleep.

There was another new experience the next morning – having a breakfast picnic on the train as it sped through the Scottish countryside towards Inverness.

'I like it,' said Marcia, watching some tall mountains in the distance, her mouth full of egg sandwich.

At Inverness, they took a smaller, slower train on a single track into the Western Highlands. There were now many more mountains to see and also some lochs.

It's a lovely place, thought Gilly. But I'm not really a country girl. I wouldn't like to live far from a town. I would never be able to be a gymnast then.

Their long rail journey finally came to an end at a small station which seemed to be in the middle of nowhere. A few cars took some other passengers away but there was no one there to meet them. Christine began to frown, especially as a chilly wind began to blow some rain on them.

Finally, after what seemed ages, a blue mini-bus dashed up to the station and stopped with a squeal of brakes. On the side of the vehicle were the words *Dalreggan Adventure Sports Centre*.

A young man with a beard and wearing a tracksuit got out. 'Are you Christine?' he asked. 'Sorry I'm late. I'm Stuart Wilkie, climbing instructor at DASC. Big Mal sends his apologies. He couldn't come to meet you as one of our camping expeditions was washed out by rain last night. Everybody and everything got very soaked. I hope you haven't been waiting long.'

Christine tried to smile. 'It's quite all right. We've only just arrived.'

She and the girls climbed into the mini-bus with their suitcases. Stuart then drove them away at high speed over a narrow, twisting road. All around them were mountains.

Feeling a bit scared by their rapid drive, Marcia whispered to Gilly: 'What's DASC mean? And who's Big Mal?'

Gilly knew what DASC meant but could only guess at who Big Mal was. She whispered back: 'Dalreggan Adventure Sports Centre. I think Big Mal must be Malcolm Barry.'

The mini-bus climbed a steep ridge and stopped suddenly at the top to let the English visitors see the view. Gilly had to admit it was stunning.

Below and ahead of them was the expanse of Loch Skian. Behind the loch, like stage scenery, was a huge dark mountain with a pointed summit.

'That's Ben Ardron,' said Stuart. 'It's right opposite DASC.' He pointed out the centre – a cluster of huts on their side of the loch. Between them and the centre were the few houses of the village of Calbuchan. Above the centre and the village rose another, smaller mountain, Callader. Its lower slopes were covered with trees.

'Callader keeps the north wind off us,' explained Stuart as he shot the mini-bus down the other side of the ridge. The road sank down, twisting as it went, to the shore of the loch which it followed.

As they approached the village, Stuart slowed down to pass a girl with a freckled face who was riding a large black horse. He gave her a friendly wave. 'That's Claudia Roberton,' he explained. 'She lives in Calbuchan and helps out with the horses at the centre.'

The houses in Calbuchan were strung out along the road. In the middle of the village was a general shop with a petrol pump in front of it. Almost next door was a pub, the Black Bear. In front of them stood a small jetty which stretched out into the loch. Several rowing boats and dinghies were either tied to the jetty or were pulled up on the pebbly beach.

The mini-bus zoomed through the village and along by the loch again, then sped around a hillock of trees. There in front of them, between the road and the water of the loch, was the Dalreggan Adventure Sports Centre. As they drove in through the gate, Gilly could see it was just like she imagined – huts in rows grouped around an open square.

But the centre now looked more like a holiday camp than the old army camp it had been. The huts were painted a cheerful grass green, and boys and girls in tracksuits, anoraks and life-jackets were to be seen where a long time ago soldiers were once stationed. The centre also had a jetty, to which canoes and small dinghies of all colours were moored.

The mini-bus stopped with its usual squeal of brakes outside a hut with the sign *Office*. Three people wearing denim overalls – two men and a woman – were waiting to greet them. The taller one of the men stepped forward. He had a crinkly, weather-beaten smile. That's Big Mal, thought Gilly. He looks very nice.

Malcolm Barry gave Christine a hug. 'Sorry we couldn't come to meet you, but we had a spot of wet-weather bother here.'

'Don't you worry about that,' said Christine. 'We've arrived and that's the main thing. It's great to see you both again, and Alex, too. And here are, as you will have guessed, Gilly Denham and Marcia Cherry. Girls, this is Mr Barry, and Mrs Barry who run the centre, and Mr Alexander, the campkeeper.'

'Heavens,' said Jean Barry who had short dark hair, 'that's very formal. Gilly and Marcia, you can call us Malcolm and Jean.'

'Aye,' said Alexander Alexander with a strong Glasgow accent, 'and you lassies can say Alex to me as well.' He was a muscular, middle-aged man with steely-blue eyes.

Jean turned to Gilly. 'Congratulations on your Junior Champion Gymnast win. We watched you on television and you thrilled us all.'

Gilly turned pink. 'Thanks,' she replied shyly,

having forgotten that people all over Britain would have seen her on TV performing at Wembley.

'By the way, Chris,' said Malcolm, 'your gymnasts won't arrive until tomorrow. So you've plenty of time to settle in. Let's put your kit in your huts and get you something to eat.'

Gilly and Marcia, to their delight, were given a small room to share at the end of the dormitory hut where the 12 gymnasts were going to sleep. The room opposite them belonged to the hut monitor. She was Lizzie Gordon, an older girl who was going to be in charge of all of them when they were sleeping there.

Their hut was beside the edge of the loch and the window of their room gave them a breath-taking view of Ben Ardron. It was a view which Marcia found it hard to tear herself away from as they unpacked.

'Hey, Gills, look at this!' she cried.

Gilly hung up a blouse in the cupboard and came over to the window. 'Look at what?' she asked, staring across Loch Skian.

'Out there. That island. It's got a house on it. Some dump!'

Marcia was right. Ahead of them, in the middle of the loch, was an island. On top of it was a large, grey house, stark and uninviting, the only sign of anyone living there being a plume of smoke hovering above a chimney.

A creepy feeling made Gilly shudder. Even at this distance, the house seemed menacing and sinister. Who would want to live there? she asked herself.

You wouldn't get me going near it for all the jewels in Aladdin's cave.

But Gilly quickly forgot about the house when she and Marcia went over to the dining hall for supper. They spent the evening playing table tennis in one of the recreation huts with some girls of their age. Before long it was time for bed.

However, as it turned out, Gilly found herself going far nearer to the island than she would have wished – at the start of another dangerous adventure.

Chapter 2

Gilly jumped out of bed and flung back the curtains.

'Wakey wakey! It's going to be a good day!' she called to Marcia who was still curled up fast asleep.

Compared to yesterday when they had arrived,

the day did indeed look set to be a perfect one. The sky was blue, the loch was calm, and there was no sign of a strong wind or rain clouds. The sun lit up Ben Ardron and made the whole scene look like a picture postcard.

Gilly felt refreshed and eager to find out more about the adventure centre. Last night, they had met Lizzie Gordon, the hut monitor, before they had gone to bed. She, however, was a big silent girl who had very little to say to them. Later, they would have to find someone else who could explain exactly how everything at the centre was organized.

Gilly put on her jeans and a sweater. 'Come on, you dodo! It's getting pretty late. I'm having breakfast even if you're not!'

The mention of breakfast had an instant effect on her friend. She sat up quickly and pushed her hair off her face. 'All right, all right! Just give me a moment.'

Marcia climbed out of bed, found some dungarees and a sweater in her suitcase, and struggled into them.

When she was ready, the two girls left their hut and crossed the square to the dining hall. There they sat with other campers at a long table where they had fried eggs and bacon with tea and toast.

The cook was a large, cheerful woman. 'I'm Aileen Pegg,' she introduced herself. 'You must be the English girls, the gym girls.'

'That's right,' said Marcia. 'I'm Marcia, she's Gilly. Gosh, this is a great breakfast!'

'Well,' said Aileen, pleased at the compliment.

'We try and do our best in the kitchen. I hope you have a good time here at Dalreggan. I expect you've already been to the gym.'

'No,' said Gilly. 'We don't even know where it is. We're meeting our coach there in a moment.'

Aileen pointed through a window. 'It's just behind this place – the building with a flat roof. You can't miss it.'

Outside, the instructors were organizing boys and girls into groups for the courses. Marcia and Gilly saw Stuart Wilkie move off out of the camp with a squad of boys and girls wearing helmets and carrying ropes. They were obviously going rock climbing.

Another group wearing life-jackets under the supervision of a woman instructor were destined for sailing or canoeing that morning. Big Mal Barry bustled about, making sure that everyone knew what they were doing and where they were going.

Also keeping an eye on progress was Alexander Alexander. He stood outside the office, like a sergeant major, calling out to stragglers to get a move on.

'Look,' said Gilly. 'There's that girl we saw yesterday. On the horse.'

'Spot on,' observed Marcia. 'Yes, that's her. Claudia whatsit.'

They watched with interest as the freckle-faced girl rode majestically through the camp gate on her black horse.

Gilly remembered that Stuart Wilkie had said that Claudia lived locally and helped to look after the horses at Dalreggan. 'We must say hello to her later,' she told her friend. 'After all, she was one of the first people we saw around here.'

But first, they had to see what Christine had arranged for them. They found their coach inside the gymnasium hut looking at its equipment

'Good morning! Good morning!' called Christine. 'It looks as if we've got all we need. There's a full set of apparatus – vaulting horse, asymmetric bars and beam. We've also got enough small floor mats to tape together to make a big floor area. And I think we'll do that right now.'

'When do the gymnasts arrive?' asked Marcia as they began to fix mats together to form a large square matted area for floor exercise practice.

'Late afternoon. By coach. They come from different clubs in Scotland and are all fairly experienced. So we won't be dealing with absolute novices. I better tell you what I have in mind for them.'

Christine then outlined her programme for the gymnastics class which would follow the same pattern every morning for the next two weeks.

They would start with warming up and preparation of muscles. This would include a run, out of doors if fine, as well as exercises. They would then move on to some ballet training when the 12 gymnasts would practise movements such as *relevés* and *demi-pliés*. These movements would help give them strength in their legs and elegance to their bodies.

Marcia groaned to herself. She had never liked ballet training because she found it too restricting. But she admitted that it was vital for all good gymnasts – including boys. In all the top gymnastics countries such as the Soviet Union and Romania, ballet exercises were considered essential in the development of all leading performers.

After their ballet training, the squad would train on the four pieces of apparatus. This part of the programme would include tumbling practice – cartwheels, walk-overs, back flips and so on.

Then the training session would end with suppling and strengthening exercises. After lunch, there would be some more apparatus training or talks on aspects of the sport. And on some afternoons, depending on the weather, the gymnasts would have a chance of trying some of the other activities at the centre.

'You two girls,' said Christine, 'will, of course, show the class how all the moves and exercises should be done. And I hope you will also look out for mistakes which any of the gymnasts might make. It will be invaluable experience for you both if you ever decide to become qualified coaches.'

Marcia nodded. She had always been interested in becoming a coach when her competitive days were over. Gilly hadn't even considered such a step. She was still a successful performer and that was enough for her.

Christine went on, 'Malcolm Barry will drop in from time to time to lend a hand. He has a coaching qualification, too.' She looked at her watch. 'Let's finish this mat. Then I want you to warm up and do a few suppling exercises yourselves. We've got a competition coming up soon remember? After lunch, you might like to look around here and explore. By the way, the centre has some bicycles you can borrow. Just ask Alex.'

There were far fewer people around at lunch than at breakfast. This was because some of the groups who were out mountain climbing and rambling had taken packed lunches to eat in the open.

When Gilly and Marcia had finished their lunch, they wandered around the centre, looking at huts which they had not yet seen. They discovered some indoor classrooms and storerooms as well as a medical room. They then went down to the jetty to watch a sailing class in action.

'Blow this for a lark,' said Marcia grumpily. 'It's boring, boring. I suppose we could play some more table tennis.'

Gilly had a better idea. 'I know what. Let's try and find that Claudia girl. She's probably at the stables. Or we could borrow some bicycles and go down to the village.'

'Or do both,' suggested Marcia, her face brightening up. 'Come on. Let's go!'

The girls knew, from hearing the neighs and whinnies of the centre's horses and ponies that morning, where to find the stables. Sure enough, they came across the long, low building on the edge of a field beside the centre. But both the stables and the field were empty; animals and human riders were plainly out on a trek on the open grassland beside Callader.

'Drat!' Gilly was disappointed not to see Claudia. 'Okay, let's get some bicycles and go into Calbuchan. We'll have a look at the shop.'

In a few minutes, they had borrowed two of the centre's bicycles. But before they could take them, they had to show Alex Alexander that they could ride them properly. At first, Marcia was indignant that anyone should doubt that she could ride a bike. But then she realized the sense of a test – in the interest of safety.

'Take care!' called the campkeeper, waving them off from the office.

Soon the girls were pedalling along the loch road. When they reached the bank of trees which they had passed the day before, they stopped to look out over the loch.

'Hey!' cried Marcia. 'There's a motorboat coming in – could be from that island. It's really moving!'

The high whine of the engine and the height of the wave pushed up by the front of the craft told them that the boat was indeed travelling fast through the water. As it drew nearer to the loch shore, Gilly could see that it was a powerful speedboat with two people on board.

The girls got back on their bikes. They arrived in the village at the same time as the speedboat slowed down and stopped at the jetty. Two men in some kind of khaki uniform jumped out and tied the boat to a couple of mooring rings.

Why, thought Gilly, they look foreign. I wonder who they are. Policemen? Security men? They sure seem a tough lot. And bad-tempered.

The men dashed down the jetty past the girls with scowls on their faces. They ran up to one of two large, powerful, dark saloon cars standing in the

Black Bear pub's carpark. They leaped in, and drove off fast with squealing tyres and a roaring engine.

'Watch out!' shrieked Marcia.

The car narrowly missed a black horse which was tethered to a telephone pole outside the village shop. The horse neighed and jumped and kicked its back legs with fright. Several people, including a mother with two young children, stopped what they were doing to watch.

Gilly dropped her bicycle and walked across the road. 'Easy, boy, easy,' she called softly, moving carefully up to the horse's head. She put out her hand to stroke it.

'Careful, Gills,' cried a worried Marcia, noticing the horse's staring eyes and lashing legs.

This is Claudia's horse, thought Gilly, I wonder what its name is. 'There, there, boy,' she said, stroking its nose. Gradually, the horse calmed down. Marcia sighed with relief.

Somebody ran down the road up to Gilly, out of breath. It was the freckled-face girl, a riding hat on her head. 'Thank you, thank you,' she panted. 'Those horrible people – they always tear around here like that. Of course poor Prince gets startled. Don't you, old chap?' She patted the horse's heaving flank.

Marcia came up to them, keeping a wary eye on the horse's back legs. The spectators, seeing all was well, began to drift away.

The girl turned to Gilly. 'Usually I'm in the shop or not too far away. But just then I was visiting old Mrs McKay who's a bit poorly. I'm very very grateful to you for dealing with Prince. Actually, his full name is Bonnie Prince Charlie, but it's a bit of a mouthful and so we just call him plain Prince. I'm Claudia Roberton – my friends call me Claud. You must be at the centre.

Gilly nodded and introduced herself and Marcia. 'Yes, we've come to help with the gymnastics course. We passed you on the road when we arrived yesterday, outside the village. David Wilkie said you lived around here and helped with the riding at the centre.'

'That's right,' said Claud as she continued to stroke her horse. 'Our place is just down the road. We've also got some ponies which we let the centre use. So during the holidays, I come up to the stables to lend Fiona McLeod a hand. She's the riding instructor. Or I go out with a pony-trekking group.'

Gilly said, 'Your life is so different from ours in Lincston where we come from. Marcia and I are real townies. I've never been in such a peaceful place. It was so quiet last night that the silence kept me awake for a while.'

'It *is* a peaceful spot,' agreed Claud. She paused. 'Well, it *was* until those dreadful people came to the island. The people who scared Prince.'

Marcia broke in. 'We saw the speedboat zapping in from that direction. So they *do* live there.'

Gilly then made her remark that the building looked like a prison. Claudia explained that Hardie House, as it was called, was usually let to tenants by a local landowner. A lot of people liked the idea of living on the island for their holidays. But this year, some foreign people – six or so – had rented the island. In no time at all, they had made themselves very unpopular in the neighbourhood.

'It's not just the way they drive their boat and their cars around here without caring a hoot for anybody,' said Claud. 'It's the way they pretend they own the whole village.'

'What do you mean?' asked Gilly.

'They are rude, unpleasant and very frightening to people in the shop and the Black Bear,' said Claud. 'None of them speak very good English. If they feel they aren't getting good enough service from the shop or pub, they scream and shout in their own language. Old Mrs Scroggie in the shop is terrified of them.'

'Can't the police do anything about them?' asked Marcia.

'Not really. There's nothing which these thugs have actually done which has broken the law. And most of the time they stay on the island and don't disturb anyone. Then all of a sudden they appear in the village and scare everyone.'

Gilly felt a drop of rain on her face. She looked up at the clouds which had gathered. The bright day had given way to dull weather.

'I think we're going to have a short shower,' said Claud. 'Look, why don't you come along to the farm and keep out of the wet. I've got some fresh scones we can have while we wait. It's not far.'

So Gilly and Marcia found themselves on their bicycles leading Claud and Prince along the road which followed the loch on the other side of the village. They went in front because the horse was uneasy to have them behind where he could not see them.

Before long, they came to a side road which led away up towards Callader. A stream ran beside it into the loch. On the loch shore, a small yellow dinghy lay on the pebbles by the water's edge.

'That's our sailing dinghy,' announced Claud, gesturing at the boat. 'Now we turn up here. I'm afraid the road's a bit bumpy for cyclists.'

The road led through a rough field containing sheep to a low, stone farmhouse surrounded by outbuildings. A track continued behind the farm up a little valley into the forest of fir trees which covered the lower slopes of Callader.

Prince whinnied and an answering neigh came from a stable.

'That's Chieftain,' explained Claud. 'He'll get an outing tomorrow.'

Two black collie dogs came out to greet them with short barks. 'Meet Dum and Dee,' said Claud as she dismounted and patted the dogs. 'They're twins – sort of. Now I'll just let Prince out into the field and then we'll tackle those scones.'

Half an hour later, the three girls were sitting in the farm kitchen munching some delicious scones and jam and drinking mugs of tea. Outside, some light rain fell on the roofs of the farm buildings.

Gilly wanted to ask a question but Claud answered it for her before she spoke. 'My parents are in Cornwall on a short holiday. My Aunt Bridie was going to come and stay here but she's ill. So I'm on my own. But the McTaggarts next door are supposed to be keeping an eye on me.'

Marcia's thoughts went back to Hardie House. 'I wouldn't like to be alone on that island. Have you ever been there?'

'A long time ago,' replied Claud. She thought for a moment. Then her eyes sparkled. 'Tell you what!' she cried. 'If you like, I'll take you out in the dinghy and we'll have a closer look at Hardie House!'

Chapter 3

I could quite like sailing, thought Gilly as *Hieland Lassie*, the little yellow dinghy, glided quickly away from the shore. But I could never be as expert as Claud. Never.

She was sitting on a sidebench by the mast. Marcia sat opposite her on the other sidebench. Above them, the single sail was taut in the brisk breeze which was blowing on to the land. At the stern, or rear, of the dinghy, Claud held the tiller, steering them out into the loch. All three of them wore life-jackets.

Both Gilly and Marcia were rubbing their feet which they had got wet helping to launch *Hieland Lassie*. They had half-lifted, half dragged her into the water. Then, ankle-deep in the loch, they had held the dinghy steady, facing into the wind, while Claud had hauled up the sail.

Once the sail was secure, Claud had cried, 'Shove her out and hop in!'

Grunting with the effort, the girls pushed as hard as they could and then scrambled, giggling, into the boat.

Hieland Lassie moved slowly out. When the water was deep enough, Claud quickly lowered the centre-board – the narrow plank which dropped down through the bottom of the boat like a small keel – fastening it with a big, blunt pin. Then she slotted the rudder into place at the stern and grasped the tiller.

Like a dog let off the leash, *Hieland Lassie* gathered speed. There was no doubt about it in Gilly's mind. Claudia Roberton knew how to sail small boats.

Claud called, 'The wind's against us so we're going to have to tack out to the island. You know, zig zag.

So when we turn, I'll yell "ready about!" Then keep your heads down while the boom swings over.'

The boom was the long thin pole attached to the mast which kept the bottom of the sail straight and firm. On the other end of the boom, a rope was attached by which Claud could control the sail. This she did according to the strength of the wind and the direction the dinghy was travelling. Now, zig-zagging against the wind, she had pulled in the rope so that the boom was close to the boat.

Gilly squeezed the water out of her socks and put them and her training shoes back on again. Her feet were feeling warmer. Next time, I'll wear wellies, she told herself. Poor old Marce, her feet must still be cold.

Her friend was still rubbing her feet, complaining to herself. Then she looked up, saw that Gilly and Claud were watching her, and burst out laughing.

'Never mind,' she cried. 'My toes are not going to drop off – yet.'

'Sorry about that,' said Claud. 'I should have found some boots for you – or even a towel. Anyway, we won't be long getting there. Ready about!'

Hieland Lassie swung around on the next stage of her zig-zag course towards the island. The rain had stopped and the clouds were pulling back off the summit of Ben Ardron. The sun was also breaking through to shine first on the waters of the loch ahead of them and then on the shore and slopes of Callader.

Gilly was a little anxious about time. She did not

want to be late for the arrival of the gymnasts at the centre. Christine would be very upset if Marcia and she weren't there. But now the dinghy was making good speed and she realized that the return trip would be faster as they would be sailing with the wind.

She looked over her shoulder at the island and Hardie House. Now the features of the house were becoming clearer. My goodness, she thought, it does look dark and spooky. I hope we don't get too close.

Hardie House was a large, cheerless building of two floors with big chimneys and a dismal grey slate roof. The side of the house, which faced them, had small narrow windows. The only sign of any people living there was smoke rising from a chimney, swirling in the wind.

'I bet that place is pretty chilly,' said Marcia. 'It must be awful in bad weather. And talk about isolated!'

'What I don't understand,' said Gilly, 'is why those foreigners should choose a spot like this to stay. Especially as they must come from a warm country. And if the house is empty for most of the year – gosh, it must be really damp in all the rooms. Seems crazy to choose to be so uncomfortable.'

The island appeared to be a lump of rock without a trace of grass or other greenery and only a very small beach. On the left, a small landing-pier stuck out into the water. Gilly realized that the speedboat would be moored there on its return from Calbuchan.

Hieland Lassie was now drawing near to the

island. 'We'll get there on the next tack,' Claud called out. 'Ready about!'

Obediently, the little dinghy changed course. She was now heading in a direction which would take them past the end of the island.

Gilly watched the house getting larger and larger as they swept nearer to the island. Suddenly, she spotted something move in one of the upper windows.

'Hey!' she cried. 'Someone's shaking a duster at us!'

Sure enough, they could see a hand waving a yellow cloth in a jerky way.

'Looks like a girl,' observed Claud, waving back.

'Yes,' said Marcia. 'She must be a girl – with that long dark hair. Wonder why she's flapping that rag at us like that.'

Gilly watched the girl at the window closely. Some of the jerks were quick, others were slow. She noticed that the girl was repeating her waves again and again. Quick, quick, quick. Slow, slow, slow. Quick, quick, quick. Then some more waves in a different pattern. There was something familiar about it all . . .

In an instant, Gilly understood what the girl was doing. 'Morse Code – it's Morse Code!' she yelled excitedly.

'What do you mean – Morse Code?' asked Claud.

'Dots and dashes. She's sending a message to us. Those waves she repeats all the time are Morse Code for SOS. Dot, dot, dot. Dash, dash, dash. Dot, dot, dot.'

Marcia and Claud looked at each other. 'SOS,' said Marcia to no one in particular. 'Save Our Souls – the well-known signal of distress. If that's right, she's in trouble.'

Claud wrinkled her forehead. 'But what's the other part of her message?'

'I don't know,' said Gilly. 'I never learned Morse. I just know what SOS is.'

'We've got an encyclopaedia back at the farm,' said Claud. 'If we write down the other dots and dashes, we could find out what she is trying to tell us.'

'Good idea,' exclaimed Gilly. 'But I bet we haven't got anything to write with.'

She was right. The girls searched their anorak pockets. No one had a pen or pencil or even a piece of paper.

But after an anxious moment, Marcia came up with the answer. 'We could scratch the dots and dashes on to something – like this boat.'

'Well done,' said Claud. 'I've got a 10p piece. Scratch whatever she sends us on to one of those oars.'

So while *Hieland Lassie* slid in front of the island steered by Claud, Gilly called out the Morse Code message which the girl was signalling to them. Marcia then made long or short scratches with the coin on one of the two short wooden oars which the dinghy carried.

'Dash, dot, dash, dot!' cried Gilly. 'Next letter – dash, dash, dash. That's 'O', of course. Now – dash, dash. And – dot. That must be one word. Here we go agin – dash, dot, dot. Okay? Dot, dash. Then – dot, dash, dot, followed by dash, dot, dash.'

'Is that it,' asked Marcia.

'Looks like it,' said Gilly. 'No – wait. 'Dot, dot, dot – that's 'S' – and dash, dash. Yes, she's finished. She's started sending SOS again.' She waved at the girl. 'Thing is, though, she won't know that we've got her message.'

'Unless we go closer,' said Claud. 'No, we can't do that now. Look who's coming.'

With a fierce howl, a large Alsatian dog had bounded down to the beach. The dog was followed by two dark-looking men just like the couple the girls had seen land at Calbuchan in the speedboat. The men, also dressed in khaki uniforms, ran down to the water's edge and angrily made shooing gestures at the girls.

'So welcoming,' observed Marcia. 'Okay, fellas, we're just going.'

Gilly sat up straight. 'I don't like the look of them at all. Look, the bigger one is carrying a gun on his belt. Surely they're not allowed to in this country. And they've got a radiophone as well.'

Claud said, trying not to sound scared, 'We better get out of here. That speedboat is coming back. And fast.'

Gilly and Marcia glanced quickly back across the loch to the village. Claud was right. The speedboat had left the jetty and was zooming in their direction, once more pushing a wave in front of it. Now they could hear the roar of the engine.

'Ready about!' yelled Claud as she pulled the

tiller. *Hieland Lassie* spun around and shot away towards the shore. Now that they were travelling with the wind, Claud let the sail out to catch as much breeze as possible. She also raised the centreboard slightly to help the little dinghy go faster.

'We'll go down the loch a bit to keep clear of the speedboat!' she called to Gilly and Marcia.

As the dinghy responded to the push of the wind, Gilly felt a thrill of excitement as their speed increased. At the same time, she kept a careful watch on the speedboat, hoping it wouldn't suddenly swing in their direction.

Claud was taking *Hieland Lassie* in a wide circle so that they could avoid the speedboat and come back to their launching point on the shore. The three girls sat tensely in silence, wondering what they would do if the foreigners wanted to find out why they had gone so close to the island.

Fortunately, the two men in the speedboat showed no interest in the dinghy. With sighs of relief, the girls arrived back at the shore in what seemed a fraction of the time it took them to get to the island.

'We won't pull her right up this time,' said Claud as the dinghy glided on to the pebbles. 'I have a feeling we may need her again.'

So *Hieland Lassie* rested half in the water, half out, while the girls dashed up to the farm carrying the oar. This time, Gilly and Marcia made sure they kept their feet out of the water.

In the farmhouse, Claud found her encyclopaedia and looked up Morse Code. 'Okay,' she said, finding pencil and paper, 'let's have those dots and dashes.'

Marcia read them off the oar while Claud found the letters they represented and Gilly wrote them down.

'You're right, Gilly,' said Claud. 'It certainly is Morse.'

When they had finished working the code out, the message from the girl on the island read: SOS COME DARK SM.

'Well,' said Gilly. 'I wonder who on earth she is. But whoever, whatever, she's got problems. The way I see it, she would like us to go back to the island tonight – perhaps to pick her up.'

Claud was thoughtful for a moment. Then she said, 'I reckon you're right again. But how do you feel about that – in the dark?'

Marcia said, 'I'm not keen at all, to be honest. That place, those strange men – they give me the creeps. And what does SM mean?'

'That could be her initials,' said Gilly. 'Look, if she needs help with those dreadful people, I think we should at least go and see if she's serious. If she doesn't want us – why, we sail away again. In any case, *Hieland Lassie* doesn't make much noise.'

Marcia reluctantly agreed. 'Yeah, we would kick ourselves if we didn't do anything about it. We can always go to the police if something really fishy is happening on the island.'

Claud nodded. 'I'm game, too. Listen, I'll pick you up at the centre's jetty at eleven o'clock tonight or just after. I'll bring a torch. Remember to wrap up warmly. And, if you've got them, wear rubber boots.'

Gilly caught sight of the kitchen clock. 'Heavens! Look at the time! We're going to be late for those gymnasts. Come on, Marce, we better get a move on!'

'See you later!' called Claud as Gilly and Marcia tore down the farm road on their bikes. Dum and Dee scampered alongside them until they reached the loch road. Then the dogs sat down and watched the girls pedal as fast as they could towards Calbuchan and the Dalreggan Adventure Sports Centre.

Claud's great, thought Gilly as they sped past the Black Bear pub. But my goodness, what sort of adventure has she involved us in now? Whatever happens, we're going to have a late night. Christine – and Big Mal – wouldn't be too pleased if they found out what we're doing. Anyway, let's hope we can keep on the right side of everybody once the gymnasts have settled in.

Out of breath, they coasted into the centre. The first person they met was Malcolm Barry.

'Ah, there you are,' he called. 'There's been a slight hitch. The gymnasts are going to be late. Their coach broke down at Stirling. Christine's in the gym – she'll tell you all about it.'

Gilly almost sobbed with relief. Luck was with them this time. It would have been too awful to let Christine down.

After putting their bicycles away, they went along to the gymnasium to see their coach. Christine had swept the hut and had found some gymnastics posters which she had pinned to the wall.

'That's great, Christine,' said Gilly. 'Anything we can do?'

'Not at the moment, thanks. Had a good time?'

'Oh yes,' said Marcia with a quick look at Gilly. 'A smashing time.'

'Splendid. Now there's a late supper for us all after the gymnasts turn up. So look out for the coach. Then you can help to take the girls to your hut and afterwards show them around the centre. For the moment, though, I don't need you.'

Gilly and Marcia slipped away from the gym and walked towards the jetty where Claud would pick them up later.

Gilly suddenly stopped. 'I know what we do need,' she said. 'Boots. Boots to keep our feet dry, if we're going to sail or walk around here. Let's see if Alex Alexander can fix us up.'

Alex Alexander could. In the stores, he found two pairs of waterproof boots which fitted them.

'You'll no need these for gymnastics?' he twinkled at them.

'No,' grinned Gilly. 'It's for when we do other things – outdoors.'

The girls took their boots back to their hut and had time for one game of table tennis before the small coach bringing the gymnasts arrived.

The twelve girls looked tired and bothered after their long journey with all its delays. Malcolm Barry took one look at them and said, 'Take your kit to your hut and then go to supper. You'll feel a lot better after that. Gilly and Marcia here will show you where everything is. Okay? Then Christine

Nesbitt, the coach for your course, will explain what you're going to do here, starting tomorrow. I hope you'll have an enjoyable and instructive time while you're here at Dalreggan.'

A few hours later, Gilly and Marcia found themselves at the end of the centre's jetty, waiting for *Hieland Lassie* and Claud. It was a black night and very difficult to see. Later, a small moon would climb up behind Ben Ardron to provide some light. The same wind that had blown off the loch during the day was still blowing now.

We could catch our death of cold, thought Gilly, peering out into the darkness. 'Claud, where are you?' she asked out aloud.

Then in a moment, Marcia caught her arm. 'There she is! She's signalled with her torch. Dot, dot, dot. Dash, dash. That's SM – you know, from the mystery girl's message. Here we go! Here we go!'

Chapter 4

Hieland Lassie headed silently into the centre of Loch Skian, gliding once more towards its sinister target of Hardie House.

This time, however, the island ahead was hidden

in the darkness, without a single light to guide them. The only lights which the three girls could see were behind them – a few bright spots shining over the water from some of the cottages at Calbuchan.

This time, Claud had to steer by guesswork. Once again, the dinghy had to tack, and so Claud also had to set their direction to suit the wind.

Gilly sat staring out into the gloom, her anorak hood pulled over her fair hair in an effort to keep out the chill of the night. She felt both guilty and scared – guilty because they had crept out of their hut when they should have been sleeping and scared because of the unknown risks ahead. At the same time, she was excited because never in her life had she been on such an adventure.

Perhaps nothing will happen, she thought. Perhaps that message was a big joke. If that's so, why, we just turn around when we get to the island and sail away again. Just as we said we'd do.

Then all of a sudden she saw a light flashing ahead of them to the left – a dim light which went on and off repeatedly.

Claud and Marcia caught sight of the flashes at the same time. Claud called softly, 'That's the island! The girl's telling us where she is! She must be using something like a bedside lamp in her room!'

'Looks like it,' agreed Marcia in a loud whisper. 'She's probably been praying that we got her message.'

This is for real, Gilly told herself. That girl does need help. And I hope we can do something about it.

Claud made up her mind. 'I'll aim for the beach on our next tack.' She passed her torch to Marcia. 'When she stops signalling, flash something back to tell her we're here – something short. We don't want to be spotted by those horrible men.'

'Why not send SM,' suggested Gilly. 'Then she'll definitely know we've arrived.'

When the light in the room finally went out, Marcia waited for a moment so that the girl could get to her window. Then, aiming the torch at the island, she sent short and long flashes through the darkness – dot, dot, dot, followed by dash, dash.

Almost immediately, the room light signalled back the same message: SM.

'Great!' exclaimed Claud. 'She knows we're here. Now all she's got to do is get down to the beach. Ready about!'

Hieland Lassie swept around on the final line of her course towards the island.

'Keep your eyes peeled for the beach,' commanded Claud, 'and keep quiet!'

Like a sea-ghost, the dinghy slid almost soundlessly through the water. Anxiously, the girls stared into the night ahead of them.

'Look out!' cried Gilly. 'It's right in front!'

Without warning, the dark shape of the island loomed up out of the blackness. Claud pulled the tiller sharply and *Hieland Lassie* turned into the wind, sail flapping. She rushed forward to lower the sail, and the dinghy coasted in to the little beach, its bow scraping gently on the stoney shore.

'Whew!' breathed Marcia thankfully. 'Terrific, Claud!'

'We've got to be ready for a fast getaway,' said Claud firmly. 'We don't want to stay here long. Not with that dog about, we don't.'

All three jumped into the water, getting their feet wet once again. But this time, Gilly knew that wet feet was nothing to complain about. All that mattered was that they found the girl and took her away as quickly as they could from the island.

Now all they could do was wait – wait for the girl to appear.

'Hurry up, for heaven's sake,' grumbled Marcia to herself. 'I'm getting a real dose of the heebies, standing here like a garden gnome.'

Gilly said nothing. But she agreed with her friend. The longer they stood there, the more scary it got. And the more likely they were to be discovered by that frightful gang. If that happened, the three of them would be in a right mess. She shuddered at the thought.

With her heart beating fast and her ears straining, Gilly could not hear anything above the sound of the wind. Nor was there anything to see. The old house was hidden from them by a small cliff.

Claud looked at her watch. 'Five minutes,' she whispered. 'Then we must go.'

After what seemed five hours, Claud's head whirled around. 'Listen!' she whispered loudly.

Can't hear a thing, said Gilly to herself. Ah, yes – now I can. Someone's climbing down to the beach, slithering over the rocks.

The girls stood, stiff with fear. The someone made a final jump and landed on the stones of the beach.

'Ow!' said a small voice. 'Sorry to be so long getting down here, but I hurt my ankle when I dropped from the window.'

Claud took charge again. 'Not to worry. Now quick – hop in and we'll get out of here.'

Gilly found herself helping a slim figure in a skirt and light sweater into the dinghy. 'Gosh, you're not wearing very much,' she whispered. 'You must be frozen!'

'Come on, Gilly,' urged Claud with a tense voice. 'Give us a hand. There's no time to waste.'

Within seconds, the girls had shoved the boat clear of the beach. As it drifted out, Claud speedily hoisted the sail and slammed the centreboard and rudder into position. Then, as the wind caught the sail, *Hieland Lassie* became alive again and rushed off across the loch.

Gilly found herself looking behind them almost as worried as when they came to the island. There was now a trace of moonshine behind Ben Ardron and this made the outline of the island stand out in front of the mountain. Gilly knew that as the moon rose higher, the white sail of *Hieland Lassie* would be easier to see.

Huddled beside her, their passenger was shivering with cold. Gilly took off her life-jacket and then her anorak. She placed the anorak around the thin shoulders of the girl.

'Thank you!' the girl was almost sobbing. 'I never

dreamed you would come back. Honestly, you have saved my life.'

Gilly gave her a hug. 'Just relax. We'll soon have you snug and warm at Claud's house. You won't have to go back to that terrrible island.'

Just as she spoke, the noise of angry barking reached them across the water. With a chilly feeling of terror, she realized that the Alsatian dog and the men must be searching the island. If the men caught sight of the sail, they could get into their speedboat and catch up with *Hieland Lassie* in a few short minutes . . .

The four girls sat still, almost breathless, hoping not to hear the one sound which would tell them that they were being chased – the sound of the speedboat's engine.

Claud tried to boost everyone's spirits. 'Won't be long now,' she called with a low voice, her eyes on the dark shore of the loch.

Slowly, minutes passed and there was still no sign of the speedboat. But the skyline was now clear and they were as helpless as ever – easy to see and a long way from their landing point.

If we do nothing else, thought Gilly, we've got to get this girl to safety. Right now, the only thing which could take them out of this mess was a large amount of good luck.

She looked across at Marcia and had to smile. Her friend was sitting there with her eyes closed and her fingers crossed. If anyone could bring them luck, Marcia could.

Finally, after what seemed a very long time, Claud

said, trying to sound casual, 'I think we're okay now. Those men would have to travel as fast as Superman to catch us.'

'Whew!' groaned Marcia with relief. 'I didn't fancy meeting that lot – this time of night or any time.'

Gilly, too, felt thankful and began to laugh. But then the girl beside her started to sob. Gilly gave her another hug. 'It's okay,' she said. 'Honestly, there's nothing to worry about now. You'll be out of this boat in a jiffy.'

'I'm sorry,' sobbed the girl. 'I'm just so glad – so glad that I'm not still in that ghastly house.'

In a few minutes, *Hieland Lassie* had swooped into shore. Claud decided, as she had earlier, not to pull the dinghy right out of the water once they had landed. 'I have a feeling we'll be using her again before long,' she said.

Because the girl had hurt her ankle, she could not walk very fast. So she limped along with an arm around Gilly's neck. Claud and Marcia went ahead to the farm to stoke up the kitchen stove and get some food ready.

Before long, the four girls were sitting in the kitchen with hunks of bread and cheese and steaming mugs of tea.

'That's a whole heap better,' said Marcia, trying not to slurp her tea.

Gilly wanted to ask the girl all about herself. But she knew their new friend would tell them her story in her own time. She also realized that she and Marcia had to get back to the centre fairly soon.

In the light of the farmhouse kitchen, Gilly could

see that the girl had a light-brown skin and dark hair and eyes. Crumbs, you're thin, she thought. No wonder you feel the cold. You can't have eaten a proper meal for ages.

Finally, Claud said to her new guest, 'As you've probably gathered, I'm Claud and I live here. Gilly and Marcia are my friends from England. With us and in this house, you are perfectly safe from anyone. Now would you like to tell us a bit about yourself now?' She paused. 'Or wait until tomorrow when you've had a good sleep?'

The girl took a sip of tea and a serious look took over her smile. 'I can't thank the three of you too much for taking me off that island. But it's not the end of the danger, I'm sorry to say. I still need your help. That's why I've got to tell you everything – now.'

She speaks English very well, Gilly told herself. I wonder where she learned it. But she'll tell us that, she's bound to.

'I'm Semira Mahram,' the girl went on, 'and my country is the Sultanate of Kalarang. As you may know, it's near Malaysia.'

Gilly did not know that, but she did realize one thing. 'Semira Mahram – that's what SM stands for,' she cried. 'That's why you signalled it.'

Semira grinned. 'Absolutely right. SM – two of the first letters I learned when I was taught the Morse Code. In my country, many children join a kind of club called the Young Cadets – like your Girl Guides. We wear uniform and learn things like First Aid, cooking and camping. I was a Young

Cadet and I learned Morse. And you know Morse, too?'

'Not really.' Gilly explained how they had taken down Semira's message and looked up the letters in a book.

With a laugh, Semira continued her story. She explained that her father, Adil Mahram, was chief minister in the Kalarang government. He had sent her to school in Britain so that she could learn English really well.

Gilly nodded. So that's why she speaks so perfectly, she thought.

But, Semira explained, her father had a dangerous enemy who wanted to take over his job. This enemy was a man called Kamardy Nurimba who used a gang of thugs to make people frightened of him. Nurimba had decided to act against her father by getting his men to kidnap her in London. There, only a few people knew about her. Nurimba would then make threats to hurt her if her father did not resign from the government.

So Nurimba had sent some horrible gangsters to Britain led by an evil creature called Rachman Hadi. They had snatched her on the first day of the holidays when she was walking near the Kalarang embassy and had brought her to Hardie House. There, Rachman had put Semira in the charge of Somala Abeng, a woman who had been very cruel to her.

'That old witch beats me when she has half a chance,' said Semira, showing the girls some bruises on her wrists. 'But it was from her that I learned about Nurimba and his plans. And now his gang will look for me because they want to keep on threatening my father. So – I must ask you to help me again. I must not, will not, go back to Hardie House.'

Semira looked at the three British girls, her eyes pleading.

'Of course we'll help you,' said Gilly without hesitation. 'But why can't we go to the police? No one can be a prisoner in this country unless they've broken the law and have been sentenced to jail.'

'Well,' said Semira, 'my father doesn't know yet that Nurimba is the one who ordered Rachman to kidnap me. If Nurimba knew I had escaped, he would stop threatening my father. It would then be harder to prove that he is behind the whole wicked scheme.'

Gilly was thoughtful. 'As you say, it's pretty well certain that Rachman and his mob will hunt for you as soon as they can. But he won't want to get into trouble with Nurimba for losing you. What we've got to do is keep you out of the way until someone can take you back to your country.'

Marcia asked: 'Is there anyone you can trust – anyone who could come and collect you?'

'Yes,' said Semira. 'My Uncle, Tanri Sabar. But he's in Kalarang – and I am here.'

Claud sat up straight. 'Why don't you phone him? Tell him exactly what's happened? Get him to come to Scotland?'

Semira's face lit up with a huge smile. 'That's a wonderful idea. It's late afternoon in Kalarang right now. It's getting on for half way around the world from here. But where do I phone from? I can't pay, either.'

Claud beckoned. 'I'll show you. You can probably dial direct. And you can get your uncle to pay for the call.'

A beaming Semira followed Claud into the hall. In a few minutes time, Gilly and Marcia heard a scream of delight through the open door. Semira had obviously made contact with her Uncle Tanri, thousands of miles away.

Claud came back into the kitchen, closing the door behind her. The three girls looked at each other, hardly believing what they had heard from Semira. It was a story that belonged to the world of films and thriller books, not something that was happening to them.

Before long, a delighted Semira ran in from the hall. 'My Uncle Tanri is coming to Britain! He says he can be here in a couple of days! In the meantime, he will tell my father that I am safe. My father can then pretend to go along with any more threats he gets from Nurimba.' She clapped her hands with glee.

A couple of days! Heavens! thought Gilly. Will that be long enough to keep Rachman whatshisname from taking Semira away again?

Aloud she said, 'That's terrific, Semira. Now we've got to make some plans to keep you safe until your uncle arrives. Let's all put our heads together and think.'

As the girls sat around the kitchen table, one

thought kept repeating itself in Gilly's mind. This was not going to be a simple game of hide and seek. This was real – they were planning an escape from evil and dangerous men.

Chapter 5

The only sound in the kitchen was the crackling of wood burning in the stove. Gilly felt warm and comfortably. I'd love to go to sleep right now, she thought . . .

Marcia jolted her wide-awake again. 'So what do we do?' she asked. 'We're running out of time.'

The four girls looked at each other. Gilly knew that her friend was right. The mob from Kalarang would probably leave the island as soon as the sun rose. Their aim would be to search the area for Semira and try to find out where she was. And that time was not far off.

Whatever the girls planned, it had to be decided quickly. They then had to put their plan into action – straight away.

Gilly said, 'We've got to hide Semira in a place where she can't be found. Those men are bound to come to the farm. They'll have noticed that the dinghy is always pulled up on shore here. No one could miss that bright yellow colour.'

'And,' added Marcia, 'as sure as eggs are eggs, they must have seen us near the island in the afternoon. You're right. It wouldn't take them long to work out that the dinghy could have something to do with Semira's escape. So what do we do?'

Claud thought for a moment, then her face brightened. 'Wait – I know the perfect hide-out. We'll have to do a bit of camping, though.'

The girls looked at Claud, eyes wide with interest.

She continued, 'There's a ruined croft – that's a small cottage – up the valley behind the farm. It's in the middle of the forest so it's difficult to see. The burn's nearby too.'

'What's a burn?' asked Semira.

'It's a stream,' said Claud. 'A wee one.'

Gilly nodded slowly. 'So you'll go there – and lie low.'

'Yep,' said Claud. 'We'll leave here as soon as the sun comes up. I've got a small tent we can take. We'll be sheltered by the walls of the croft.'

She turned to Semira. 'How does that sound? We should be fine – right out of sight until your uncle arrives.'

'Sounds great!' Semira was thrilled. 'I love camping. I've camped a lot in my own country.' Then a frown clouded her face. 'I just hope we won't get too cold. This country can be so chilly.'

'Well,' said Claud, 'we better not light a fire in case that gang notices the smoke. But don't worry. We'll bring plenty of blankets and be snug as snug.'

'What about food?' asked Gilly.

'I've got some here, of course. But if you could bring us some bread and milk tomorrow – that would be terrific.'

'We can do that,' said Gilly, 'in the afternoon. But where can we find you?'

'Easy. Just follow the burn up the valley through the fir trees. If you go too far, you'll come out on the moorland.'

'The farm,' said Marcia. 'What about the animals? Who'll feed them?'

'No problem,' replied Claud. 'I'll let the horses out into the field. Dum and Dee can come with us. Tell you what, though. When you're here tomorrow, you could make this house look as if someone's in it.'

'I know,' said Gilly. 'Hanging out washing, turning

on lights – that sort of thing. Could help to keep those men from getting too close and looking in the windows.'

'Good idea,' agreed Semira. 'Now, that dinghy. We've got to do something with it. As Marcia says, it is a big give-away to our whereabouts. We've got to hide it somewhere.'

Marcia had the answer. 'We could take it to the centre. There are lots of dinghies there. With luck, it may not get noticed – certainly not immediately.'

'Great,' said Claud happily. 'But do you think the pair of you could sail *Hieland Lassie* around to Dalreggan now? Even with the moon, it's still pretty dark.'

'I reckon we can,' Gilly was confident. 'We've seen you sail her enough times. Talking about being noticed – Marcia and I will be noticed if we don't get back soon.'

'Away with you, then,' said Claud. 'We'll see you later. In the meantime, you could keep an eye out for those Hardie House Horrors.'

Half an hour later, Gilly found herself at the tiller of the little yellow dinghy sailing along the loch shore towards the adventure sports centre.

So far so good. She had remembered Claud's advice, 'Turn into the wind when you're hauling the sail up or down.' Luckily, the wind had dropped and Marcia and she were able to launch *Hieland Lassie* without difficulty.

'Keep it up, Gills,' said Marcia, looking anxiously across the loch to the island which now stood out clearly in the moonlight. 'You're doing okay.'

There was no sign of lights at Hardie House and the village of Calbuchan was also still and dark as they sailed by it. In no time at all, it seemed, they were gliding up to the jetty at the centre.

This is the tricky part, Gilly told herself. We can't afford to make any noise at all.

The moon shone enough light for her to see that most of the centre's dinghies were pulled up on the shore on either side of the jetty. Only two of the larger boats were moored to the jetty itself.

Gilly realized that *Hieland Lassie* would not be noticed so easily if she was also beached with the other dinghies. So she decided to steer the little dinghy around the jetty, hoping there was a space for them to squeeze in on the shore. Luckily there was, between two dinghies on wheeled launching trolleys.

'I'm going straight in,' she called softly to Marcia. 'Give us a hand with the centreboard.' She knew that ideally she should turn the dinghy into the wind, take down the sail, and then either row or push the little boat into the shore. But there was no time for that.

She steered for the gap. *Hieland Lassie* glided in like a racing pigeon coming home to its loft. Between them, somehow, the girls raised the centreboard and lowered the sail before the dinghy scraped her bow on the pebbles.

Marcia breathed a thankful sigh.

'That won't win us any prizes for good sailing,' said Gilly. 'But at least we're here. And in one piece. Now let's tidy up and get to bed.'

As quietly and as quickly as they could, the girls pulled the dinghy on to the beach and rolled up the sail. In front of them, the huts of the centre stood dark and silent.

'I hope you know where our hut is,' whispered Marcia. 'I haven't a clue.'

'Don't worry. I know exactly where it is.'

When they were finished with the dinghy, Gilly led the way carefully through the sleeping centre to their hut. Both girls knew that they must be as silent as possible. The last thing they wanted to do was to wake anyone up, especially a grown-up.

A thought ran through Gilly's mind. What if the hut door was locked? They would have had it then.

But fortunately the door was unlocked, even if it creaked slightly. On tip-toe, the girls found their room and slid gratefully into bed.

Gosh, I'm whacked, thought Gilly. As she drifted into sleep, she wondered about Claud and Semira – how they would get on, moving out of the farm and going into the forest to keep ahead of the crooks searching for them . . .

Gilly had a scary dream in which she was chased and caught by one of the thugs from Kalarang. He grasped hold of her and began to shake her, shake her, shake her . . .

She began to surface from sleep, aware that she was still being shaken.

A voice said crossly, 'For heaven's sake, wake up! You're going to miss breakfast and you're going to be late!'

Gilly opened her eyes, not knowing for a moment where she was. Then it dawned on her that she was being jolted awake by Lizzie Gordon, the hut monitor.

'At last!' said Lizzie. 'You better get a move on. Your gymnasts went over to the dining hut years ago.' She stumped angrily out of the room.

Still dazed with sleep, Gilly got out of bed. If she found it hard to wake up, how was Marcia going to find it? She went over to her friend's bed and to her surprise found her lying there shaking with laughter.

'That was really funny!' she cried. 'That po-faced girl tried everything she knew – screaming, swearing, shaking – to get you to answer her. But you were just dead to the world.' Marcia hooted with laughter again.

At first, Gilly did not think being woken up like that was funny at all. But her good nature got the better of her feelings, and she, too, began to giggle.

Then suddenly, she realized what Lizzie had said. The gymnasts had already gone to breakfast. Christine would be livid if Marcia and she did not turn up at the gym on time.

'Marce, step on it! D'you know what the time is? We're supposed to be at work in twenty minutes!'

'Cor!' Marcia leaped out of bed and found her leotard. 'Last thing I feel like doing right now is putting on a gymnastics show.'

In a few minutes, the girls were dressed in leotards and tracksuits and running over to the dining hut. They found themselves to be the last in for breakfast, just as Aileen Pegg was about to clear the food away. Aileen raised her eyebrows but did not say anything. Gilly began to feel a bit guilty at being the last. She was also beginning to feel tired from being up so late the night before.

Seizing a last piece of toast, they tore off to the gym and arrived at the same time as Christine. The gymnasts were waiting patiently for their course to start. Most of them were a little younger than Gilly and Marcia. Like them, they wore a variety of leotards, leg-warmers and tracksuits to train in.

Thank goodness, thought Gilly as Marcia and she said 'Good morning, Christine!' We're on time – more or less.

Their coach looked at them closely. 'You both look a trifle bleary-eyed to me. And Marcia – your hair resembles a bird's nest.'

Marcia blushed. In her haste, she had forgotten to brush it.

Christine turned to the gymnasts. 'Right, girls! First thing we do, as all of you know, is the warm-up. Now as it's a nice day, we'll go for a short run outside. Gilly and Marcia will lead. Try and get some good leg and arm movements as you run.'

The Lynx girls found themselves running in front of the group, going round and round the square in the middle of the centre. Christine followed, calling out to the gymnasts whose running actions needed correction.

The sun was shining and Gilly began to feel more like her old self again. She was relieved that they had not been found out about their adventure last night.

Marcia gave her a nudge, 'When you've got a chance, look at the island.'

When they passed a gap between the huts, Gilly glanced quickly over Loch Skian. She nearly stopped running. The speedboat had left Hardie House and was zooming towards Calbuchan. It could only mean that the Kalarang men had started their search for Semira. A shiver of fright ran down her back.

Gilly usually enjoyed gymnastics training, but that morning she wished that it would finish quickly. Then she and Marcia could keep a lookout for the thugs and be more of a help to their friends camped above the farm.

But back in the gym, time passed faster than she expected. When the body preparation and ballet exercises were completed, she and Marcia gave a tumbling demonstration which they both enjoyed. The moves included forward and backward walkovers, handsprings, round-offs, back flips and aerial cartwheels: moves the twelve young gymnasts were going to try and perfect during their time at DASC.

As a treat for the Scots girls, Christine asked Gilly whether she could show some advanced floor exercise moves – like the ones she had performed at Wembley in the Junior Champion Gymnast competition. So Gilly came up with a tucked front somersault, a straight back somersault and, of course, her double twisting back somersault.

Some of the younger gymnasts began to clap. They were in awe of Gilly as she was the most famous gymnast they had ever met and they had all seen her on TV.

'The price of fame,' Marcia whispered when she had finished. 'Anyway, it's all good practice for the competition we've got to do tomorrow.'

Tomorrow! Gilly had completely forgotten about the big Scottish open competition that she and Marcia were taking part in. And she hadn't realized that it was taking place so soon. That meant both of them would not be around if the Kalarangian search for Semira became more serious.

For the next hour and a half, the gymnasts completed the rest of Christine's programme. They trained on the four pieces of apparatus and finished with suppling and strengthening exercises.

Before the session ended, Christine told the class how important it was for gymnasts to have enough suppleness and strength for the work they were tackling. It also meant performing all basic movements perfectly and not trying advanced movements before this had happened. This process, as Gilly knew, could take at least two years. Trying too much too soon could lead to bad performances and injury.

When the course had finished for that morning, Christine asked Gilly and Marcia to come back after lunch for a last-minute bit of training before their competition.

Gilly's heart sank because more valuable time was being used up. But she understood it was important that she and Marcia should go through their routines for the competition with final advice from their coach.

But when the girls came back to the gym in the

early afternoon, they found Christine in a bad tempered mood.

Gilly immediately guessed that she had heard about them being late to bed on the night before. She was right.

'Look,' said Christine, 'I don't expect to have to nurse girls of your age, but I am very, very disappointed to hear that you crept into bed at some abysmal hour of the night. You're here to set an example to the youngsters on the course – not to treat this centre as a place to do what you like. As you are well aware, a lot of people took a great deal of trouble to get you here.'

It's Lizzie, thought Gilly. She must have ratted on us. Thanks for the good turn, Lizzie. What bad luck.

'Not only that,' continued Christine, 'but both of you seem to have forgotten that you're taking part in an important competition here in Scotland. To wear yourselves out just before it takes place is almost like saying that you don't want to compete.'

She glared at the girls. 'You'll have to go to the competition whether you like it or not. But let me tell you now. Any more misbehaviour and I'm sending you both straight back to Lincston!'

Oh no! Gilly was flabbergasted. With more bad luck like this, they could be whisked away home in a flash.

What's more, Claud and Semira wouldn't know. Worse still, up in their camp on the mountain, they would be alone – alone without any help at all!

Chapter 6

During her whole gymnastics career, Gilly had always felt a little nervous in the days before a competition.

The nerves were usually about how well she was

going to do as a performer. But once she had started her routines, the shaky feeling in her stomach left her, and win or lose, she was able to do her best.

Before this Scottish event, though, Gilly had two other matters to worry about. The first was how Claud and Semira were, on the slopes of Callader. The second was whether Christine would stop being annoyed with her and help her to prepare for the competition as she normally did.

Gilly needed Christine's knowledge, approval and encouragement if she was going to get anywhere on the next day. The last thing she wanted to do was to produce a shoddy lot of exercises which would reflect on her, the Lynx club, and Christine.

She realized she could do nothing about Claud and Semira until she had finished in the gym that afternoon. But she would soon find out whether after that stern pep-talk Christine was going to advise her on this competition.

In her training book, Gilly had copied some words she had read in a gymnastics magazine:

Top gymnasts achieve competent performances by maintaining an inner calmness, by being confident in their ability, and by thorough preparation.

That afternoon in the gym, she felt neither calm, confident nor thoroughly prepared for the next day's competition. She waited for her coach to show her feelings to her and to Marcia as well.

After she had spoken sharply to the girls, Christine turned and walked away towards the door of the gym, frowning at the floor.

Hang it! thought Gilly glumly, she's going to let us look after ourselves. We're really going to get into a mess tomorrow.

But when she got to the door, Christine stopped and whirled around. 'Do you really want to have a serious bash at the competition?' she asked cautiously.

With anxious looks on their faces, the girls nodded.

'Right then,' Christine called cheerfully, to Gilly's great relief. 'We'll run through your routines – starting with the floor exercise. So let's have a twenty-minute warm-up to music.'

Christine slipped a tape into her cassette recorder and the girls began to run, hop and skip around the gym. They then tackled familiar exercises to make their bodies circle, stretch and bend.

After the warm-up, Christine checked the tapes for their floor exercise music, making sure that the sound was clear and fresh.

Gilly had competed more recently than Marcia, so Christine had more to say to her friend about her routines than to her.

'You're shuffling a bit, Marcia,' Christine told her. 'And some of your landings are a bit unsteady. Try for more height when you're taking off.'

Christine also made sure the slippers, handguards and wrist bandages that the girls were going to use were in good condition. 'When we get to the sports hall,' she said, 'we can have a look at the lights, where the audience are sitting, and how much space there is around the apparatus.'

Once again, she reminded the girls of what she called 'good manners'. All Lynx members were aware that gymnastics was all the more attractive and enjoyable when all competitors behaved as well as they could. This meant being natural, and not showing off or being a bad sport. Coaches, judges and spectators were only looking for skilful performances from the gymnasts – performances carried out with a sense of dignity and an unslfish attitude.

'I don't have to talk to you two oldies about good manners,' said Christine, 'but it doesn't harm to think about it every now and then.'

Finally, she told them that they were going to have an early start. Jeannie Barry was very kindly going to drive them all the way to Glasgow where the competition was going to be held.

'Bring an extra sweater – it will be nippy first thing in the morning. Mrs Pegg is doing us packed lunches and we can get juice to drink when we arrive. Now run along – and for heaven's sake stay out of mischief.'

With sighs of relief, the girls ran from the gym. Now they must collect a pair of bicycles again from Alex Alexander. When they had done that, they could head for the shop in Calbuchan. There they could obtain supplies for Claud and Semira.

'I'm pretty skint at the moment,' said Marcia, looking at the coins in her pocket.

Gilly found her own money. 'Well, I'm not exactly a millionaire. Show us what you've got.'

Between them, it looked as if they had enough to buy the bread and milk which Claud had asked for.

'If we need more cash, I bet we can borrow from Christine,' said Gilly. 'Hey, tell you what we do need as well. A rucksack to carry the stuff in. But I'm sure Alex can lend us one with the bicycles.'

Alex had just what they wanted – a big blue rucksack, one of several used by the centre's climbers and campers.

Gilly was determined not to waste any more time before they biked away from the centre to the village and then to the farm.

But Marcia stopped her. 'Let's have a look across the loch in case we can see the speedboat. Might be wise to know where those ugly customers are.'

'Good thinking,' said Gilly. 'The jetty's the best place to see everything. Let's get over there.'

Within seconds they were pedalling towards the water.

Down on the jetty, however, they had another setback. A crowd of boys and girls were milling about, launching a fleet of dinghies for an afternoon's sailing on Loch Skian. In charge of them was a large woman instructor. But for some reason she did not seem pleased.

'That's Alison Craig,' said Marcia. 'She looks browned off, to say the least.' Then she halted in surprise. 'My goodness! Look what she's about to tow away!'

There could be no mistake. The sailing instructor was holding a rope and on the end of the rope, afloat, was *Hieland Lassie*. What was more, she was about to get into a rowing dinghy which had a small outboard motor.

'We'd better rescue her,' cried Gilly, laying down her bike and running on to the landing stage and up to the little yellow dinghy.

'Is this yours?' asked the sailing instructor in a cold voice. 'Well, this place is private to the dinghies and canoes which belong to the centre. No other craft are allowed here. So remove her – *now*!'

'Please, can't we keep her further along on the shore,' pleaded Gilly. 'It won't be for long.'

'Sorry – we can't change the rules for you. If you won't remove her, the centre will.' She slapped the rope into Gilly's hand.

Blast, thought Gilly. There's only one other place we can take her where she won't attract attention. And that's the village.

Marcia came up to her. 'Silly old crow!' she whispered. 'I'm sure if we went to Big Mal – '

'No,' said Gilly firmly. 'We don't want to be the centre of attention with Christine twice in one day. I'll sail her over to the village now. Look, why don't you take the bikes to the shop and I'll join you there. Shouldn't take long.'

Reluctantly, Marcia agreed. She went off, picked up the two bicycles and made her way to the camp entrance, the big blue rucksack hanging down her back.

Aware of Alison Craig's disapproving look Gilly pulled *Hieland Lassie* along to the end of the jetty.

Just as she was about to get into the little dinghy, a small voice behind her said, 'Going for a sail? Can I come too, please?'

Gilly turned around. It was one of the younger

gymnasts on the course, one who had clapped when she had performed her double twisting back somi. The girl was small, with brown hair tied in a single plait.

Gilly thought for a moment. Why not? 'Okay, but I'm just going to the village. You'll have to make your own way back here. Hop in – and put on one of those life-jackets. Then hold us tight to that post. You're Katrina Mackie, aren't you?'

The young gymnast nodded with a wide smile. She slid into the dinghy and sat in the front, hanging on to one of the jetty supports.

Gilly wrestled with the sail which began to flap in the wind. This time, she was watched by several other people who were launching other dinghies. She began to feel shy and aware of being laughed at. Above her, the sailing instructor watched her with a severe look.

Finally, Gilly succeeded. She lowered the centre-board as Claud had shown her, seized the tiller, and called out to Katrina, 'Let go!'

Narrowly missing a couple of dinghies which were moving back and forth in front of the landing stage, *Hieland Lassie* headed speedily down the loch towards Calbuchan. Ahead of them was the village jetty with two rowboats moored to it.

Katrina sat, absorbed by her unexpected trip, staring at the surrounding massive scenery of Cal-lader and, far away, Ben Ardron. The sun was now shining brightly and the afternoon had turned out to be warm and clear.

Every now and then, Katrina stole a look at Gilly

as if she could not believe she was in the same boat as the Junior Champion Gymnast.

'Good, good!' said Gilly to herself. 'We'll beat Marcia to the village.' She could see her friend struggle up the loch road with the two bikes, riding one and trying to steer the other. Good old Marce! She really is a wonderful friend.

'Look what's over there,' said Katrina. 'It's a speedboat.'

Gilly nearly fell into the water with horror. There, zooming away from behind the village jetty where it had been hidden from them, the speedboat of the dreaded Kalarangians tore away towards the island.

Gilly sat, still as a statue, praying that none of the three men on the speedboat would notice them.

Unfortunately, somebody did. The large Alsatian dog sitting with the men began to bark ferociously at *Hieland Lassie*.

The men looked around, at first not seeming very interested. Then suddenly, with excited cries, they began pointing at the yellow dinghy. The speedboat immediately changed direction and bore straight down on the little boat, its engine roaring louder and louder.

'Heavens above,' cried Gilly to herself. 'They're going to crash into us.' She closed her eyes and heard Katrina scream.

Luckily, there was no crash. But the dinghy rocked like a tree-top in a storm, caught in the bow-wave as the speedboat missed her by what seemed centimetres. As Gilly clung with fright to the sides of the boat, she could hear howls of laughter mixed up with the barking of the dog.

Katrina was shaking with terror, sobbing quietly. Poor little mouse, thought Gilly, trembling herself. I won't forgive those bullies for this. We could have been tipped over. We could have been killed.

Behind them, the speedboat slowed down and turned around. Its engine began to go fast again.

Gilly drew in her breath quickly. They couldn't be making the same run at us again. Surely, surely not. Not with people watching. She could see a couple of fishermen on the jetty keeping a close eye on both boats.

But this time the speedboat stopped close by the dinghy. The three men stared at the two girls, the dog growling beside them. One was huge with a face that looked like a fat pig's. Pigs are better-looking than you, decided Gilly. Now push off, the lot of you.

Pig-face glanced at the fishermen. He then shouted to her in a foreign accent, 'Where is the girl who belongs to us?'

Gilly ignored him. He must be the one Semira called Rachman Hadi. The leader.

Pig-face laughed like a small dog barking. He spoke again. 'Tomorrow, we will come and have a little chat! Then you will tell us where the girl is.'

He snapped his fingers. The engine of the speedboat broke into its loud roar and the craft hurtled away towards Hardie House.

In a daze, Gilly steered *Hieland Lassie* to the jetty where a white-faced Marcia was waiting.

The fishermen joined them. They appeared to be a father and his son.

'You all right?' asked the father. 'Those maniacs should be jailed. I've a good mind to report them to the police.'

'We're okay, thanks,' said Gilly, who put a comforting arm around Katrina. 'Don't bother about the police. We'll sort it out.'

'Well, if you need any help, let us know,' said the son as he and his father went back to their fishing rods.

Marcia was still spluttering with indignation as she helped Gilly moor the dinghy. 'Those barbarians! Those louts!'

Gilly said: 'They won't get away with it, don't worry. They've now proved they really are a vicious, dangerous lot. But no way are they going to come out on top. No way!'

Chapter 7

Gilly and Marcia hurried off the jetty, Katrina between them, and crossed the road on the way to the village shop.

We're running out of time again, thought Gilly.

We've got to buy some bread and milk and get up to Claud's hide-away. And we mustn't be late getting back to the centre. And what do we do with Katrina?

Katrina had got over her terrifying experience and was now full of questions. 'Who were those men? What girl were they talking about? Why were they so wicked?'

Finally, Gilly said, 'Katrina, if you want to help us, it's best that you don't say anything right now – anything about those men and what they did to us. I'll explain everything later.'

She put her hand on Katrina's shoulder. 'But you can do something very important. Keep a look out for those thugs – all the time. If you see them, tell Marcia and me right away. Okay?'

Katrina nodded, pleased that she could help her famous new friend in some way.

'You could do another thing for us,' said Marcia. 'Tomorrow, Gilly and I are going to be away at this competition in Glasgow. A friend of ours called Claud may want to leave a message. Now we'll give Claud your name so if she phones up DASC, she'll ask for you. So just remember what she says. Understand?'

'Yes,' said Katrina, even more delighted.

Gilly asked herself again: What do we do with Katrina? We can't take her up Callader with us. But I don't really want to leave her in Calbuchan by herself.

But when they went into the shop, her question was answered. There, buying sweets, was a group of the gymnasts on the course at the centre.

'Hi, 'Trina!' called one of the girls. 'We're just going to the jetty and then back to the camp. Coming?'

Katrina looked at Gilly, eyes pleading.

Gilly shook her head. 'Not this time. You go along with them. We'll see you back at the centre. Now let me get you something to eat.'

Katrina went off happily with the other gymnasts, licking a huge ice-cream cone which her idol had brought her. Meanwhile, Gilly and Marcia looked for the shop's grocery section.

The shop was small, but it seemed to have everything that anyone could possibly want. Clothes, camping equipment, paint, car tyres and countless other items were either hanging from the low ceiling or were stacked on the floor. There was hardly room to move. Gilly realized that in this part of the world, shops were few and far between. So a shop like this one had to stock all kinds of articles.

The shop was also a post office and telephone exchange, and the old lady who ran everything had to dart from counter to counter. Gilly guessed that she was Mrs Scroggie who Claud had said had been upset by the Kalarangians.

'From the camp, are you?' asked the old lady. 'And what would you want?'

With Mrs Scroggie's help, the girls collected together some supplies for their friends. To the bread and milk that Claud had asked for, they added ginger biscuits, packet soup, sardines, chocolate and matches.

Marcia had thought of the matches. 'It would be

awful if they had nothing to light a fire with,' she pointed out.

After they had paid Mrs Scroggie – and they had just enough cash – the girls carefully packed the rucksack. Then, carrying the rucksack between them, they left the shop to find the bicycles which Marcia had left near the jetty.

'Shouldn't take us long to get to the farm,' said Gilly, hoping Claud and Semira would like their pack of supplies.

But outside the Black Bear, they met a breathless Katrina.

'Those men,' she panted. 'They haven't gone away. They've come back. They're sitting in their boat. Just over there. They're looking all over the village with binoculars.'

Gilly kept on walking. 'Well done, Katrina. Don't look at them, for heaven's sake. Just act as if we haven't noticed them. Now just amble back to your friends – and stay with them. We'll see you later.'

With a scared smile, Katrina strolled off to the jetty.

Marcia said, 'Reckon those stinkers would be very interested to see where we're going next. In case we could lead them straight to Semira. What do you think, Gills?'

'I'm sure you're right,' said Gilly, lifting the rucksack on to her back. 'If we bike down the loch road to the farm, we'll be showing them exactly where to look.' For a brief moment, she thought hard. 'Got it! We'll go and see Mrs Scroggie.'

The girls turned and walked back to the shop, trying to look normal.

At the post office counter, Gilly asked, 'Mrs Scroggie, could we please go through your garden at the back? We would like to cross the field and go into the forest behind it.'

The old lady peered at Gilly. 'There's an easier way to the forest, my dear. Along the track at the end of the village.'

Gilly did not explain that if Marcia and she used the track, they were bound to be seen by the three Kalarangian men from their speedboat. If they went through the garden, they would have a better chance of not being spotted. Why? Because the shop building would hide them from the jetty as they crossed the field to the man-made forest.

'Please. We *have* to go this way.' There was a hint of desperation in Gilly's voice.

Mrs Scroggie stood still for a few seconds. Then, shrugging her shoulders, she led the girls to the back of the shop. There she unbolted a large door which opened into a shed full of sacks of animal food, seeds and fertilizer. Another door took them into a vegetable garden.

'There you are,' said the old lady. 'Over the fence and keep going.'

'Thanks,' said the girls together, looking at the trees ahead of them, across the field and up a slight slope.

Without a further word, Gilly set off quickly for the fence, her friend close behind. Within a few minutes, they had entered the shelter of the forest.

'Jeepers,' said Marcia. 'I could almost feel three pairs of eyes on me.'

Gilly looked behind at the village. 'Let's wait a tick in case they did see us come this way.'

But there was no sign of the Kalarang gang either crossing the field after them or walking up and down the village road. Now the next stage was to walk along the edge of the forest towards the farm, keeping out of sight behind the fir trees. The girls made quick progress, as the trees had been planted in lines along the slope. This made the forest easy to walk through.

In half an hour, they had reached the track from which they could see the back of the Roberton farm. In the field below them. Chieftain and Prince were grazing peacefully.

'Oh, heck!' snorted Marcia. 'It's beginning to rain.'

While they were in the forest, the trees had hidden the dark clouds that had gathered in the sky above them. Now rain was starting to pour down. The girls pulled their anorak hoods over their heads.

'We'd better get our skates on,' said Gilly, squinting up at the sky. 'It's going to be a downpour and a half. You go down to the house and pretend you're the farmer's wife. I'll head up the hill and find Claud and Semira. Keep your eyes peeled for those crooks. I'll be as quick as I can.'

She watched her friend run down the track to the farm. At least Marcia could keep dry there. She had to trek up the hill to the hideout by the ruined croft. What had Claud said?

'Just follow the burn up the valley through the fir trees. If you go too far, you'll come out on the moorland . . .'

Gilly shifted the weight of the rucksack on her back. She crossed the track and went down a slight slope into the beginning of the little valley. At the bottom, she came across the small stream she was to follow up the mountain.

The stream flowed from pool to pool, sometimes cascading over waterfalls, sometimes trickling gently through lumps of rock. On either side of it, the fir trees grew close to the banks.

Gilly walked alongside the stream, now looking down at the faint path she was following, then glancing up to see if she had come across the croft.

Above a long, thin waterfall, the stream suddenly levelled out. Through the fir trees, she could see stone walls. She must have arrived.

'Claud! Semira! Hi there!' she called softly.

A low growl told her she was right.

Claud's voice reached her, 'Quiet, Dum! You're a good watchdog, but I don't want you to be a loud one. Hi, Gilly! We're over here.'

The roofless stone walls were the remains of a small dwelling house used by sheep farming folk many years before the forests were planted. Beside the north wall, sheltered from the wind, Claud had erected her red tent. Against the wall, she and Semira had piled wood for a fire.

'Come on in, said Claud. There's not much room but it's quite snug.'

Gilly handed the rucksack to Claud and squeezed

into the tent. It was a relief to get out of the rain. Semira was tucked up in a sleeping bag and a portable radio was playing. Dum and Dee lay beside Claud.

'How's things?' asked Gilly.

'Great,' replied Semira. We were doing fine until the rain came.'

'And your ankle?'

'Not too bad, thanks. I got up here all right.'

'You've done us proud,' said Claud as she unpacked the rucksack. 'We'll have a feast tonight. What's news down there?'

As they ate the chocolate, Gilly explained how they had to move *Hieland Lassie* to Calbuchan and how Pig-face and his mob had come across them.

'What bad luck,' said Semira. 'That's Rachman Hadi all right.'

Claud said, 'It looks as if they'll start searching everywhere around Calbuchan now. If they do, we'll have to move higher up the mountain. There's nowhere else to go.'

'Let's hope Uncle Tanri gets here soon.' Semira sighed. 'Camping in this weather – well, it's not my idea of bliss.'

Gilly reminded them that she and Marcia had to go to Glasgow the next day for their competition. They would be back at the centre on the following morning. They would come here in the afternoon.

'It's going to be difficult without you and Marcia around tomorrow,' said Claud with a worried frown. 'Let's pray we get some good luck. I better go down to the farm tomorrow evening and phone you for a chat. I'll do that before dark and hope you're back. So leave a light or two on at the farm so people think someone's there. I hope no one like the McTaggarts drop in as friendly neighbours – they'll wonder what on earth's going on.'

Gilly said if she wasn't back from Glasgow, any messages could be left with Katrina Mackie. 'I better get going now. Marce and I just can't be late this evening. Look after yourselves.'

'Good luck for tomorrow,' called Claud as Gilly slid out of the tent into the rain. 'See you the day after.'

Gilly's trek back to the farm took no time at all. The rucksack was empty, of course, and it was all downhill. But the path was slippery and she had to be careful where she placed her feet. Thank goodness for Alex Alexander's boots! she thought.

However, most of her thinking was about the two girls she had left behind in a tent on a wet, cold mountainside. How much would they be able to bear? How soon would their ordeal be over?

At the farm, Gilly found Marcia watching television from a cosy armchair. Her friend had opened windows, turned on a few lights, and lit a fire. But because of the rain, she had not been able to do much outside to pretend that the house was not empty.

'Come on!' cried Gilly. 'We've got a wet walk ahead. The bikes are at Calbuchan – remember? And if you think you're hard done by, spare a thought for Claud and Semira up the mountain.'

Marcia grimaced, but then laughed. In a few

minutes, they had left the farm and were walking along the loch road towards the village. They did not think it likely that the Kalarangians would search for them or Semira in heavy rain and so decided not to return through the forest.

'It would be nice to get a lift back to the centre,' said Marcia, as a gust of wind lashed her face with chilly rain-drops. Clouds had hidden both Callader and Ben Ardron and the surface of Loch Skian was rough with waves.

Almost as if a fairy godmother had overheard Marcia's wish, a car came rapidly up the road behind them. They stood aside to let it pass – and then waved frantically at it. It was the centre's blue minibus, driven by Stuart Wilkie, the climbing instructor.

Stuart stopped with a squeal of brakes. 'My goodness, ladies, you've taken a soaking. You wouldn't be going to that eminent place of luxury, the Dalreggan Adventure Sports Centre?'

With thankful cries, the girls jumped into the minibus. Stopping just once to pick up their bicycles, the girls were soon back at the centre.

As Gilly relaxed in a hot shower, her mind turned to the competition she was entering the next day. Somehow it did not seem so important beside the adventure she was having.

But she had to admit that she would like to become an international gymnast. So tomorrow, just for a day, she had to concentrate on just one thing – showing she had the ability to represent her country.

Chapter 8

The sports hall announcer spoke in to his microphone, 'And all the way from Lincston Gymnastics Club in England, the Junior Champion Gymnast of all Britain – Gilly Denham!'

There was a loud burst of applause as Gilly stepped out of the line of gymnasts to present herself to the packed audience. Several hundred people had decided to come and watch this important competition taking place in their home city of Glasgow.

Gilly waved to the spectators and then moved back to stand beside Marcia. Both girls were wearing the bright yellow tracksuit of their club. On their chests, the large badge – the snarling head of a lynx – left no doubt what their club was.

Lined up with them on the floor mat were twenty top young gymnasts from all over the country. Some of them Gilly recognized, but there was no one she was aware of who could really challenge her.

Until one name was announced.

'. . . From Manchester,' boomed the announcer, 'the Junior Champion bronze medalist – Samantha Padmore!'

Wow! Gilly was taken completely by surprise. Sam Padmore, a cheerful Afro-Caribbean girl and a first-class gymnast, had come third at Wembley when Gilly won her title there only a few months ago.

With Sam here in Glasgow, today's competition was not going to be easy going at all . . .

Gilly and Marcia had got up very early that morning, woken by an alarm clock just as the sun was rising. The girls had dressed quickly and silently, trying not to wake the other gymnasts who were slumbering in their hut.

But just as they were about to leave their room to go and get some breakfast before their long drive, their door opened suddenly.

It was Lizzie Gordon, the hut monitor, in a dressing gown. She glared at the girls. 'Where on earth do you think you're going – at this time of day?'

Marcia lost her temper. 'None of your business. And what did you mean by telling on us the night before? I've never known such a tell-tale in all my life. You'd think we were tiny children, the way you carry on. Now get out of here before you wake all the kids up.'

Lizzie was furious. 'In case you've forgotten, I am the hut monitor. And I have every right to report you for breaking any rules. Just for your cheek, I'm going to report you again – to Malcolm Barry.'

Gilly tried to calm both girls. 'Take it easy, both of you. Lizzie, we're going to a competition in Glasgow. That's why we're up and about now. I didn't think we had to tell you.'

Lizzie crossed her arms and jerked her head at Marcia. 'Well, I'm still going to have a word with Malcolm about *her*.'

Gilly decided to take Marcia away before she hit Lizzie. 'Come on. We haven't much time before we leave.'

Grumbling, Marcia picked up her kit-bag and followed Gilly over to the dining hut. The entire centre appeared to be asleep.

But at the dining hut, they found Jeannie Barry and Christine drinking coffee and Aileen Pegg cooking breakfast. Aileen gave them a big smile as she placed plates of bacon, eggs and fried bread in front of them. 'Tuck in, girls. You'll need lots of energy for your long day. I'm sure you'll do well.'

Aileen also presented each of them with a packet of sandwiches and fruit for their lunch. The girls thanked her gratefully.

Breakfast over, the girls hurried with Jeannie and Christine over to the Barrys' estate car and climbed into the back. Jeannie switched on the engine and they were off.

Their route to Glasgow took them through the same kind of dramatic, beautiful scenery which they had seen on the day they arrived. Mountains, valleys, moorland and lochs – all were revealed along every stretch of the Highland roads they travelled. The day was warm and dry just as the afternoon before had been cold and damp, and the sun added brightness to the views around them.

Gilly thought: it seems ridiculous to go all these miles just to perform for three and a half minutes at the most. She glanced at Marcia. Her friend had fallen asleep. I wish she hadn't fallen out with Lizzie, Gilly mused. It certainly won't help if we have to stay out late again.

Her thoughts turned to Claud and Semira. I bet they're pleased the sun's shining after all that rain. Hopefully, they're both in good shape . . .

The car pulled into the sports hall carpark just before lunch.

'I'm glad I don't live in a city,' said Jeannie, who had managed to lose their way twice as they drove through the Glasgow streets.

Gilly and Marcia found their way to the changing

rooms, put on their yellow Lynx leotards, and sat with Christine drinking orange juice. Neither girl felt like eating their sandwiches.

'Right,' said Christine at last. 'We better go and warm up.'

The girls joined the other competitors in warming their muscles up for the competition. While they were doing their exercises, Christine had a close look at the apparatus layout in the hall – vault, asymmetric bars, beam and floor. She did this to see that everything important had been provided, like enough safety mats.

Gilly's warm up was interrupted briefly when she had to give an interview, as Junior Champion Gymnast, to a local radio station.

'What do you think of Scotland?' asked the reporter.

'Great – except when it rains,' said Gilly with a grin, remembering her soaking the day before.

At last, the time came for the gymnasts to march on for their introduction to the audience and for the competition to begin.

Gilly tried to clear her mind of every thought except her performance. So she limbered up continually at one end of the hall, a habit she carried out during most of her competitions. For the time being, she forgot about Marcia.

The gymnasts were divided into four groups, each group performing on one of the four pieces. Gilly was in the same group as Samantha, and they were lucky to start with the vault, the usual first apparatus of a competition. In vaulting, each gymnast had two attempts, scoring with the better one of the two.

Gilly was the first in her group to go. Christine crouched by the vaulting horse, watching her closely. But Gilly was unsteady in landing both her piked Tsukahara vaults. The best score of the two was 8.70.

Her coach shook her head as they walked away from the horse. 'I bet Samantha tops that. Pull yourself together if you want to want to get anywhere in this competition.'

Christine was right. Samantha's handspring full twist earned her 8.95 from the judges and made her competition leader.

But Gilly's asymmetric bars routine was more successful. Her straddle mount over the low bar to catch the high bar, her stalder circle to handstand, her giant swing – all her difficult elements were performed cleanly and with confidence. She was given 8.95 compared to Samantha's 8.70, a reversal of the vault result.

'You've tied with Samantha,' said Christine to Gilly before the beam exercises began. 'Keep it up! Now I'm going over to Marcia. She seems to be doing quite well.'

In fact, Marcia was having a very good competition. She had scored 8.55 for her floor exercise and had just finished vaulting. Out of the corner of her eye, Gilly noticed that her friend's handspring full twist vault had been scored at 8.60. Good old Marce!

Samantha was first on the beam in their group. She started gingerly, and Gilly wondered whether she was going to fall off as she had at Wembley. But no – Samantha stayed on. Her confidence increased and when she had dismounted with a skilful front somersault with full twist, she was applauded warmly by the crowd. Her reward was 8.60.

Gilly bit her lip. She had to do better than that. But she wouldn't get anywhere by being timid. When her turn came, she tackled her exercise as if she spent her whole life on the narrow strip of chamois-leather covered wood. From her cartwheel mount to her double twisting somersault dismount, she drove herself through the routine with hardly a wobble. She was awarded 8.65 – which just put her in front.

'It's not exactly a commanding lead,' commented Christine who had joined her. 'But it should see you through.'

There was just the floor exercise to go. Samantha went on before Gilly again and had the crowd clapping in time to her music. It was an expert performance, Gilly had to admit. Samantha had a natural instinct for dance as well as superb tumbling ability. To great applause, she scored 8.65.

Gilly knew if she just equalled that 8.65, she would win. But she was too experienced a gymnast just to assume that she could.

As at Wembley, she was the last performer of the day. Now, as ever, her task was to combine jumps, balances, turns and acrobatics with dance movements into a graceful balletic sequence.

The head judge signalled to her and her music began. The crowd was quiet at first. Then, as with Samantha, they began to clap with the music. Once again, Gilly felt her whole being becoming part of her performance. To her, the floor exercise was the most thrilling aspect of gymnastics, whether she was in a competition or just practising.

Within one minute and twenty seconds, it was all over. The spectators applauded with enthusiasm, thanking her for entertaining them with her own special skills and thrills.

Gilly's score came up on the scoreboard almost immediately – 8.70. For the first time she had won in another country. For the second time she had defeated Samantha Padmore, a member of a junior national squad.

But the Lynx club had another triumph that day in Scotland. Almost unnoticed, Marcia Cherry had won the bronze medal after an even performance in all her routines.

Christine was overjoyed at their success and the two girls hugged each other during the presentation ceremony when they received their medals from the Provost, who was a kind of mayor. Gilly was also awarded another silver cup to add to the several she had already won.

When the ceremony was over, Gilly, Samantha and Marcia had their pictures taken by newspaper photographers. They also had to sign many autographs for young members of the audience.

Afterwards, there was a reception at the sports hall for all the gymnasts, coaches, officials and special guests. The gymnasts fell on the food, tucking away sandwiches, sausage rolls, chicken legs and cakes as if they had not eaten for weeks.

Gilly heard Christine ask an official when the team for the schools international match against Holland would be announced.

'In a day or two,' said the official. 'By the way, you've certainly got two very promising youngsters there. You better let me know where we can reach you if we have some good news for them.'

Gilly blushed, deciding to tell Marcia later. She exchanged addresses with Samantha, whom she liked very much. Sam was not only a good gymnast but also someone who had a happy-go-lucky nature.

Jeannie Barry came up to Gilly. 'Congratulations,' she beamed. 'It was wonderful to watch the pair of you. Everyone at Dalreggan will be pleased as punch – even though a Scottish gymnast didn't get a medal.'

'You just wait,' declared Gilly with a smile. 'One day, Scottish gymnasts will be just as good as English ones – if not better. Who knows – Dalreggan may produce a star!'

Christine joined them. 'Talking of stars, we'll be able to see them in the sky by the time we get back to the centre. I suppose we better get going soon. Otherwise, we're going to be late as late. And tomorrow we're back in the gym as usual.'

Jeannie agreed. It was time to go.

As the car left the sports hall and headed north towards the Highlands, Christine said to Gilly and Marcia, 'I'm delighted with you both, considering that you had very little practice. I think you can consider this as your first international competition.'

Gilly was delighted as Christine did not often hand

out such praise. Drowsily, she settled down on the seat. Marcia was already asleep . . .

The next thing she knew was that a hand was ruffling her hair.

'Wake up, girls,' said a man's voice. 'You're back at base.' It was Big Mal, Malcolm Barry. 'It's great that you did so well. Now get off to bed – sharpish.'

Sleepily, Gilly and Marcia dragged themselves from the car. It was dark outside, except for the moon rising behind Ben Ardron. They thanked Jeannie for driving them so far and said goodnight to all the grown-ups. They then took their kitbags and walked stiffly and slowly to their hut.

Marcia sat wearily on her bed. 'I'm whacked,' she groaned.

'So am I,' said Gilly, nearly dropping her trophy as she put it on her chest of drawers. 'Tomorrow, we're going to have to sort out Claud and Semira.'

'Better not let that silly nit hear about that,' said Marcia gesturing towards Lizzie's room. 'She'll split on us again, that's for sure.'

Gilly heard a sound in the passage. 'Sh!' she whispered. 'I think she's listening.'

She tip-toed to the door – then flung it open.

There, shivering with cold, was Katrina Mackie, yawning and blinking at the room light.

Gilly pulled her quickly into the room and wrapped her up in her dressing gown. 'You should be in bed asleep, my girl!'

'I had to tell you,' said Katrina slowly. 'First, those horrible men were hanging about the centre this afternoon. You know, they came in and were taking their dog around the outside of the huts before they were discovered. Mr Alexander told them he'd get the police on to them if they didn't get out.'

'Did they go then?' asked Marcia.

Katrina nodded.

Gilly said, 'Looks as if they could be using that dog to sniff out where Semira could be. Tomorrow they'll probably try the village – and then the farm.'

'That's bad news,' said Marcia. 'But Katrina – what's the other thing you were going to tell us?'

The young gymnast yawned again. 'Your friend phoned – Claudia. She said to tell you that SM is ill. Would you please bring paper handkerchiefs, cough sweets, lemons and honey.'

Gilly and Marcia sat in stunned silence.

'That's all we need,' said Gilly in despair. 'Poor Claud! Poor Semira! Semira must have caught cold or something because of the rain. Well, we can't do anything at this time of night. Katrina – you're a marvel. Now get back to bed. We'll decide what to do in the morning.'

As Katrina went out, she paused in the doorway and turned to Gilly. 'Did you win?'

'Yes – and Marcia won the bronze. Run along now.'

With a big, sleepy smile, Katrina walked slowly off to bed.

Chapter 9

Marcia was thoughtful. 'I wonder how ill Semira really is,' she said to Gilly.

'Hopefully, she's not too bad,' replied Gilly, looking up at Callader above them. 'If she was, Claud would have to bring her straight down to the farmhouse.'

'And if she did that,' said Marcia, 'well, it's plain as plain – those men wouldn't have to look far to find them. Wonder where old Uncle how's-your-father is. He's taking long enough to get here.'

The girls were waiting outside the gymnasium for Christine to arrive to start the morning's training session. With them were the young gymnasts who were already trying out handstands and cartwheels. All of them had heard of Gilly's victory and Marcia's medal and several had come up to them to ask about the competition.

The blue minibus drove past, loaded with climbers. They were off to spend a day on Ben Ardron on the other side of the loch. Stuart Wilkie at the wheel gave them a cheerful wave.

'Katrina,' called Gilly, 'let's have a go at your hair. You've got to tie it up better than that. Otherwise it could get in the way when you're on the apparatus.'

She began to coil and pin up Katrina's plait, not saying a word about the night before. As far as she knew, no one else in the hut, including Lizzie Gordon, had been awake when they arrived back. Once more, her thoughts turned to her friends on the mountain. She had to get up to their camp as soon as possible with the items they wanted. But whatever happened, Claud and Semira couldn't stay there for much longer . . .

'There you are,' she said, giving the little gymnast

a pat on the shoulder, just as Christine and Big Mal arrived.

'Hello, everyone!' Christine called out. 'I'm sorry we had to leave you yesterday. But I'm sure you heard the good news about Gilly and Marcia. I'm delighted to hear from Mr Barry that you all worked well with him yesterday. In fact, he's come along for more. So let's get the warm up started!'

After the warm-up and body preparation, Christine decided to devote most of the training time to beam practice, particularly as Malcolm Barry had taken the girls through a long period of vault training the day before. Then the class had spent a great deal of time on take-off practice from the springboard before trying out handsprings from the end of the vaulting horse.

Now Gilly and Marcia demonstrated many of the basic moves on the beam. The moves included dance steps, jumps, spins, balances, and forward and backward rolls without grasping under the beam. Then the two performed cartwheels and handstands followed by various mounts and dismounts which used many of the moves they had shown.

Then the young gymnasts practised moves themselves. The gymnasium had a low beam on which some of the girls were able to try more advanced skills such as walkovers and back flips.

One of the more experienced girls was Katrina. You're not bad at all, thought Gilly, watching her perform a near expert back flip on the low beam. You could be a champion in the making.

Katrina came up to Gilly. 'It's such fun!' she chuckled.

'You're doing pretty well,' Gilly smiled back. 'But try and keep your legs together more.'

Before long, their apparatus training came to an end. Then for the last fifteen minutes the class finished the session with their usual suppling and strengthening exercises.

Both Christine and Malcolm looked pleased at how well the training had gone. Malcolm told Gilly and Marcia that he thought their demonstrations were first-class and very useful for teaching the other gymnasts.

Then, to Gilly's dismay, Christine announced that after lunch they would all watch a video of the last world championships.

'Drat!' said Gilly to herself. Not only had she seen the film before but also the showing would take up valuable time – time she and Marcia needed to get to Claud and Semira.

She went up to her coach. 'Do you really need Marcia and me in the afternoon? That video – well, we've seen it quite a few times.'

Christine pondered for a moment. 'No, I suppose there's not much point in you being around.'

'Thanks.' Then Gilly suddenly remembered something. 'Oh, Christine. Could you please lend me a bit of money? My father's going to send me some by the weekend. I'll pay you back then.'

'Well – yes, of course,' said Christine, taken by surprise . . . 'Come and see me after lunch.' With a look of curiosity, she added: 'I do hope you're not up to something. I did mean it when I told you and Marcia to stay out of trouble.'

'Of course we're not up to something,' replied Gilly, trying to sound indignant and grateful at the same time. 'I just need a little cash. You're a brick.'

Marcia and she were first in the queue for lunch when the dining hut opened. Then they hurried down to the centre's jetty to look out over the loch to Hardie House. There was no sign of the speedboat.

'I wonder where those rotters are,' said Marcia. 'We better be careful wherever we go.'

'Okay, let's get going,' decided Gilly.'You get the bikes and I'll find Christine for some money. We better take our boots and anoraks again – just in case.'

Before long, equipped with bikes and money, the girls had coasted into Calbuchan. Nobody was about and the few houses looked asleep to the world. Even the Black Bear had no signs of life about it.

'Snoozeville. Hope Mrs Scroggie hasn't packed up,' muttered Marcia, looking at the silent shop as they left the bicycles by a fence.

However, to the girls' relief, Mrs Scroggie had not closed. The old lady quickly produced the paper handkerchiefs, cough sweets, lemons and honey which Claud had asked for. Marcia put the items in the blue rucksack together with some tinned stew, packet soup and more biscuits, bread and chocolate.

'That should do them,' said Gilly, adding some dog food for Dum and Dee to the pile. 'Thanks, Mrs Scroggie.'

Outside the shop, the girls had a quick look up and down the road in case the Kalarangians had arrived. Again, there was nothing to be seen.

'I think,' Gilly reasoned, 'we better stay off the loch road again. Those men could pop out from anywhere. So let's get into the forest as we did before. But this time by the track from the village.'

'I know what you mean,' said her friend, 'by the track the old girl mentioned the other day.'

'Yep.' Gilly nodded. 'Question is, where is it?'

'No problem,' said Marcia. 'She said at the end of the village. I reckon it's along here – just past that stone wall.'

She was right. A narrow path led straight into the forest behind the houses. In no time at all, the girls were once again walking behind the cover of the fir trees toward the Roberton farm.

'Let's hang out some towels or something on the clothesline,' suggested Gilly when they arrived at the edge of the forest behind the farmhouse. 'Could give the idea there's someone in the house who's just done some washing.'

They ran down to the farm buildings. While Gilly kept a look-out towards the loch road, Marcia found some towels, a table cloth and an old brown check shirt. These she pegged to the clothesline strung over the small garden beside the house.

In the rucksack she put a picture postcard addressed to Claud which she had discovered behind the front door.

'Good!' cried Gilly. 'Now let's get up to Claud and Semira.'

The two girls entered the forest again and, as Gilly had done two days ago, followed the stream up the mountainside.

The day was now warm and bright, and every now and then they were able to stop for a moment and look clear out over Loch Skian to the massive shape of Ben Ardron. It was a magnificent view.

But Marcia was not enjoying her hike. 'This outdoor life – it's certainly not for me,' she grumbled as she tripped over a stone.

Compared to Gilly's first climb, the way up the mountain was easy. In just half an hour, the two friends stumbled into the camp.

Dum and Dee were the first to give them a warm welcome, jumping up and down and licking their hands.

'You're both fantastic,' said Claud who was also delighted at their arrival. She gave them a hug.

She looks very tired, thought Gilly. The sooner this escapade is over, the better.

Marcia handed over the rucksack and gave Claud her postcard.

Claud's eyes lit up as she read it. 'It's from my parents. They'd go crackers if they knew what was going on here.'

'How's Semira?' asked Gilly as she peeped inside the tent. The Asian girl was just as she had left her two days ago – curled up in her sleeping bag.

'Not too bad,' croaked Semira. 'I've got a bit of a cold. But if the weather stays as warm as this, I'll be fit as a flea in no time. My ankle's still a bit sore, though.'

'We've brought some goodies for you,' said Gilly. 'Hope they make you feel a bit better. What a rotten time to get ill.'

Claud said, 'Glad my message got through to you. That Katrina sounds sensible.'

She mixed some honey and lemon juice together in a mug. 'Try this, Semira. It should help your throat. As soon as it's dark, we'll light the fire again. You'll be really cosy then.'

Semira sipped the honey and lemon juice. 'Delicious,' she said. Then she frowned and asked, 'Any sign of my uncle?'

'No,' declared Marcia. 'Not a dickybird – yet.'

Disappointed, Semira and Claud listened in silence while Gilly brought them up to date with the goings on of the Kalarangian gang.

She told them that Rachman Hadi and his men had been searching around DASC with their Alsatian dog. Because they had obviously linked Semira's disappearance with *Hieland Lassie*, they were now starting to look at every place where the little dinghy could have taken her. It also seemed that the Alsatian was being used to smell out where Semira could be hiding.

'Strikes me,' said Claud, 'that they were probably waiting to see whether Semira was going to appear in public, in some place like the Kalarangian embassy in London. Now that she hasn't, they'll be more and more convinced that she's still in this area. As I said the other day, they'll probably start searching everywhere around here in earnest. They could come to the farm at any time. Once there – well, they'll be up here in a flash.'

'But as far as we know, they haven't yet brought the dog to the village,' Gilly pointed out. 'Listen, Marce and I will be back tomorrow to watch for them. Maybe Semira's uncle will get here by then.'

'I wish he'd hurry up,' said Semira. 'As soon as he gets here, my family will know for sure that I'm safe.'

Gilly got up from the log on which she had been sitting. 'We'll go back to the centre then. But tomorrow we'll take turns in watching the farm from the forest – in case those crooks appear there. All right?'

'Hope this'll be our last night out,' said Claud. 'And I know I speak for Semira, too. See you soon!'

Gilly and Marcia retraced their way down through the trees in silence. When they reached the edge of the forest, Gilly said, 'Let's be careful now – in case anyone's come to the farm.'

They peered out through the trees, keeping dead still. However, all seemed peaceful at thc farm buildings and after a few minutes, they continued on their way.

This time, they decided to return to Calbuchan not along the loch road as they had two days ago, but by the same way they had come – along the edge of the forest. That way, they would, of course, be hidden from anyone travelling along the road.

When they reached the track by the stone wall to the village, the girls paused again to look across the open ground to the houses, just in case the Kalarangians were lurking around.

'Looks clear,' observed Marcia. 'Let's go.'

Keeping close to the stone wall, the girls hurried along the track. Once in the village, they looked all around them again, and then went to collect their bikes to cycle back to the centre.

As they got on their bikes, Gilly remembered something. 'I think we better have a look at *Hieland Lassie* – to see if she's all right. We're sort of responsible for her in a way, having brought her here.'

'Why not?' said her friend. 'Won't take long.'

The girls wheeled over to the landing stage. There, rocking gently in the loch, was the little yellow dinghy, just as they had left her. Without a word, the two friends turned, to start pedalling on their way. But suddenly, Marcia caught Gilly by the arm.

'Rachman!' she screeched, pointing down at the water on the other side of the jetty. 'Look!'

Gilly looked down at the water with growing alarm. There, moored close to the jetty supports, was the speedboat belonging to the Kalarangians.

She knew that the boat being there could only mean one of two things. Either some of the gang had left the boat here while they had driven away in one of their large dark cars, or some members of the mob were not far away. A laugh like a small dog barking told her that it was the latter.

The two friends dropped their bikes in fright and whirled around. Coming on to the jetty was a grinning Rachman Hadi with three of his men.

Ahead of them, pulling at its leash held by one of the men, was their Alsatian dog, snarling furiously as it tried to run free at the girls. Gilly and Marcia backed towards the end of the jetty, eyes wide in terror, both knowing that they were trapped.

Gilly began to shake with fear. What on earth can we do now? she cried to herself. Rachman gestured his men to halt. Then he approached the girls, still forcing out his yapping bark.

A few feet away from them, he stopped and glared at them silently. Finally, he shouted at them, 'I told you two days ago I would come to have a chat. Now I ask you again and for the last time – where is the girl who belongs to us?'

Chapter 10

Gilly and Marcia stood at the end of the jetty, panic-stricken and unable to move.

In front of them were the grim-faced Kalarangians and their menacing dog. Behind them were the deep waters of Loch Skian. There was nowhere they could go.

Rachman Hadi took a pace forward.

'Well,' he yelled again, 'where is the girl?'

Gilly said nothing, watching his pig-eyes glow with rage. What's he going to do now? she asked herself in despair. In the background, the village of Calbuchan seemed as asleep as it was earlier in the afternoon. The only sound was that of the engine of a blue minibus as it sped along the road in front of the houses.

A blue minibus? Gilly suddenly realized what the vehicle was. It was the DASC minibus, no doubt taking Stuart Wilkie and his climbers back to the centre after their day on Ben Ardron. Her spirits began to rise as she waved frantically at the passengers. Rachman Hadi spun around, to see what had caught her attention.

To her utter dismay, the minibus's horn tooted cheerfully and the vehicle carried on through the village.

Hadi turned back to face the girls once more. He took another step towards them.

'Tell me now,' he bellowed, 'or I will make you talk!'

Questions started to tumble through Gilly's mind. Do I try and run past these brutes? Do I jump in the water? Or do I scream for help? The questions were impossible to answer.

Then she heard one of the most welcome sounds she had ever heard in her life. It was the squeal of brakes as the blue minibus came suddenly to a halt.

A group of tough-looking young climbers led by Stuart Wilkie scrambled out of the vehicle and dashed along the road to the jetty.

In confusion, the Kalarangians drew closer together. Their dog started to bark in rage.

'Push off!' Stuart roared loudly, 'or we'll throw you into the loch. Just beat it!' The climbers advanced down the jetty, angry looks on their faces.

For a moment, Rachman Hadi waited. Then he spat into the water and shrugged. He gestured to the speedboat and his men slowly got into it. With a final look of hate at Gilly, he, too, climbed into the boat. Within a few seconds, they were zooming across Loch Skian to Hardie House.

Gilly and Marcia sat down heavily on the jetty with relief.

'Thank you, thank you,' said Gilly trying to control her rapid breathing. For once, her friend was too overcome to say anything.

'Don't mention it,' replied Stuart. 'But it was a close call. We wouldn't have stopped but Fergus here guessed you weren't having such a wonderful time.'

A red-haired climber blushed.

Stuart went on, 'I've heard of that mob and I think the police are interested in them. But whoever they are, they must not pick on young girls. I feel Malcolm Barry should hear about this little episode.'

'We'll probably talk to him later,' said Gilly.

'Now are you both all right?' asked Stuart. 'We can give you a lift back to DASC.'

'We're fine now, thanks.' said Gilly. 'We'll follow you back on our bikes.'

As the minibus shot off back to the centre, Marcia found some words at last.

'Whew, that was a close shave! But I reckon that Rachman creep will want to grab *you* now – just as much as he wants to get hold of Semira.'

'Don't be daft,' said Gilly as they got on their bikes to return to DASC. But she had to admit to herself that she would be even more scared if she had to meet Rachman Hadi like that again.

'Should we tell Big Mal about Rachman?' asked Marcia as they swooped past the hillock of trees by the loch.

'No,' replied Gilly. 'Stuart Wilkie – he'll probably do that. I think the less people know about Semira before her uncle comes, the better.'

Back at the centre, the girls had a quiet evening. After supper, they watched an adventure video film and played table tennis with the other gymnasts. To their embarrassment, both Gilly and Marcia were beaten soundly by Katrina Mackie.

The next morning at breakfast, one of the centre monitors, a boy called Angus Keith, came up to Marcia.

'You Marcia Cherry?' he asked.

Marcia nodded.

'Malcolm Barry wants to see you – soon as possible.'

When Angus had moved away, Marcia said, 'Blast! That Lizzie girl has probably complained about me winding her up the other day. Well, I'm not going to see anybody – not until the Semira thing is sorted out.'

'You better lie low, then,' said Gilly. 'We can get out of here pronto after lunch. I don't want to talk to anyone about Rachman Hadi, either.'

But at the gymnasium, Christine said, 'Gilly, Malcolm Barry would like to talk to you after lunch. Is there anything you've done that I should know about?'

'No,' said Gilly, crossing her fingers. 'I can't imagine what he wants to say.'

To herself, she thought: Marce and I just can't afford to be held up here in the afternoon – not when Semira and Claud will need every bit of help if those dreadful gangsters come to the farm today. If we get into trouble later, we get into trouble.

Work in the gym that morning followed its usual pattern. After the warm-up and body preparation exercises, the gymnasts went on to apparatus practice.

Christine decided that the class should work in particular on basic moves for the asymmetric bars. So Gilly and Marcia once more became demonstrators. They showed the youngsters a variety of familiar circles, squats, straddles, upstarts and swings which had to be mastered by every good gymnast.

Gilly finished her demonstration by performing her competition routine which ended with a spectacular giant circle and front somersault dismount. When she landed, there were several aahs and oohs from her small audience.

'Terrific!' cried Katrina before she could stop

herself. She put her hand to her mouth and turned bright red as her friends laughed.

Then the class worked at moves for individual routines before ending their training with their usual strengthening and suppling exercises. These exercises were not so popular as they had to be repeated again and again. But each gymnast knew that the exercises – such as straddle jumping over a low bench, chinning a bar, and lifting the back from lying front down – were essential for getting her body ready for top-class performance.

As Gilly and Marcia hurried through the centre to have their customary early lunch, Marcia grabbed her friend by the arm.

'Well I never! Look who's there!'

Gilly glanced around quickly. To her surprise, three Kalarangian men and their dog were standing outside the centre gates. They appeared to be showing a lot of interest in the young people they could see walking about inside the centre.

'Well, well!' cried Gilly. 'They've come back for a final spy-out in case Semira really has been smuggled into here. I bet that's because of us. But anyone can see that the dog's pretty bored. No interesting scents here for him. Perhaps it's all they need to know.'

One of the men caught sight of the two girls and pointed them out to his companions.

'If they've sniffed around the village and can't get any joy here,' said Marcia, 'then they'll be going on to the farm. We'd better move.'

After a quick lunch, when Gilly found some apples

and buns for Claud and Semira, the girls collected their boots and anoraks from their hut. Then they asked Alex Alexander once again for two bicycles. But before they left the centre, they looked carefully for the speedboat on the loch and the gang outside the gates. There were no signs of either.

The girls also pedalled down the road with care, sharp-eyed in case the Kalarangians had planned to jump out at them in an ambush.

In Calbuchan, too, there was no clue that Rachman Hadi and his bullies were about. As both their cars were in the carpark, it was likely that all the men were on the island at that moment.

'I wonder when they'll come,' pondered Gilly, beginning to have a prickly feeling of fear. 'Well, we can't wait for them here. Let's get into the forest again and down to the farm.'

Moving silently through the fir trees and keeping alert for any strange noises or movements, they soon came to the bottom of the valley above the farm. There was nobody about any of the farm buildings.

'What next?' asked Marcia.

Gilly had a brainwave. 'Let's build a hideaway here – a place to keep an eye on the farm without being seen. We can take turns in keeping watch. If those crooks come, who ever's here can pop up to the croft and warn everybody.'

'Great idea!' Marcia was enthusiastic.

So the girls piled some branches and bushes behind a fir tree on the edge of the forest to make a screen. Behind this, they could sit unseen from the farm and yet have a good view of all the buildings.

When they finished, Gilly and Marcia followed the stream up to the tent by the ruined croft.

There, they found a worried Claud. 'Semira's a lot worse,' she told them. 'If she doesn't improve, we're going to have to bring her down to the farm.'

'Heavens!' cried Gilly. 'That could be very tricky. Marce and I think those Kalarangians could be on their way here – any moment.' She described their terrifying experience on the Calbuchan jetty and how the gang had also been looking again at the centre.

'Yi!' cried Claud. 'I would have died of fright. Fancy being so close to that grisly Rachman!' She lowered her voice. 'But I don't know what we do about Semira. I just wish her uncle would appear.'

Gilly put her head into the tent to say hello to the Asian girl. Semira was still in her sleeping bag, looking hot and feverish.

'How do you feel?' asked Gilly.

'Not too bad,' replied Semira, dully.

'We'll soon have you in a proper bed,' said Gilly, trying to cheer her up.

Leaving the tent, Gilly went to make plans with Claud.

'If we do have to leave here in a hurry,' declared Claud, 'we'll have to leave most of this kit. We won't get very far if we're too heavily loaded. So I think we'll just take the sleeping bags and something to eat. And pray for good weather.'

'But where will you go?' asked Gilly.

Claud thought deeply, shaking her head. Then she said, 'I'd like to stay in the forest up here. But the trouble is that the slopes of the mountain get terribly steep. And remember, Semira has a hurt ankle which makes it painful for her to walk in this sort of countryside. I'll have to think of somewhere else we can go.'

Marcia, who had been watching the loch through a gap in the trees, joined them. 'I have news for you, folks. The speedboat's left the island. But it's heading for Calbuchan. Not for here.'

Gilly made up her mind. 'That's not to say that those rats aren't coming this way soon. Look, I'll go down to our hideaway and keep a lookout now. Then, Marce, you come along after a couple of hours and take over from me. Meanwhile, Claud, you better pack up what you need to take. Bye for now!'

Gilly ran down the mountainside beside the little stream as fast as she could go without slipping or tripping over. In a few minutes, she had reached the hideout overlooking the farm. Then she settled down behind its shelter to watch the farm buildings.

The farm seemed peaceful enough. The two horses grazed contentedly in their field. The so-called washing which Marcia and she had hung up still swayed gently on the clothesline in the wind.

Overhead, the sky was clouding over, but there did not seem any threat of rain – yet. The day was still warm and Gilly hoped that it would stay that way. If the weather changed and grew colder, they would have a big problem with Semira – her cold had grown much worse.

But as time passed by, she began to feel more and more scared. So when a pick-up truck drove into the farm without warning, she found herself shaking. A man in a sweater and blue jeans got out, looked around the yard, and peered through the windows of the house. Then, shaking his head, he drove off. Gilly reasoned he must be Mr McTaggart who was supposed to keep an eye on Claud.

But no other visitors appeared, and Gilly began to wonder whether the Kalarangians would come to the farm at all that day. She looked at her watch and was surprised to see that the two hours were nearly over.

A twig snapped in the forest behind and Marcia slipped down beside her. 'Anything doing?' she asked.

'Nothing. If it stays that way, I'll see you in two hours.'

Gilly made her way slowly up beside the stream once more. At the ruined croft, she found that Claud had packed a small cooking stove in a knapsack with a water bottle, two mugs, a small pan, a loaf of bread, some hard-boiled eggs and some packets of soup.

'Not exactly a feast,' Claud said with a grin, 'but it will be enough for a night.'

Gilly told her about the man who had driven up to the farm in a pick-up.

'That's McTaggart all right,' nodded Claud. 'He'll get mighty puzzled if I'm not there later.'

Gilly asked whether she had thought of where they could go if the Kalarangians came to the farm.

'Yes,' said Claud. 'We'll go up behind the summit of Callader. There's flat moorland up there and a sort of cave where we can both hide and shelter. I think it's best for her.' She nodded at Semira who was now asleep. 'Now tell me all about your day in Glasgow.'

The two girls settled down on a sleeping bag outside the tent, and Gilly told her new friend all about the competition and her victory.

Talking to Claud made time pass very quickly and with a shock she found that another two hours had gone by without her realizing it.

Jumping to her feet, she moved down the slope again as fast as she could, to take over the next watch duty from Marcia.

'Dull as ditchwater,' complained her friend when she arrived breathless. 'I'm beginning to get stiff. See you!' She slowly got to her feet and walked away up towards the camp.

Gilly was aware that the sun would set before long and that her turn watching the farm would be the last of the day. She knew whatever happened that night, Marcia and she were going to be late or absent from DASC. And that would mean more hassle with Christine.

After a while, some annoying gnats teased her, buzzing around and making her face and hands itch with their bites. This is just too much, she thought. It's enough to make you wish you had never come to Scotland . . .

All of a sudden, she heard it – the purr of an approaching engine. Fully alert, she fixed her eyes on the farm buildings. A large dark saloon car stopped outside the house. Out of it climbed six figures and a big dog.

As silently as she could, Gilly crept away from the shelter and made her way once more up the mountainside.

Chapter 11

When Gilly arrived almost breathless at the camp by the croft, she did not have to explain to Claud and Marcia that the Kalarangians had reached the Roberton farm. One nod, and Claud began to gather the sleeping bags and rucksack together.

'How's Semira?' asked Gilly.

'Not too good, I'm afraid.' said Claud. 'A bit wheezy. And with that ankle, she can't move quickly at all. If she was fit, we could try and give them the slip by going down to Calbuchan through the forest. But the way things are, we'd better stick to my idea and hide behind the mountain before it gets too dark.'

Around them, light was beginning to fade as the sun moved down over the black shadow of Ben Ardron on the other side of the loch.

Gilly nodded. Then she said thoughtfully, 'Could be that the gang won't come up here until first thing tomorrow. They wouldn't find it easy to trek over this rough ground at night. They'd make a lot of noise – slipping and tripping. And that would tell us where they are.'

'Let's get going, then,' declared Claud. 'We don't want to lose a second.'

She went into the tent and took hold of Semira by the arm. 'Come on! We're off! With luck, we won't be too long on our feet.'

Semira emerged from the tent, bewildered, blinking, and hunched with cold. With a glance at Semira, Gilly thought this won't do. We can't look after a sick girl and run away from crooks by ourselves.

Aloud, she said, 'Look, Semira just isn't well enough to roam over miles of mountainside. Someone's got to go and get help – *now*.'

'Help? But where from?' asked Marcia.

'Only one place near here has people who can come up here straight away,' Gilly told them. 'And that's DASC.'

'You're right,' said Claud after a pause. 'We can't really hope to keep Semira safe and well, once those horrors begin to chase us . . . Someone's got to go down and tell Big Mal just what's happening. He can decide what to do next. But we need people who can get us out of this mess – and snappy.'

Claud and Gilly looked at Marcia who frowned back at them.

'Better be you, Marce,' said Gilly slowly. 'You can run faster than me and you know the way as well I do.'

At first, Marcia did not want to leave her friends to look after themselves on the darkening mountain. But finally she shrugged her shoulders and agreed to go for help. 'Okay – so what do I do? I can't exactly go back to the farm.'

'No,' said Claud, 'you come with us. First, we're going up to where the forest ends and the open moorland begins. Then we walk alongside the top edge of the forest below the summit of Callader. When we turn to go up the far shoulder of the mountain, you nip down through the trees to the village. You've got to be dead quiet, okay?'

Gilly took over. 'Once in Calbuchan, you run like crazy to the centre. Tell Big Mal and Christine what's going on up here and where we are.'

'Simple as that, eh,' said her friend with a shaking voice. 'I hope the forest has no spooks in it. And that you'll be all right.'

From the farm below them, the sound of a barking Alsatian dog drifted up to them. All four girls shuddered.

Claud picked up the rucksack. 'Let's step on it!' she urged. 'The further we get away before dark, the better.'

Claud led her friends out of the camp, leaving the little tent standing by the walls of the ruined croft. Inside the tent, she had left the pans, clothing, food and equipment which they could not carry with them on their dash over the mountain.

Dum and Dee followed at her heels, their tongues hanging out. Then came Semira and, close behind, Gilly and Marcia carrying the two sleeping bags.

The four girls followed the burn once again, up a slope which became steeper and steeper. But in a few minutes they had emerged out of the fir trees below the left shoulder of Callader. Ahead of them, rough grass, patches of heather and large stones stretched up to the top of the mountain which was round with a rocky surface.

The girls rested for a moment, to let Semira recover her breath. They also stopped to listen out for sounds – sounds which could tell them that the Kalarangian thugs had decided to follow them. But nothing could be heard below them.

As the sun sank lower, the wind started to rise, little by little. However, the sky was clear and there was no sign of rain.

Poor Semira! Could be another chilly night, thought Gilly. She really doesn't deserve all this uncomfortable outdoor experience.

Semira had begun to cough and was taking no interest in where she was or where she was going. She was wearing a duffel coat which belonged to Claud's father. It was far too large for her, but at least it kept her reasonably protected from the cold.

With a sweep of her arm, Claud indicated that now they must change their direction and walk along the slope just above the trees. On their right, the line of the firs was almost straight. On their left, the mound of the Callader summit grew steeper as they made their way slowly and carefully across its lower heights.

Gilly noticed that Semira's limp was definitely getting worse and that she was slowing down. She realized that before long they would have some more climbing to do – climbing to get behind the mountain to the cave that Claud had mentioned. But if Semira's ankle packed up well and truly, they could be stuck a long way from any shelter . . .

Before long, the little group had reached a point where above them the right shoulder of the mountain suddenly dipped. Darkness was now falling rapidly and the outline of Callader was disappearing into the gloom.

Claud called a halt. 'How's things?' she asked Semira. 'Can you keep it up for a little bit longer?'

Semira nodded, 'I'm fine. Sorry I'm so slow.'

'Don't worry about that,' said Gilly. 'The main thing is to keep going.'

'Marcia,' said Claud. 'This is where you leave us.' She took the sleeping bag from her. 'Just keep going straight down through the trees. You'll eventually see the lights of the village. That should put you right for direction. As you know, there are fields between the forest and the houses.'

Marcia peered into the pitch blackness of the rows of firs and shivered.

'Everything's under control,' she said in a quavery voice. 'Good luck, folks!'

Gilly put her hand on her friend's shoulder. 'Look after yourself.'

Marcia gave her an answering pat and then slipped off into the darkness, moving downhill slowly so as not to rustle or snap the branches of the trees.

Claud, Semira and Gilly were left to tackle the next stage of their journey – straight uphill again, on to the shoulder of the mountain.

This time, Claud did not have to lead. She and Gilly stood on either side of Semira as they went up the slope, in case she needed their support. Semira limped step by step most of the way to the ridge without having to rest more than a couple of times. For the last few metres, however, Gilly and Claud held her by her arms and pulled her up to the top. There, all three sat down thankfully, panting with the effort of the climb. Dum and Dee, tails thumping, lay beside them.

Claud had been anxious in case they could have been seen from the farm road as they climbed over the open ground. But she did not have to worry. The oncoming gloom had made them almost invisible against the darkening landscape.

Once again, the only light in the night-sky apart

from the stars was the hint of the rising moon behind Ben Ardron. Loch Skian would soon act as a giant reflecting mirror when the moon had fully risen.

Claud got to her feet. 'Come along. We're nearly there.'

She led them on over the moorland immediately behind the summit of Callader. The ground was fairly flat and open to start with, but then became covered with large rocks and small hillocks.

'Watch out!' cried Claud. 'There's a small cliff here. Can't have you falling over it!'

There was indeed a low cliff below which a baby stream began its journey down the far side of the mountain. Opposite the cliff was a bank which formed the other side of a little valley.

'The cave's just below,' said Claud, showing her friends the way around the end of the cliff down to the valley. 'It's quite well protected here from the wind.'

There was enough light to see that the cave was not a large hole in the cliff as Gilly had imagined. It was formed by a large chunk of overhanging rock which acted as a side roof over the flat surface of another large rock. The space between the rocks of the so-called cave was large enough to sit up in.

Claud dumped the rucksack and her sleeping bag on to the floor of the cave. 'It's not exactly a palace but at least we've got shelter if it rains.'

'It's fantastic,' said Gilly, also putting down the sleeping bag she was carrying. 'I've never ever seen such a splendid ready-made shelter. Come, Semira, make yourself comfortable.' She smiled. 'This is home for at least one night.'

Now that they had finished their journey, Semira seemed to have lost all heart. She sat huddled on a sleeping bag, not saying a word. Her wheeze began to get noisier.

'We'll get the sleeping bags ready,' said Claud, 'then you can climb in and get warm. I'll have some soup ready in a jiffy. I've also got something for Dum and Dee.'

The dogs wagged their tails as soon as they heard their names.

Gilly suddenly realized that there were just two sleeping bags and three of them. For a moment she wondered what they were going to do about the missing sleeping bag.

But Claud had the answer. She zipped the two bags together to make one large sleeping bag. 'There's plenty of room in this for all three of us.' She said cheerfully.

While Semira crept into the sleeping bag, Claud lit the cooking stove and boiled some water. In a short time, she had made some tomato soup which they drank with slices of bread.

To Gilly, after such a long day, that supper was one of the most welcome she had ever had. She began to feel quite drowsy.

Claud said, 'We better turn in now. We've got to be up early. Those men could start looking for us as soon as it's light. They're certainly not going to waste time.'

Gilly agreed. With one of their cars already at the

farm, they could seize Semira and make a quick getaway. The girls could only hope that Marcia had got through to Malcolm Barry at the centre and had persuaded him to get help for them as soon as he could.

But she had a sudden, frightening thought. Marcia could be extremely unpopular with Big Mal because she was supposed to see him at lunch about being cheeky to Lizzie Gordon. Marcia, of course, didn't turn up on purpose. If Big Mal was very cross, there was a chance that he wouldn't listen to her . . .

'How do you feel now, Semira?' Claud asked.

'Much better, thanks,' she wheezed.

'Good. Tomorrow all this nightmare will be over. Now try and get some sleep.'

Gilly had one more question. 'Claud, how did you find this place?'

'I didn't – my father did. Years ago when he was up here checking on our sheep. He brought me up here when I was a youngster. Now I come up here every now and then – to camp or spend the day. Somctimes by myself. Other times with friends. I've even brought Prince up here. To me, it's a veiy special spot.'

Gilly snuggled down into the big sleeping bag, feeling warm and relaxed. 'I like it,' she said as she closed her eyes.

But while tiredness took her off to sleep almost immediately, Gilly did not get a complete night's rest. After a few hours, she awoke, feeling cold and uncomfortable.

To begin with, the sleeping bag lay on a rocky

surface which felt decidedly hard underneath them. And despite what Claud had said about the bag being roomy enough for three, Gilly found it far too small to get a good night's sleep.

Semira, who lay between Gilly and Claud, was restless throughout the night. She changed her sleeping position continually and disturbed Gilly every time she moved. What was more, she began to cough every few minutes and this soon became another nuisance which stopped her sleeping. At intervals, too, the dogs scratched themselves noisily.

I wish the sun would just pop up in the sky, Gilly thought as she felt a chilly breeze on her face. I wouldn't wish a night like this on my worst enemies.

Then she realized who her worst enemies were. The Kalarangian heavies – heavies who could be up here on the mountain as soon as there was a glimmer of light in the sky. Her brain began to work again. What could Claud, Semira and she do if those horrible people suddenly appeared, dog and all?

She lay uncomfortably in the sleeping bag, trying to work out another plan for them. But once again, it was a problem she could not solve. And once again, she began to feel desperately afraid. I won't ever get to sleep now, she told herself. I'll just have to try and be patient until morning comes . . .

The next thing that Gilly knew was that Claud was talking to her.

'Gilly, it's nearly light. I've got a hard-boiled egg for you.'

Feeling dazed, Gilly struggled to sit up, nearly banging her head on the roof of the cave. Ahead of her, the murk of the night sky was slowly turning yellow. Semira now seemed asleep at last, lying still in the sleeping bag without moving.

'How is she?' asked Gilly quietly, taking an egg, a piece of bread and a mug of tea from Claud.

'Not good,' said Claud in a worried whisper. 'She's hot and feverish now. And that cough's definitely worse. She also says her ankle's stiffer and hurts more. Honestly, I don't think we can move her.'

Finally, Claud said, 'Well, we can't sit here like sitting ducks waiting to be hit.'

Gilly agreed. 'Yes, you're right. Look, I'll go and keep a look-out down the mountainside above the farm. Then at least we'll know if anyone's coming.' She got to her feet.

'Don't do anything foolish,' Claud warned her. 'Maybe help will come soon.'

With a wave, Gilly jumped over the little stream and ran up the bank in front of the cave. She looked back to see Claud sitting with a worried look under the overhanging rock, the dogs beside her. Semira still lay motionless in the sleeping bag.

Gilly set off over the moorland. She was heading for the ridge which stretched out on the opposite side of the summit to the shoulder which they had climbed the night before. From there, she would be able to see straight down the steep slope to the part of the forest where the croft was.

It was from there that the Kalarangians were likely to emerge into the open. They would be led by their huge Alsatian dog which would be sniffing for the scent of Semira.

As Gilly came up to the ridge, she moved slowly and carefully. She did not want to be spotted by the Kalarangian group if they had already left the concealment of the trees. She searched for a large rock which she could hide behind and watch for anyone coming up the slope.

Ahead of her, she soon saw a stone which seemed to be just what she wanted. So she crept up to it and looked gingerly over its top. The lump of rock was ideal. From it, she had a view straight down to the forest. She could also look out over Loch Skian to Hardie House and Ben Ardron behind.

Gilly pulled her green anorak hood over her fair hair so that she herself would be hard to spot. Thank goodness my anorak's not red or some other bright colour, she said to herself. I would show up like a Christmas tree.

Then she settled down to wait. It was still early in the morning.

The day was going to be a dull one. There were gray clouds scurrying across the sky which carried a hint of rain, but the wind was not chilly and so Gilly did not feel cold at all.

Minute by minute, her eyes scanned the edge of the forest. There was no movement, no noise of any kind.

Then she heard it. A bark. Shivers tumbled down her back. It's the Alsatian, she told herself. They're coming up now!

Within a few moments, four of the Kalarangian gang had come out of the forest like actors stepping on to a stage from behind a curtain. The first man was holding on to the dog, straining away at its leash. The last man was Rachman Hadi.

The group stopped on the open moorland and looked around them. Then the Alsatian dog barked again and wagged its tail. With its nose to the ground, it pulled its handler along the way which the four girls had taken the night before. The other men followed.

Crumbs! thought Gilly. It won't be long until they come across Semira and Claud. This won't do.

Without thinking twice, she got up and whistled.

The dog's ears pricked up and its nose pointed quickly at her. The men whirled around. The man with the dog caught sight of her first and gestured up towards her. Rachman Hadi's eyes narrowed. He snapped out an order and the gang began to climb up the mountainside.

Gilly turned and walked away from the ridge. At least I can divert them away from Semira for a little time, she decided. I'll just keep going until they catch me up.

She hurried over the rough grass, in a direction that would take her well away from her friends at the cave. The flat ground gave way to a series of hollows and rocky bumps and she was soon forced to slow down her pace.

Suddenly, after she had scrambled to the top of some layers of large stones, Gilly felt utterly worn out. She collapsed on to a rock, unable to drag herself a step further.

Looking back over the way she had come, she saw her pursuers come on to the ridge and look intently around them. At the same moment, Rachman Hadi saw her crumpled helplessly and sobbing quietly to herself. He halted briefly, his barking laugh showing his delight.

Then he began to run towards her.

Chapter 12

Gilly closed her eyes. She just could not make herself watch the gang of tough mobsters running towards her over the moorland. Her heart was pounding and she was breathing heavily with fright.

There was no sound except for the rustle of a light wind and the squeaky bird-calls of nearby meadow pipits.

How on earth did you get mixed up in this shambles? she asked herself. Gilly Denham, you really *are* going to come unstuck this time. But at least you've given Claud and Semira a little more time . . .

After what seemed ages, Gilly heard the snarling of the dog and the scrambling of feet over rough ground. Her pursuers had arrived.

She forced herself to open her eyes, not wanting to see what was in front of her. Approaching her in a line on the slope below, were the four men. On the left, the Alsatian growled and struggled at its leash to run at her. On the right, Rachman Hadi advanced quickly towards her, a look of loathing in his pig's eyes.

He sprang up the layers of rock to stand above her. He looked all around him, as if expecting Semira to be waiting nearby.

'Where is the girl?' he roared angrily. 'Where is Semira?'

Gilly could not utter a word. She lay speechless with terror, not daring to look away from his enraged face. Rachman Hadi reached down and pulled her to her feet, shaking her as he did so.

'I have warned you before,' he bellowed, 'I can make you speak! And you will not like what I will do to you!' He cuffed her head hard.

The blow made Gilly cry out with pain. For a moment, the Kalarangians and the moorland about her disappeared in a whirl. Then she became aware of Rachman Hadi's voice shrieking again and again, 'Where is Semira? Where is Semira?'

In the middle of her head, Gilly began to sense another noise. It was like a drill, a roadmender's clattering drill, a sound that wouldn't go away but grew louder and louder. I must be going completely crazy, completely nuts, she told herself. It must be because I'm so tired.

Then Rachman Hadi let go of her and she dropped to the rocky ground with a thump. She put her hands over her eyes, but still the clattering in her ears grew louder. So finally she shook her head and looked up.

At first, she thought she was watching a scene from a thriller series on television – a scene which surprised, amazed and delighted her all at once.

She saw a large gray helicopter with circle markings on its sides flying low towards them from the direction of Callader. The Kalarangians looked at each other in bewilderment. Two of them pulled out long knives from their uniform tunics. The helicopter landed on a flat patch of ground nearby, its blades still turning. Four men in blue overalls jumped out and ran towards the lump of rock where she was lying.

Gilly blinked. Wow! she thought. It's not a film! It's real! I'm not crazy!

She waved her hand in front of her eyes to make sure the scene did not vanish. Then she sat up, spellbound, watching every move.

'Stay where you are!' called one of the men in overalls to the Kalarangians. 'And put those knives down! *Now*!' Both groups stood still, facing each other, the Kalarangians glaring with fury.

For a tense moment, Gilly wondered if she was going to have to watch a fierce fight. It was all up to the Kalarangians. But they must have been in enough trouble already with the British police.

The same thought must have come to Rachman Hadi. Still fuming, he suddenly spat out an order. Without a glance at him, his men put their knives away. Then the four Kalarangians, led by the dog, hurried off in silence, heading back over the ridge, back the way they had come.

Feelings of utter relief flooded into Gilly's mind. She began to cry again, and tried to stand up.

'Take it easy, love!' cried the man who had called to the Kalarangians. He jumped up on the rock beside her and scooped her up in his arms. 'Everything's fine, now. We're Royal Air Force. Mountain Rescue Service. I'm Bill Williams. Your friends told us where you were. So we thought we'd give you a lift in our chopper.'

He carried her quickly over to the helicopter where she was passed through a big open door in its side and strapped into a bucket seat. The other men piled in. The engines throbbed louder and the helicopter lifted off the ground.

'What about Semira and Claud?' shouted Gilly above the noise.

'No problem!' cried Bill. 'We spotted them before we came your way! We're going down to them now!'

In what was a very short journey indeed, the Mountain Rescue helicopter landed again, a few metres from the cave. The men rushed out, carrying a stretcher. They soon came back again with Claud and Semira, who lay dozing on the stretcher, snug in a huge blanket. Dum and Dee were tied together with a piece of rope and they, too, were loaded on.

The girls were overjoyed to see each other.

'I was so worried about you, Gilly,' said Claud. 'I shouldn't have let you go off by yourself like that.'

'Well, I shouldn't have left you alone with Semira. How is she now?'

'Not too bad, considering. Nothing that a day or two in bed won't put right. But I wouldn't have liked her to stay out here any longer.'

Just before the helicopter took off again, one of the Mountain Rescue men came up to Bill Williams. 'Boss, there's some guys just come up over the ridge.'

Startled, everyone on board rushed to gaze at the sky line on Callader's eastern shoulder.

They all relaxed as Gilly recognized the new group. 'They're all from the centre,' she called. 'There's Big Mal, Stuart Wilkie, Alex Alexander, Angus, Fergus and some of the other boys.'

She thought to herself, not for the first time, thanks, Marce, for getting through last night. We would have been in a right pickle if you hadn't.

Bill went forward to greet Malcolm Barry. 'Sorry we can't give you a ride. But we've seen off the visitors and got the kids. They seem fine.'

'Thank heavens for that,' said Malcolm. 'And thanks for your help. Our team came along in case. I'm delighted we weren't needed. By the way, the police want to chat to the visitors when they reappear.'

Malcolm came up to the helicopter to see how the girls were. 'Lucky things. You've got a lift!' he said with a laugh. 'We've got to walk back. See you later!'

Once more, the helicopter lifted off.

This is fun, thought Gilly as she looked down on Calbuchan and the tiny shape of *Hieland Lassie*, still moored to the village jetty. I wouldn't mind a longer trip in a helicopter . . .

In a few minutes, they had touched down in the field beside DASC. Gilly and Claud, with Dum and Dee, jumped out as a dark man in a smart suit rushed up to the helicopter.

'Is Semira Mahram there?' he cried. 'I am her Uncle Tanri.'

And about time, too, Gilly said to herself as she collected Claud's sleeping bags from one of the Mountain Rescue men.

'She's here – but we're taking her to hospital for a check-up,' called Bill. 'Hop in if you want to come.' Uncle Tanri scrambled in and the helicopter took off.

'Bye – and thanks!' shouted Gilly and Claud as they waved to the RAF team. The helicopter set off down the loch and was out of sight in a moment.

The girls picked up their kit and set off for the centre's buildings, followed by the excited dogs. As they did so, they suddenly realized that a large group of people had gathered to meet them.

'Ooh!' said Gilly. 'I didn't expect this.'

She could see Christine, Jeannie, Aileen Pegg – and even Lizzie Gordon. Then a small figure rushed out of the gathering and flung her arms around Gilly. It was Katrina Mackie.

'Gilly, it's wonderful you're back safe and sound!'

The small crowd gathered around them. They showed with claps and pats on the back how pleased they were to see her again. The grown-ups welcomed her with big smiles, Christine making sure that she was all right after her adventure on the mountain. Gilly was worried about Claud being forgotten. But Jeannie took her away to her hut to have a bath and a rest. Then there was the friend she wanted to see most of all – Marcia. Marcia did not say anything but her eyes were bright and she crinkled her nose several times.

Later that morning, when Gilly and Claud were cleaner, more rested and were relaxing over a lunch of fish and chips, Marcia told them of her adventure. She showed them her legs, scratched all over from going through the forest in the dark.

When she got to Calbuchan and was collecting her bicycle, one of the villagers thought she was stealing it, so she was delayed while she explained that it was hers. Eventually she was able to cycle to DASC, but by then it was pitch black.

At the centre, everyone seemed to have gone to bed. But fortunately she bumped into Christine who was wandering around the huts, dead worried about where Gilly and she could be at that time of night.

'Christine really did her nut when she saw me,' explained Marcia. 'At first, she thought I was joking when I told her that you two and Semira were in danger on the mountain. But I finally got it through to her. Then she went and woke up Big Mal. He did the rest.'

'Well,' reflected Claud, 'if you hadn't got through, we would have been in a right mess up there.'

'And suppose Mal hadn't thought fit to call out the RAF Mountain Rescue Service?' asked Gilly. 'You know, just ambled up there later with the DASC team? That doesn't bear thinking about either.'

The girls sat without speaking for a moment, thinking with a shiver of what could have gone wrong.

Finally Claud said, 'When things get back to normal, I wonder if we'll see Semira again. Whatever, I'd love you both to come to the farm again while you're still in Scotland. I'll try and make up for getting you into a scrape. Which reminds me, I must take Dum and Dee home and see to Prince and Chieftain . . .'

That afternoon, a police inspector came to ask Gilly and Marcia about their experiences with the Kalarangians. The girls were told that the gang would have to leave Britain as soon as possible.

Otherwise, life returned to normal fairly quickly. Gilly and Marcia took up their jobs as demonstrators again the next day. Neither of them was asked to go and see Malcolm Barry about breaking rules.

Both girls found that they were a centre of attention at the centre because many people, young and old, had heard of their adventure with Semira and

Claud. So several times they had to explain what had happened to them on the loch and on the uplands of Callader. The young gymnasts were particularly interested as they obviously knew Gilly and Marcia better than the people on other courses.

A day later, the Dalreggan Adventure Sports Centre announced a big event it was holding the following evening – a combined disco and barbeque. The party would take place on the square and would move into the gym if they were unlucky enough to have rain.

Fortunately, the weather was kind, and the event was one which Gilly and Marcia enjoyed thoroughly. To their delight, Claud came with her parents who had just returned from holiday. And to their surprise, a much-recovered and very grateful Semira appeared with her Uncle Tanri.

'This is fantastic,' said Semira, looking at the bright coloured lights which Malcolm had rigged up and everyone dancing to the beat of the music coming through the loudspeakers. 'I'm going to dance – right now.' And she vanished into the crowd.

'Nothing wrong with old Semira,' said Marcia. 'Thank goodness.' Like Gilly and Claud, she was thrilled with the presents they had received from Uncle Tanri. He had presented each of them with a small and highly-polished mahogany carving of an elephant. He had also given them a silver medal showing the head of a buffalo, which was an important award in his country.

'I cannot express enough the thanks of the Mahram family and of the Government of Kalarang for your great service,' he told them. 'My brother Adil is now no longer under threat as chief minister. I hope one day you will honour us by visiting our country.'

'We really didn't *do* very much,' said Gilly modestly, 'we just did what anyone would have done.'

Halfway through the evening, Christine bustled up to Gilly and Marcia. 'Look, would you girls be prepared to do a bit of tumbling? Right after the tug-of-war competition? Most of the people here have never seen you perform.'

The girls looked at each other. 'Why not?' asked Marcia happily.

So after the tug-of-war, which was won by Stuart Wilkie's mountain climbers, Gilly and Marcia changed into their leotards and entertained the gathering with a demonstration of gymnastics tumbling. They performed, after warming up, on mats brought out of the gym and laid in a strip along the square.

Gilly demonstrated her advanced moves. She earned enthusiastic applause when she finished with her double twisting back somersault.

'I had no idea,' said Claud in admiration, 'no idea you were that good.'

Semira was amazed, too, at the high standards shown by her friends. 'You must definitely come to Kalarang and show us how to become gymnasts,' she said.

A little later, the disco music stopped. Then a loud droning sound floated out over the square. In marched Alexander Alexander, proudly wearing the

Green Douglas kilt of his old army regiment and happily blowing into a set of bagpipes.

Before long, Gilly and Marcia had to join in a session of Scottish country dancing. Not knowing most of the dances, they did their best to follow the other dancers and had a great deal of fun doing so.

Later, it was their turn to watch in admiration. Katrina Mackie performed a sword dance, skilfully darting her feet in and out of the four squares formed by two crossed sticks representing swords.

Angus Keith came up to Christine. 'Phone call for you,' he said. 'In the office.'

When Christine returned, she was smiling broadly. She ran up to Malcolm Barry and whispered something in his ear. His face lit up, too.

Just before Aileen Pegg served barbequed chicken, hamburgers and sausages, Malcolm Barry came to the disco microphone.

'Quiet, everyone,' he called 'Quiet, please. I've got some wonderful news. We've just heard that Gilly Denham has been picked to represent Great Britain in a junior international match against Holland. And what's more, Marcia Cherry has been chosen for the same match as a reserve. Heartiest congratulations, both of you!'

Gilly put her hands to her face in utter astonishment and disbelief. Winning in Glasgow had certainly improved her chances of selection to the national junior team. But there must be so many more girls who were better, more experienced than she was. Was she really going to perform for her country? And was Marcia coming with her . . .

She became aware of Marcia hugging her, of Christine wiping a tear from her eye, of Katrina, of Claud, of her Scottish friends surrounding her with smiles, praise and best wishes.

Later, Marcia said, 'You're getting to be an expert in so many things, Gymnast Gilly, who knows what's coming next?'